O Teatro Realista no Brasil: 1855-1865

Coleção Estudos
Dirigida por J. Guinsburg

Equipe de realização – Revisão: Antonio de Pádua Danesi; Produção: Ricardo W. Neves e Sylvia Chamis.

Reitor Roberto Leal Lobo e Silva Filho
Vice-reitor Ruy Laurenti

EDITORA DA UNIVERSIDADE DE SÃO PAULO

Presidente João Alexandre Barbosa
Diretor Editorial Plinio Martins Filho
Editor-assistente Manuel da Costa Pinto

Comissão Editorial João Alexandre Barbosa (Presidente)
Celso Lafer
José E. Mindlin
Oswaldo Paulo Forattini
Djalma Mirabelli Redondo

Edusp – Editora da Universidade de São Paulo
Av. Prof. Luciano Gualberto, Travessa J, 374
6º andar – Ed. da Antiga Reitoria – Cidade Universitária
05508-900 – São Paulo – SP – Brasil   Fax (011) 211-6988
Tel. (011) 813-8837 / 813-3222 r. 4156, 4160

Printed in Brazil   1993

João Roberto Faria

O TEATRO REALISTA
NO BRASIL: 1855-1865

Dados Internacionais de Catalogação na Publicação (CIP)
(Câmara Brasileira do Livro, SP, Brasil)

Faria, João Roberto, 1952-
   O Teatro Realista no Brasil : 1855-1865 / João Roberto Faria. - São Paulo : Perspectiva : Editora da Universidade de São Paulo, 1993. - (Estudos ; 136)

Bibliografia.

1. Teatro Brasileiro I. Título. II. Série.

93-1339   CDD-869.92

Índices para catálogo sistemático:
1. Teatro : Literatura brasileira   869.92

Direitos reservados à

Editora Perspectiva S.A.
Avenida Brigadeiro Luís Antônio, 3025
01401-000 - São Paulo - SP - Brasil
Tel. (011) 885-8388 / 885-6878

*Para Luiz Gonzaga Marchezan e
Paulo Franchetti, porque tudo começou
no bar do Hiloshi.*

Agradecimentos

A versão original deste livro foi apresentada como tese de doutoramento à Faculdade de Filosofia, Letras e Ciências Humanas da Universidade de São Paulo. Defendida em junho de 1990, sai agora com ligeiras modificações que me foram sugeridas pela banca examinadora, formada pelos professores Jacó Guinsburg, Marlyse Meyer, Flávio Aguiar e João Adolfo Hansen. A todos agradeço a leitura minuciosa que fizeram destas páginas.

Quero registrar que este trabalho contou com a colaboração de muitos amigos. Sou profundamente grato a Antonio Dimas e Décio de Almeida Prado, de quem recebi orientação e apoio para vencer as dificuldades que surgiram no meio do caminho. Com ambos aprendi que rigor acadêmico e amizade não são coisas inconciliáveis. A Sábato Magaldi e Marisa Lajolo, agradeço a leitura generosa e o estímulo para a presente publicação. A Carlos Alberto Faraco, Carlos Felipe Moisés, Iara Schlaepfer, Leyla Perrone-Moisés e Plínio Doyle, a ajuda – de todo tipo – que me prestaram. Aos meus colegas de trabalho da disciplina de Literatura Brasileira da F.F.L.C.H. da USP, a oportunidade de ficar um semestre sem dar aulas para me dedicar inteiramente à pesquisa. Por fim, dirijo um agradecimento especial à Beth e à Mariana, que acompanharam com paciência e muito carinho a realização deste trabalho.

Sumário

INTRODUÇÃO.............................. XV

PARTE I: O TEATRO REALISTA FRANCÊS........ 1

1. Antecedentes: o Declínio do Romantismo Teatral e a *École du Bon Sens*......................... 3
2. Alexandre Dumas Filho: *La Dame aux Camélias* e o Realismo no Teatro......................... 17
3. A Comédia Realista......................... 25
   - 3.1. *Théodore Barrière*......................... 27
   - 3.2. *Alexandre Dumas Filho*.................... 35
   - 3.3. *Émile Augier*............................ 45
   - 3.4. *Octave Feuillet*.......................... 54
   - 3.5. *O realismo no palco: Montigny e o* Théâtre Gymnase Dramatique............................ 60

PARTE II: O TEATRO REALISTA FRANCÊS NO BRASIL...................................... 67

1. Antecedentes: o Período Romântico............. 69
2. O Teatro Ginásio Dramático e a Difusão do Teatro Realista Francês no Brasil......................... 77
   - 2.1. *Barrière: a primeira revelação*............... 79
   - 2.2. *Dumas Filho: o impacto do realismo*......... 81
   - 2.3. *Augier e Feuillet: receptividade discreta*...... 87

2.4. *Outras encenações (e informações)*............ 90

PARTE III: O TEATRO REALISTA NO BRASIL..... 103

1. As Noites do Ginásio......................... 105
   1.1. *O repertório*............................. 106
   1.2. *A rivalidade com o Teatro São Pedro de Alcântara*.. 113
   1.3. *O realismo em cena*....................... 119
   1.4. *Os artistas*............................... 123
2. Reflexões sobre o Teatro Realista................ 141
   2.1. *Quintino Bocaiúva: lance d'olhos sobre o teatro*.... 142
   2.2. *José de Alencar: o daguerreótipo moral*.......... 145
   2.3. *Machado de Assis: idéias sobre o teatro*......... 151
   2.4. *Joaquim Manuel de Macedo: a última adesão*..... 158
3. A Dramaturgia Realista....................... 165
   3. 1. *José de Alencar*.......................... 166
   3. 2. *Quintino Bocaiúva*....................... 192
   3. 3. *Joaquim Manuel de Macedo*................ 204
   3. 4. *Aquiles Varejão*.......................... 214
   3. 5. *Sizenando Barreto Nabuco de Araújo*......... 220
   3. 6. *Valentim José da Silveira Lopes*............. 225
   3. 7. *Pinheiro Guimarães*...................... 229
   3. 8. *Francisco Manuel Álvares de Araújo*.......... 239
   3. 9. *França Júnior*............................ 244
   3.10. *Constantino do Amaral Tavares*............. 250
   3.11. *Maria Angélica Ribeiro*................... 254

TEATRO E SOCIEDADE NO BRASIL.............. 261

BIBLIOGRAFIA 271

Comparada às grandes, a nossa literatura é pobre e fraca. Mas é ela, não outra, que nos exprime. Se não for amada, não revelará a sua mensagem; e se não a amarmos, ninguém o fará por nós. Se não lermos as obras que a compõem, ninguém as tomará do esquecimento, descaso ou incompreensão. Ninguém, além de nós, poderá dar vida a essas tentativas muitas vezes débeis, outras vezes fortes, sempre tocantes, em que os homens do passado, no fundo de uma terra inculta, em meio a uma aclimação penosa da cultura européia, procuravam estilizar para nós, seus descendentes, os sentimentos que experimentavam, as observações que faziam – dos quais se formaram os nossos.

ANTONIO CANDIDO

*Na dura criação de um enjeitado –
o teatro nacional.*

OSWALD DE ANDRADE

Introdução

A idéia de estudar o teatro realista no Brasil, partindo do pressuposto de que no século XIX a nossa vida teatral esteve centralizada no Rio de Janeiro, nasceu há alguns anos, quando realizávamos pesquisas para escrever uma dissertação de mestrado sobre a obra dramática de José de Alencar. A leitura de jornais e revistas do século passado revelou-nos um quadro bastante amplo, no qual se podia vislumbrar a existência de um autêntico movimento teatral estimulado por uma casa de espetáculos, o Teatro Ginásio Dramático, e por jovens intelectuais que atuavam na imprensa. Quer dizer, Alencar não era um caso isolado de romancista que abraçava o teatro por mero capricho. Ao contrário, respondendo aos estímulos do meio cultural, ele colocou-se ao lado de toda uma geração que se opôs à linha de trabalho adotada pelo ator e empresário João Caetano – expoente maior do nosso romantismo teatral – à frente do Teatro São Pedro de Alcântara. De certa forma, esse antagonismo foi contemplado em nossa dissertação. Mas como os objetivos centrais do estudo eram traçar um perfil do dramaturgo Alencar e analisar suas peças, não fomos além de um esboço desse momento da história do teatro brasileiro em que conviveram nos palcos da corte duas estéticas teatrais antagônicas: a romântica e a realista.

Agora, depois de novas leituras e pesquisas, certificamo-nos de que a criação do Teatro Ginásio Dramático, em março de 1855, pelo empresário Joaquim Heleodoro Gomes dos Santos, desencadeou de fato um processo de ruptura com o romantismo teatral. Nos primeiros meses, a pequena empresa pôs em cena várias comédias de Scribe, representadas com leveza e bom humor. Foi o caminho encontrado para concorrer com o São Pedro de Alcântara, cujo repertório era formado preferencialmente por tragédias neoclássicas, dramas românticos e melodramas portugueses e franceses. Scribe, porém, não fazia parte do realismo teatral francês, a última novidade que, na ocasião, começava a seduzir a jovem intelectualidade brasileira. Em Paris, dramaturgos como Alexandre Dumas Filho, Émile Augier, Théodore Barrière, Octave Feuillet, entre outros, faziam muito sucesso com os seus "dramas de casaca", isto é, com peças de tese ou de descrição de costumes em que discutiam algumas questões sociais de interesse da burguesia, classe com a qual se identificavam e para a qual dirigiam sua produção. Questões relativas à família, ao casamento, ao trabalho, ao dinheiro, à prostituição foram então debatidas no palco, transformado em tribuna consagrada a demonstrar a superioridade dos valores éticos da burguesia.

Não tardou muito para o Ginásio Dramático importar esse novo repertório. A 26 de outubro de 1855, a representação de *As Mulheres de Mármore*, de Théodore Barrière e Lambert Thiboust, inaugurava um período de vida teatral intensa no Rio de Janeiro, marcada pelo prestígio da estética realista. Essa constatação é fruto de um levantamento do repertório teatral que fizemos, consultando a página de anúncios do *Jornal do Comércio*, dia por dia. Com isso, foi possível acompanhar o processo de recepção das peças francesas entre nós e a posterior formação de um repertório nacional de comédias e dramas realistas, ou pelo menos com traços de realismo. Constatamos, enfim, que no São Pedro de Alcântara, dirigido por João Caetano, continuaram em cartaz as peças do velho Romantismo, enquanto a renovação aconteceu no Ginásio Dramático, coadjuvado depois de algum tempo pelo Teatro das Variedades e Ateneu Dramático. Entre 1855 e 1862, subiram à cena nesses teatros as seguintes peças do novo repertório francês: *As Mulheres de Mármore* e *Os Parisienses*, de Théodore Barrière e Lambert Thiboust; *Os Hipócritas* e *A Herança do Sr. Plumet*, de Barrière e Ernest Capendu; *A Dama das Camélias* e *O Mundo Equívoco*, de Dumas Filho; *O Genro do Sr. Pereira, Os Descarados* e *As Leoas Pobres*, de Émile Augier; *A Crise, Dalila, O Romance de um Moço Pobre* e *A Redenção*, de Octave Feuillet.

A encenação dessas peças provocou amplas discussões na

imprensa fluminense. A jovem intelectualidade posicionou-se a favor da nova estética teatral e em seus folhetins defendeu a criação de um repertório nacional com base nos modelos oferecidos pelos dramaturgos franceses. O resultado dessas discussões pode ser avaliado em dois níveis: o teórico e o prático. Assim, é possível apreender uma série de conceitos realistas nos textos jornalísticos de Quintino Bocaiúva, José de Alencar, Machado de Assis, Joaquim Manuel de Macedo e de outros companheiros de geração. Por outro lado, não foram poucos os que escreveram para o teatro, buscando incorporar em suas peças as lições dos mestres franceses. Vale destacar, nesse período que compreende os anos de 1857 a 1865, os seguintes autores e obras: José de Alencar: *O Demônio Familiar, O Crédito, As Asas de um Anjo* e *O que é o Casamento?*; Quintino Bocaiúva: *Onfália, Os Mineiros da Desgraça* e *A Família*; Joaquim Manuel de Macedo: *Luxo e Vaidade* e *Lusbela*; Aquiles Varejão: *A Época, A Resignação, O Cativeiro Moral* e *A Vida Íntima*; Sizenando Barreto Nabuco de Araújo: *O Cínico* e *A Túnica de Nessus*; Valentim José da Silveira Lopes: *Sete de Setembro* e *Amor e Dinheiro*; Pinheiro Guimarães: *História de uma Moça Rica*; Francisco Manuel Álvares de Araújo: *De Ladrão a Barão*; França Júnior: *Os Tipos da Atualidade*; Constantino do Amaral Tavares: *Um Casamento da Época*; Maria Angélica Ribeiro: *Gabriela* e *Cancros Sociais*.

Com a relação das peças francesas e brasileiras encenadas, bem como com as datas das encenações, ampliamos as pesquisas, buscando localizar críticas teatrais, ensaios, artigos não só no *Jornal do Comércio* mas em outros periódicos, como *Diário do Rio de Janeiro, Correio Mercantil, Correio da Tarde, A Marmota, Revista Popular, A Semana Ilustrada* e *Entreato*. Reunimos um material vastíssimo, que dá uma idéia perfeita da atividade teatral no Rio de Janeiro durante os anos de 1855 a 1865. Em muitos artigos, há também menções a aspectos do espetáculo teatral, como o trabalho do ensaiador, a interpretação dos artistas e a disposição dos cenários. Todas essas informações foram levadas em conta, já que o Realismo, em oposição ao Romantismo, foi uma nova maneira não só de escrever peças como também de interpretá-las e encená-las.

A pesquisa nos jornais revelou ainda que a partir de 1863 diminuem as peças realistas em cartaz. O teatro cômico e musicado começa nesse momento a conquistar o público e depois de 1865, ano da representação de *Orphée aux Enfers*, ópera-bufa em quatro atos de Offenbach, praticamente não terá concorrentes nos teatros do Rio de Janeiro. Prova disso é o balanço que Machado de Assis fez do teatro nacional em fevereiro de 1866:

> Há uns bons trinta anos o *Misantropo* e o *Tartufo* faziam as delícias da sociedade fluminense; hoje seria difícil *ressuscitar* as duas imortais comédias. Quererá isto dizer que, abandonando os modelos clássicos, a estima do público favorece a reforma romântica ou a reforma realista? Também não; Molière, Victor Hugo, Dumas Filho, tudo passou da moda. Não há preferências nem simpatias. O que há é um resto de hábito que ainda reúne nas platéias alguns espectadores; nada mais[1].

Por fim, a pesquisa nos jornais convenceu-nos de que um estudo abrangente – de cunho histórico e crítico – das manifestações teatrais brasileiras dos anos de 1855 a 1865 não podia perder de vista o movimento teatral na França e sua difusão no Brasil. Por isso, a primeira parte deste estudo tem por objetivo analisar, interpretar e caracterizar, enfim, o teatro realista francês. O percurso começa por algumas considerações sobre o declínio do romantismo teatral e, principalmente, sobre a *École du Bon Sens*, um movimento que surgiu em 1843, em oposição aos exageros do drama romântico e ao prosaísmo do *vaudeville* de Scribe. Seus dois principais dramaturgos, François Ponsard e Émile Augier, oriundos da burguesia vitoriosa em 1789, escreveram tragédias e comédias em versos alexandrinos de nítida inspiração clássica e foram autênticos porta-vozes de sua classe.

A *École du Bon Sens*, movimento de transição entre o drama romântico e a comédia realista, deixou de existir em 1853. Um ano antes, Alexandre Dumas Filho surpreendera o meio teatral com um drama pungente, *A Dama das Camélias*, no qual conviviam algumas características do Romantismo – a trama amorosa envolvendo Marguerite Gautier e Armand Duval – e uma descrição fortemente realista do universo da prostituição elegante em Paris. A análise dessa peça é o objeto de um capítulo sobre aspectos do realismo teatral introduzido por Dumas Filho na França.

No passo seguinte, descrevemos as características da comédia realista, tal como ela se desenvolveu no decênio de 1850, e analisamos as peças de Dumas Filho, Émile Augier, Théodore Barrière e Octave Feuillet que foram representadas no Brasil, bem como algumas outras que aqui circularam provavelmente em forma impressa. Por último, tecemos algumas considerações sobre o

---

1. J. M. Machado de Assis, *Crítica Teatral*. Rio de Janeiro, Jackson, 1950, v. 30, p. 205.

realismo no palco, isto é, sobre o trabalho do ensaiador Montigny à frente do *Théâtre Gymnase Dramatique* de Paris.

A segunda parte tem por tema a difusão do teatro realista francês no Brasil. Procuramos avaliar com que intensidade esse repertório foi lido, traduzido e encenado entre nós, com base nos artigos de crítica teatral publicados em jornais e revistas. Começamos, porém, com um capítulo sobre o nosso romantismo teatral e sobre o papel desempenhado por João Caetano nesse contexto. Em seguida, descrevemos a ruptura provocada pelo Ginásio Dramático e comentamos as encenações das peças de Barrière, Dumas Filho, Augier e Feuillet.

A terceira parte enfoca o teatro realista brasileiro. No primeiro capítulo, procuramos ampliar as informações sobre o Ginásio Dramático, caracterizando melhor o seu repertório, a rivalidade com o São Pedro de Alcântara e o efeito realista de alguns de seus espetáculos. Além disso, traçamos o perfil de seus principais artistas, com destaque para Gabriela da Cunha, Adelaide Amaral, Furtado Coelho e Joaquim Augusto. No segundo capítulo, comentamos as reflexões de Quintino Bocaiúva, José de Alencar, Machado de Assis e Joaquim Manuel de Macedo sobre o realismo teatral. A defesa da naturalidade em cena e da representação sem exageros, a crença na função moralizadora do teatro, o elogio das virtudes burguesas, tudo isso e outras questões correlatas estão sempre presentes nos textos jornalísticos dos nossos autores, constituindo um credo estético muito bem delineado.

Por último, nesta terceira parte fazemos a análise e interpretação das peças brasileiras do repertório realista. Esclarecemos que não se trata do estudo das obras completas dos autores da época, pois a maioria deles dedicou-se a outros gêneros e transitou do Romantismo ao Realismo – alguns chegaram até o teatro musicado –, com idas e vindas que denotam a inoperância da periodização literária muito rígida entre nós. O que aconteceu, concretamente, entre 1855 e 1865, foi o predomínio de uma estética teatral desenvolvida na França, que seduziu nossa mocidade intelectual e a fez escrever peças com características muito peculiares, como veremos. Assim, não teria sentido, por exemplo, afirmar que Joaquim Manuel de Macedo foi um dramaturgo realista. Sua obra é vasta e compreende dramas, comédias farsescas, uma burleta e apenas duas peças escritas sob a influência da comédia realista francesa: *Luxo e Vaidade* e *Lusbela*. Só essas foram estudadas. O mesmo raciocínio aplica-se aos outros escritores. Quer dizer, nosso principal objetivo foi analisar o repertório de peças encenadas no Ginásio Dramático, Teatro das Variedades e Ateneu Dramático, visando configurar o predomínio dos temas e das formas do realismo teatral em nossos palcos no período em questão.

Por fim, no capítulo das conclusões, refletimos sobre as relações entre o teatro e a sociedade no Brasil, objetivando compreender o sucesso de peças com visão de mundo burguesa e idéias liberais num país escravocrata.

Estabelecido o roteiro do trabalho, resta esclarecer um último ponto. Não polemizamos em torno das divergências que existem em relação ao conceito de *realismo*. Evitamos uma discussão teórica que seria longa, complexa e a nosso ver desnecessária para um trabalho de cunho histórico e crítico. Assim, estudamos as peças francesas e brasileiras como manifestações do que no século XIX se convencionou chamar de *escola realista*, demonstrando inclusive que a ruptura com certos recursos teatrais românticos nem sempre foi total. Nesse sentido, guiamo-nos por uma dessas definições abrangentes, que considera o Realismo "a representação objetiva da realidade social contemporânea"[2], ainda que nem sempre essa objetividade seja alcançada. Já em relação ao Romantismo, que aqui aparece sempre em contraposição ao Realismo, esclarecemos que em nosso horizonte estiveram presentes apenas as realizações francesas, tanto no campo da dramaturgia quanto no da interpretação. Afinal, foram elas que fomentaram o romantismo teatral no Brasil, gerando artistas e peças aos quais se opôs a geração realista, a partir de 1855.

---

2. René Wellek, *Conceitos de Crítica*. São Paulo, Cultrix, sd, p. 220.

Parte I

O Teatro Realista Francês

Lucinda Simões, "cette fleur naissante" e seu marido, o empresário Furtado Coelho, que era, também, autor, ator e concertista excêntrico. (*Ao Redor de Machado de Assis*).

Quintino Bocaiúva, na seção Pantheon, da *Revista Ilustrada* de 8 de dezembro de 1888. (*Revista USP*).

Machado de Assis, entre as notabilidades do ano de 1864, numa alegoria da "Semana Ilustrada". Em cima, estão homens de letras, como Gonçalves Dias, Araújo Porto-Alegre, Macedo, Machado, Quintino Bocaiúva, etc. A centro, políticos ilustres, como os Ottoni, Sales Tôrres-Homem e outros. Embaixo, artistas. O índio é João Caetano. O que aparece de capote, com as mãos nos bolsos é Furtado Coelho. (*Ao Redor de Machado de Assis*).

1. Antecedentes: o Declínio do Romantismo Teatral e a École du Bon Sens

Alguns acontecimentos importantes na história do teatro francês têm como protagonista a figura de Victor Hugo. Em 1827, seu prefácio à peça *Cromwell* converteu-se em manifesto do teatro romântico, abrindo caminho para uma legião de jovens escritores abandonarem os rígidos cânones da doutrina clássica. Em 1830, a encenação de *Hernani* não foi apenas um espetáculo teatral, mas uma verdadeira batalha entre românticos e clássicos, vencida pelos primeiros. Durante mais de dez anos, Victor Hugo dividiu com Alexandre Dumas os aplausos e a preferência da platéia francesa. Ambos deram vida e forma ao drama, mesclando em seu interior o sublime e o grotesco, o terrível e o bufo, o trágico e o cômico, conforme a receita shakespeariana. Para os espectadores ávidos de ações vibrantes e emoções fortes, ofereceram um universo de seduções, assassinatos, suicídios, adultérios, incestos, paixões violentas, no qual se movimentavam os heróis rebeldes e aventureiros, as esposas infiéis, cortesãs, reis e rainhas devassos, entre outros tipos semelhantes.

Victor Hugo, mais doutrinário do que Alexandre Dumas, foi o mestre de sua geração. Por isso, se por um lado os sucessos que alcançou no palco contribuíram para o fortalecimento do romantismo teatral, por outro o estrondoso fracasso de *Les Burgraves*, encenada em março de 1843, significou o desmoronamento de tudo aquilo que ele ajudara a edificar. Eis como Petit de Juleville resume esse momento histórico:

A decadência do romantismo começa antes da metade do século, em seguida ao fracasso de *Les Burgraves*, de Victor Hugo, encenada no *Théâtre-Français* no início de 1843. A peça caíra pesadamente, menos por seus defeitos (que afinal são os do próprio gênero, mas compensados por inúmeras belezas) que pela falta de entusiasmo do público. Havia um certo cansaço do lirismo no teatro e já estavam quase que inteiramente dissipadas as ilusões e as esperanças que o primeiro sucesso da nova escola tinha feito nascer quinze anos antes[1].

Há uma certa unanimidade entre os historiadores do teatro francês: o fracasso de *Les Burgraves* e o imediato abandono do gênero dramático por parte de Victor Hugo foram dois fatores decisivos para que uma reação ao romantismo teatral se esboçasse em seguida, nas peças de François Ponsard, Émile Augier e outros dramaturgos menos conhecidos, como Jules Barbier, Michel Carré, Latour de Saint-Ybars e Arthur Ponroy. Assim, treze anos após as barulhentas récitas de *Hernani*, o público francês, friamente, voltava as costas para o repertório romântico, cansado dos vôos poéticos dos dramaturgos que se afastavam cada vez mais da promessa de retorno à natureza e à verdade. *Les Burgraves*, nesse sentido, é um caso exemplar: por força de uma sucessão de declamações grandiosas que ora resvalam no lirismo, ora na retórica, a ação dramática da peça resulta monótona e sem interesse.

Há ainda outra questão a considerar: a dramaturgia romântica, depois de 1840, já havia esgotado o seu arsenal de "monstruosidades", isto é, de ações e cenas que afrontavam a moralidade burguesa. Antony quase sufocando Adèle e arrastando-a para o quarto... e para o adultério; Marion Delorme, prostituta regenerado pelo amor, proclamando a Didier: "O meu amor devolveu-me a virgindade"; Francisco I, rei libidinoso, violentando Branca... Eis alguns exemplos de cenas escandalosas para a época. Valores como o casamento e a família, tão caros à burguesia, em franca ascensão nesse momento histórico, tinham sido literalmente vilipendiados. O casamento, via de regra, era visto como um obstáculo à felicidade, a família não passava de uma prisão, os maridos eram verdadeiros carrascos.

O universo romântico, com esses ingredientes, com todo o seu "mau gosto", afastou do teatro um grande contingente do pú-

---

1. Petit de Juleville, *Le théâtre en France*, 2ª ed. Paris, Armand Colin, 1927, pp. 400-401. Traduzimos todas as citações para o português. No caso de peças escritas em versos, não reproduzimos a métrica e a rima.

blico, que era, afinal, constituído em sua maior parte pela burguesia. Ao mesmo tempo, as atenções voltavam-se para uma jovem e brilhante atriz, que desde 1838 vinha arrebatando a platéia da *Comédie Française* com interpretações refinadíssimas dos grandes papéis trágicos femininos do repertório clássico. Rachel era seu nome. E em torno dela reuniram-se os velhos opositores do romantismo teatral de Victor Hugo. Para Théophile Gautier, escritor romântico e crítico teatral, foram esses saudosistas do Classicismo, invejosos, que orquestraram o fracasso de *Les Burgraves*, organizando as vaias e as desordens durante as representações[2]. Pode ser verdade. Ou não. Mas o fato concreto é que as características dos heróis românticos distanciavam-se cada vez mais das aspirações de ordem e progresso da burguesia. O momento, então, favorecia o retorno ao equilíbrio clássico, a criação de um repertório de peças que, aproveitando as conquistas formais do Romantismo, disciplinasse o uso da imaginação.

François Ponsard (1814-1867) compreendeu bem esse momento. Sua tragédia *Lucrèce*, encenada um mês depois de *Les Burgraves*, a 22 de abril de 1843, obteve um sucesso memorável. E não se tratava de uma tragédia construída de acordo apenas com o modelo de Racine. Ponsard ampliou a ação dramática no tempo e no espaço, aproveitando portanto as liberdades do drama, mas evitou qualquer excesso. Por outro lado, a sobriedade do enredo, a solidez do alexandrino e os diálogos límpidos e claros, apesar de um tanto retóricos, demonstravam a filiação à tradição clássica francesa, conforme perceberam sem dificuldade os seus contemporâneos. Um deles, Édouard Thierry, avaliou com precisão, anos depois, o significado da encenação de *Lucrèce* em 1843:

> *Lucrécia* foi um triunfo. A obra de Ponsard, robusta, sã, viril, tinha a sorte a seu lado e aparecia na hora certa. A luta entre as duas velhas escolas ia acabar por falta de combatentes. O antigo partido clássico tinha desaparecido, Casimir Delavigne logo morreria e Alexandre Dumas voltava-se para o romance. O ilustre autor de *Les Burgraves* também abandonava o campo de luta e retirava-se orgulhoso e ferido ao seu abrigo. O lugar estava livre. Ponsard veio ingenuamente ocupá-lo, sem ter escolhido o momento, sem pensar que sua peça iria marcar uma data na história dos nossos debates literários: a data do apaziguamento e do fim das teorias absolutas, como percebeu com o grande sucesso que obteve [...]. Aos aplausos da juventude que saudava o jovem poeta misturavam-se, com o ar-

---

2. Théophile Gautier, *Histoire de l'art dramatique en France depuis vingt-cinc ans*. Paris, Hetzel, 1859, v. 3, p. 34.

dor da revanche, as aclamações dos antigos partidos vencidos, exaltados pelas três derrotas sucessivas do romantismo. A terceira era a encenação de *Lucrécia*; a primeira fora esse relâmpago num belo céu de verão, a estréia de *mademoiselle* Rachel[3].

O sucesso de *Lucrèce* atraiu para a órbita de Ponsard um número razoável de escritores ligados ao teatro: Latour de Saint-Ybars, Arthur Ponroy, Jules Barbier, Michel Carré, Édouard Foussier, Adrien Decourcelle, Émile Augier e outros. Com esse grupo pode-se dizer que nasceu um movimento de reação ao romantismo teatral que se estendeu até 1853 e que, significativamente, passou para a história com o nome de *École du Bon Sens*. François Ponsard, embora não tivesse reivindicado para si o título de chefe de escola, tornou-se naturalmente o líder desse grupo, cujo objetivo primeiro, nas palavras de Émile Augier, era "trazer de volta ao teatro a boa literatura"[4]. O caminho não poderia ser outro senão o apontado por Ponsard:

... de minha parte, não admito senão a soberania do bom senso; penso que toda doutrina, antiga ou moderna, deve estar sempre submetida ao exame desse juiz supremo[5].

O autor de *Lucrèce* e seus discípulos filiavam-se, assim, à tradição clássica francesa, opondo-se aos românticos na construção de suas peças, mas não de maneira radical. Se cultivaram a tragédia e a comédia, escrevendo de preferência em versos alexandrinos, não desprezaram totalmente as conquistas formais do Romantismo. Nesse sentido, a apreciação que Théophile Gautier fez de *Lucrèce* é bastante reveladora de algumas confusões doutrinárias daqueles tempos. Enquanto os partidários de Ponsard elogiaram o que a tragédia tinha de clássico – sua dívida a Racine e Corneille, sua linguagem etc. –, Gautier observou seus traços românticos, apontando, entre outros, os seguintes: a inexistência de unidade de ação, a reunião do sublime e do grotesco na caracterização de Brute e o uso da cor local.

A verdade é que os dramaturgos da *École du Bon Sens* não criaram uma poética teatral para opô-la à dos românticos, como

---

3. Édouard Thierry, "Discours prononcé lors de l'inauguration de la statue de Ponsard à Vienne", François Ponsard, *Oeuvres complètes*, Paris, Calmann Lévy, 1866-1877, v. 3, p. 400.
4. *Apud* C. Latreille, *La fin du théâtre romantique et François Ponsard*, Paris, Hachette, 1899, p. 379.
5. Ponsard, v. 3, p. 352.

estes haviam feito em relação aos clássicos. Sob a proteção de uma regra única, a do bom senso, permitiram-se certo ecletismo e alguma conciliação em relação às formas teatrais. Ressalte-se, entretanto, que a *École* condenou nos românticos seu gosto pela dramaturgia inglesa e alemã. Num artigo de 1848, Augier lamentou o abandono a que fora relegado o espírito francês e conclamou seus contemporâneos a revalorizá-lo, retomando as tradições do século XVII. "Permaneçamos gauleses", bradava o jovem escritor.

O respeito pelo passado não significava, porém, indiferença em relação ao presente. Ao contrário, Ponsard e seus discípulos chegaram a criar um jornal, *Le Spectateur Republicain*, onde defenderam ideais de progresso e democracia. Identificados com a burguesia, também pelo aspecto ideológico distanciaram-se dos românticos, mais próximos dos sentimentos populares, como observou Lamartine: "... o drama vai ao encontro do povo, pois é do povo e pelo povo; somente a classe popular leva seu coração ao teatro"[6].

Ao escrever essas palavras, em 1834, Lamartine talvez estivesse pensando nos lances melodramáticos que alimentavam com freqüência os dramas de Victor Hugo e Alexandre Dumas. Porque o melodrama, mais que o drama, encantava as massas com enredos fantasiosos, revelações surpreendentes, linguagem prosaica, entre outras características que os dramaturgos da *École* não suportavam. Ponsard, no discurso de posse da Academia, criticou com veemência o mau gosto e a ausência do belo no melodrama, ao mesmo tempo que fez o elogio da tragédia. Quanto ao drama, não o opôs à tragédia nem o julgou desfavoravelmente. Para ele, o drama seria ruim se aproveitasse os defeitos do melodrama, ao passo que seria bom se concebido com as virtudes da tragédia. Ecletismo e bom senso eram, definitivamente, a receita de seu teatro.

Dos dramaturgos da *École du Bon Sens*, Ponsard e Émile Augier (1820-1889), são os mais importantes. Em suas peças, a razão e o dever, a lei e a consciência pública são valores bastante encarecidos. Ao contrário dos românticos, que tinham exaltado o indivíduo, proclamando os direitos soberanos da paixão, e abalado os alicerces da família, ambos defenderam a superioridade da instituição social, a família, o interesse coletivo. De um modo geral, em suas peças não há lugar para os sentimentos desvairados. Mesmo nas questões do amor, é sempre a razão que dirige o co-

6. *Apud* Latreille, p. IX.

ração e coíbe as explosões sentimentais. Com essas características, as peças de Ponsard e Augier conquistaram o público burguês de seu tempo, que via seus valores éticos serem elegantemente dramatizados no palco.

Em *Lucrèce*, por exemplo, a ação situada na Roma antiga não impedia que logo no primeiro ato fossem exaltadas as virtudes que uma esposa deve cultivar. A personagem que dá o título à tragédia é apresentada como a mais perfeita mãe de família e deixa transparecer o quanto é fiel e dedicada ao marido nos diálogos que trava com a governanta. O quadro trágico, aliás, só adquire contorno nítido na peça quando Lucrèce é violentada por Sextus Tarquin, virtual herdeiro do trono romano. Ultrajada, só lhe resta o suicídio, já que não conseguiria viver com a lembrança da desonra. Sua morte, no entanto, transforma-se no instrumento político de Brute, que, em Collatie, impele o povo a marchar sobre Roma, para vingá-la e acabar com a tirania. A peça baseia-se em fatos da história romana, mas contém obviamente personagens e elementos próprios da ficção.

O pano de fundo histórico permitiu a Ponsard conciliar a preocupação política – a repulsa à tirania – com o desenho dos costumes latinos. Não se pode negar que nas cenas domésticas, em que Lucrèce aparece em meio a suas escravas, ajudando-as no trabalho de fiar a lã, há um colorido singelo e uma placidez que devem ter causado boa impressão na platéia burguesa que lotava o *Odéon*. Lucrèce, por sua vez, era um poço de virtudes, uma personagem identificada com uma visão de mundo desromantizada, na qual o papel de mãe de família era colocado em primeiro plano, ao contrário do que se via no repertório romântico, que idealizava na mulher a amante apaixonada. Algumas palavras de Lucrèce talvez explicitem melhor essa questão:

> A virtude que a mãe de família escolhe
> É a de ser a primeira no manejo da agulha,
> A mais habilidosa ao fiar a lã,
> A preparar o traje adequado a cada estação,
> Para que ao voltar ao abrigo doméstico
> O guerreiro possa vestir uma túnica branca
> E dar graças aos deuses por encontrar à porta
> Uma mulher cuidadosa que o espera[7].

Théophile Gautier, perspicaz, observou que a figura de Lucrèce era muito honesta, mas pouco dramática. De fato, a peça

---

7. Ponsard, v. 1, p. 56.

como um todo é pouco dramática, isto é, não possui a movimentação que caracteriza o drama romântico. Acontece que era exatamente esse tipo de peça – equilibrada, repleta de sentimentos honestos, como a defesa do casamento, da família, da fidelidade – que a platéia desejava ver naquele abril de 1843. Daí o sucesso enorme, apesar da observação corretíssima de Gautier e de outros defeitos de fatura, como a loucura mal simulada de Brute e a retórica exagerada dos diálogos.

Mas de todas as peças de Ponsard escritas na época da *École du Bon Sens* – *Agnès de Méranie, Charlotte Corday, Horace et Lydie, Ulysse, Molière à Vienne, L'Honneur et l'Argent* – a última, de 1853, é a que está mais claramente comprometida com a burguesia. Pela primeira vez em sua carreira, o autor abandonava os tempos passados – Antiguidade romana e grega, Idade Média, Revolução Francesa – e olhava para o mundo a sua volta, para a Paris cintilante e progressista, a "capital do século XIX", como a definiu um filósofo do nosso século.

Ponsard deu inicialmente outro título a sua comédia: *George ou la Comédie Bourgeoise*. Isso já explica alguma coisa. A mudança para *L'Honneur et l'Argent* ocorreu por sugestão do crítico teatral Jules Janin, amigo do autor. O ponto de vista da peça é, portanto, visceralmente burguês, no sentido de apregoar valores idealizados como o trabalho, a honestidade e a sinceridade dos sentimentos. George, rapaz de vinte e cinco anos de idade, é o protagonista que faz a crítica ao casamento por dinheiro e a defesa do trabalho como único meio de ascensão social. Logo na primeira cena, entre outras tiradas moralizantes, ele afirma, categórico: "... Não venderei nem meu corpo, nem minha alma / Só me casarei para amar minha mulher".

Ponsard antecipa, nessa peça, uma discussão que foi bastante comum entre os dramaturgos realistas franceses, a respeito das relações entre o amor, o casamento e o dinheiro. Como o burguês autêntico é aquele que sobe na vida apenas pelo trabalho, e nunca pelo casamento, é preciso que isso seja demonstrado em termos dramáticos. Daí as palavras de George, para quem não era difícil afirmar o que foi transcrito no parágrafo anterior. No primeiro ato, ele nos é apresentado como um rapaz rico, com certo talento para a pintura, que vive folgadamente, sem trabalhar. Nos atos seguintes o autor vai colocá-lo à prova em situações adversas, para que toda a sua virtude e honestidade sejam comprovadas. Desse modo, já no segundo ato George tem que tomar uma decisão difícil – em outras palavras, optar, e agora concretamente, pela honra ou pelo dinheiro –, ao saber que o pai morreu arruinado e endividado. De acordo com as leis francesas, ele não precisa pagar as dívidas, o que lhe possibilitaria continuar a vida de sempre, apenas com o dote materno que possui. Obviamente, não é o que faz. Para honrar o nome do pai, gasta toda a fortuna que lhe resta no pagamento dos credores, tornando-se pobre da noite para o dia. Mas isso não o amedronta: "... viverei do meu trabalho, / E meus pincéis, senhor, serão meu ganha-pão", diz com altivez.

Mal sabia que aí começavam os problemas. O pai de Laure, sua noiva, tão logo soube do ocorrido, desmanchou o compromisso. George, desesperado, diz ao amigo Rodolphe: "Vou morrer!" E ouve a seguinte resposta: "Deixe para lá! não se morre de amor. / E depois você só aumentaria o orgulho feminino dela". Como se vê, evitam-se os descabelamentos românticos, inclusive com certo humor. As desventuras do herói da peça crescem no quarto ato, quando antigos amigos e credores lhe negam ajuda, fazendo com que ele aceite a proposta de um casamento por dinheiro, com uma mulher de quarenta e cinco anos de idade. Foi um momento de fraqueza, claro, e George logo se recupera, amparado pela amizade de Rodolphe – que o recrimina e o aconselha a trabalhar – e pela atenção de Lucile, irmã de Laure, cuja jovialidade e beleza o encantam. O rapaz então explode: "Trabalho, amor, virtude, perdoai minha blasfêmia. / Eu vos pertenço, sempre, incondicionalmente". No quinto e último ato, George aparece como pequeno industrial enriquecido – *pelo trabalho* – e se casa – *por amor* – com Lucile. Essa peça foi um dos grandes sucessos do ano de 1853 em Paris, ficando em cartaz vários meses.

Apesar dos alexandrinos, das rimas, do palavrório um tanto enjoativo (para os nossos tempos), a peça de Ponsard fortaleceu o prestígio do dramaturgo junto ao público parisiense. Nessa altura, porém, a *École du Bon Sens* chegava ao fim. O grupo que se reunira em torno de Ponsard, a partir de 1843, com o sucesso de *Lucrèce*, estava desagregado. E a morte do escritor Charles Reynaud, em 1853, punha ponto final ao movimento, conforme reconhecia Augier em carta a Ponsard: "Nós perdemos mais que um amigo; nós perdemos nossa coragem, nossa estrela. A *Escola do Bom Senso* era ele, não nós. Ele era o laço de união. Sua morte nos desestruturou e nos deixou desorientados. Não somos mais que dois homens de letras sem unidade"[8].

8. *Apud* Latreille, p. 396.

Quanto à produção dramatúrgica de Augier, entre 1844 e 1853, vale dizer que não é menor que a de Ponsard: nada menos que nove peças de sua autoria subiram à cena no período – sete comédias, um drama e um provérbio –, a maior parte delas no primeiro teatro em importância na França, a prestigiosa Comédie-Française. Isso dá a medida da notoriedade que rapidamente conquistou.

La Ciguë (1844) é a primeira produção do dramaturgo. Na esteira de *Lucrèce*, mas com registro cômico, Augier situou a ação da peça na Grécia antiga, fiel à orientação de seu mestre Ponsard. A elegância dos versos alexandrinos, a simplicidade do enredo, a ação concentrada no tempo e no espaço, a inexistência de paixões avassaladoras, a despreocupação com a cor local, a comicidade discreta, as tiradas espirituosas, entre outros aspectos, definem o anti-romantismo do autor, visivelmente preocupado em demonstrar que fora do casamento e da vida em família não há felicidade possível.

Assim, a personagem principal, Clínias, vinte e cinco anos, já no início da peça mostra-se aborrecido, entediado, infeliz e cansado de sua vida libertina, cheia de vícios, solitária. O suicídio é a saída que encontra. Mas antes, como última desfaçatez, resolve divertir-se à custa de dois amigos, Cléon e Paris, avarentos descendentes do Harpagon de Molière, convencendo-os a disputarem entre si o amor de Hippolyte, uma bela escrava que havia adquirido recentemente. Como prêmio para o vencedor, Clínias acena com uma polpuda herança. Augier não perde a chance de ridicularizar o Romantismo, nas cenas em que Cléon e Paris fazem exageradas e retóricas declarações de amor a Hippolyte. Mas no meio da brincadeira, quem acaba se apaixonando pela escrava – que, afinal, além de bonita era de boa família de Chipre – é o próprio Clínias. Não é preciso dizer que ele desiste do suicídio. Mas cumpre observar que em sua explosão de felicidade ele exulta não porque encontrou o amor, mas porque vai ganhar uma família:

> Uma família para mim! Que alegria! e como
> Pude até agora viver diferentemente?
> Mas sou jovem e posso reparar minha loucura[9].

Como se vê, a instituição é que é valorizada, não o sentimento. Na ótica burguesa de Augier, fora do casamento e da vida em

---

9. Émile Augier, *Théâtre complet*, Paris, Calmann Lévy, 1882, v. 1, p. 70.

família só pode haver libertinagem, aborrecimento e tristeza. Essa visão de mundo não impediu, curiosamente, que a pequena e bem-sucedida comédia fosse elogiada até pelo romântico Théophile Gautier: "Trata-se de uma comédia bastante espirituosa, cheia de fantasia e de bom gosto, versificada de uma maneira charmosa".

Augier, nessa primeira fase da sua longa carreira de dramaturgo, foi discípulo confesso de Ponsard. Inspirou-se duas vezes na Antiguidade greco-romana, investigou o passado histórico da França à procura de matéria dramática e utilizou sistematicamente os versos alexandrinos. Não sabia, evidentemente, que era mais talentoso que o mestre. E isso talvez o tenha inibido a tentar o gênero nobre da tragédia. Como autor de comédias, deixou-se influenciar também por Molière, o que é compreensível num momento de valorização da tradição clássica francesa. *Un Homme de Bien* (1845), por exemplo, nada mais é do que a história engraçada de um tartufo bem-sucedido, que não economiza artimanhas para tornar-se o único herdeiro de um velho tio. Aos olhos de todos, porém, é honrado e honesto, qualidades que, paradoxalmente, acaba por enxergar em si próprio, uma vez que prejudica as pessoas e ajuda-as depois.

Mas de todas as peças que Augier escreveu nessa época, a que melhor caracteriza sua filiação à *École du Bon Sens* é *Gabrielle* (1849), que gira em torno de um casamento em crise, prestes a desmoronar, ameaçado pelo fantasma do adultério. Com uma ação dramática rarefeita, construída de acordo com a regra das unidades clássicas, a peça apresenta uma situação já próxima do desenlace, quando as soluções para o conflito principal não podem mais ser adiadas. Assim, já no início Gabrielle abre seu coração e revela à amiga e tia Adrienne – e a nós, espectadores ou leitores – que não agüenta mais viver com Julien, o marido que só cuida dos negócios. Entediada, infeliz, sente falta da emoção das grandes paixões e, claro, vai vislumbrá-la fora do casamento. Julgando-se apaixonada pelo jovem Stéphane, secretário de Julien, decide fugir com ele, abandonando marido e filha. Nesse momento, Gabrielle surda aos conselhos de Adrienne, a peça atinge seu clímax: a consumação do adultério está por um fio. Percebe-se, no entanto, que Augier joga propositadamente com ingredientes românticos, para criticá-los, para contrapor a eles os argumentos racionais, o bom senso, a moralidade convencional. Assim, é previsível que Gabrielle não irá além da tentação. Quando Julien compreende as razões da crise de seu casamento e vê que a esposa está na iminência de deixá-lo, intervém, com calma e equilíbrio, sem nenhuma violência, utilizando apenas as palavras como arma de persuasão. E ao fazer a defesa do casamento e da vida em família seu discurso é tão bem articulado, tão racional, ao apontar os deveres de uma esposa, por um lado, e a desgraça do adultério, da desonra, por outro, que Gabrielle volta atrás em sua decisão e manda Stéphane embora para sempre. A sós, reflete:

> Ó Deus! que luz se fez em minha alma
> À borda de que abismo, cega, eu corria!
> Sem Julien, infeliz! agora eu lá estaria...
> Mas que autoridade em sua linguagem! E como
> O outro não passa de uma criança perto dele[10].

Nas cenas finais Gabrielle pede perdão a Julien. Ia cometer uma loucura. Ele não só a perdoa como se recrimina por ter dedicado mais tempo aos negócios que à família. A última fala da peça, da esposa para o marido – "Ó pai de família! ó poeta! eu te amo" – completa o quadro: o herói de *Gabrielle* não é o amante, mas o pai de família. Suas qualidades não são a rebeldia, o espírito aventureiro, a paixão devastadora, mas a sobriedade, o equilíbrio emocional, a honestidade. *Gabrielle*, mais que uma peça, é um verdadeiro manifesto anti-romântico Já iam longe os tempos em que o adultério era celebrado como a tábua de salvação para as esposas infelizes.

A julgar pelas peças de Ponsard e Augier, a *École du Bon Sens* não deixou nenhuma obra-prima para a posteridade. Embora, por vezes, não sejam desprovidas de algumas qualidades – cenas bem-arquitetadas, diálogos bem-construídos, situações interessantes –, as peças de ambos pertencem àquela categoria de arte que envelhece com a passagem do tempo. É privilégio de poucos, como se sabe, a criação de obras duradouras, capazes de despertar o interesse de várias gerações. Ponsard e Augier, pelo menos, souberam dialogar com seus contemporâneos, em especial com a burguesia poderosa do período pós-romântico. Suas peças, se excetuarmos um ou outro eventual fracasso, foram sempre muito aplaudidas e, de certa forma, estimularam uma voga literária que extrapolou as fileiras da *École du Bon Sens*: a dos dramas e romances honestos.

Para os artistas que, na ocasião, desprezavam a burguesia e a arte utilitária e moralizadora, essa voga literária era ultrajante.

---

10. *Idem*, p. 417.

Baudelaire, por exemplo, num artigo escrito em 1851 para *La Semaine Théâtrale*, protestou com veemência contra o "furor de honestidade" que naqueles tempos tomou conta do teatro e também do romance. Para ele, uma peça como *La Ciguë*, de Augier, era nociva à própria virtude que desejava passar ao espectador/leitor, na medida em que sugeria, pelas características do protagonista, que "a virtude contenta-se em aceitar os restos da luxúria"[11]. Mas é *Gabrielle*, do mesmo Augier, que irrita profundamente Baudelaire. A defesa do pai de família parece-lhe uma vingança contra os insultos à burguesia desferidos pelos românticos. Sugere até que a *École du Bon Sens* seja denominada *École de la Vengeance*. Eis seu comentário destemperado a propósito do final de *Gabrielle*, no qual a esposa chama o marido de poeta:

> Um escrivão! Vejam-na, esta burguesa *honesta*, arrulhando nos ombros do seu homem e dirigindo-lhe olhares lânguidos, como nos romances que leu. Vejam todos os escrivães da platéia aclamando o autor que os trata de igual para igual e os vinga de todos esses miseráveis que têm dívidas e que acreditam que o trabalho do poeta consiste em exprimir os movimentos líricos da alma num ritmo regrado pela tradição! Tal é a chave de tanto sucesso.

Baudelaire, que nesta altura já devia estar preparando suas flores do *mal* – pelas quais foi até processado, diga-se de passagem –, punha-se evidentemente na contramão dessa literatura que pregava o *bem*, que invertia determinados valores para atribuir o dom da poesia ao homem medíocre. As críticas a Augier e a outros autores menores estenderam-se também ao ministro do Interior, Léon Faucher, que em outubro de 1851 promulgou um decreto em favor das obras dramáticas "escritas para servir à educação das classes trabalhadoras pela propagação de idéias sãs e pelo espetáculo dos bons exemplos". Baudelaire observou que esse decreto em favor das peças teatrais honestas era, na verdade, um "decreto satânico", pois feria mortalmente a literatura, encorajando a hipocrisia e cerceando a própria liberdade de criação do artista.

No reinado da burguesia, porém, o que se queria ver no palco, elogiadas, eram as "virtudes burguesas". A *École du Bon Sens* respondeu aos anseios da classe, como pudemos notar nas peças de Ponsard e Augier. E para deixar essa questão ainda mais clara, no sentido de definir quais são e como são essas virtudes, vale a pena transcrever o "esquema das virtudes" de Benjamin Franklin,

---

11. Charles Baudelaire, "Les drames et les romans honnêtes", em *Oeuvres complètes*, Paris, Seuil, 1968, p. 296.

homem com quem a mentalidade burguesa chegou ao seu apogeu, segundo Werner Sombart, em seu belo livro *O Burguês*:

1. *Moderação*: Não comas demasiadamente, nem bebas até a embriaguez.
2. *Silêncio*: Não fales mais que o que possa ser útil para os outros ou para ti mesmo; evita a tagarelice vazia.
3. *Ordem*: Reserva um lugar para cada coisa e um tempo para cada assunto de teu negócio.
4. *Decisão*: Determina-te a fazer o que deves e realiza aquilo que propões.
5. *Parcimônia*: Não faças nenhum gasto que não sirva para proporcionar um bem a outros ou a ti mesmo; em outras palavras: não esbanjes.
6. *Diligência*: Não desperdices o tempo; ocupa-te sempre com algo útil e despreza toda atividade inútil.
7. *Sinceridade*: Não te sirvas de mentiras. Pensa sem malícia e com justiça; quando falares, faze-o com verdade.
8. *Justiça*: Não prejudiques ninguém com injustiças e não fujas das tuas obrigações para com o próximo.
9. *Ponderação*: Evita os extremos; não reajas com violência às ofensas e não as leve a mal, como mereceriam à primeira vista.
10. *Limpeza*: Não admitas sujeira em teu corpo, tuas roupas ou tua casa.
11. *Serenidade*: Não te inquietes por coisas sem importância ou por desgraças freqüentes ou irremediáveis.
12. *Castidade*: Mantém relações sexuais apenas por motivos de saúde ou de descendência. Nunca chegues ao extremo de embrutecer-te, viciar-te ou de perturbar a paz da tua alma, bem como a dos outros, e de manchar teu bom nome.
13. *Humildade*: Segue o exemplo de Jesus e de Sócrates[12].

Com esse esquema, Benjamin Franklin acreditava poder alcançar a perfeição moral. Se isso parece difícil para o homem de carne e osso, os heróis das peças de Ponsard e Augier demonstraram que pelo menos no terreno da ficção tais virtudes podiam ser praticadas com alguma facilidade. Como os espectadores burgueses projetavam-se nesses heróis, o sucesso de ambos, principalmente nos meios oficiais, foi fulminante: ganharam prêmios, foram encenados nos melhores teatros de Paris e só mereceram a reprovação dos românticos renitentes e dos escritores que já naqueles tempos procuravam enxergar no horizonte da literatura a modernidade. Em uma carta de Flaubert, por exemplo, algumas poucas palavras sobre a comédia *Philiberte* revelam as limitações de seu autor e, por extensão, da *École du Bon Sens*:

> Li esta manhã alguns fragmentos da comédia de Augier. Que antipoeta esse rapaz! E de que adiantam os versos para as idéias que expõe! Que arte postiça!

12. Werner Sombart, *El burgués*, Madrid, Alianza Editorial, 1972, p. 129. V. em especial o capítulo intitulado "Las virtudes burguesas" (pp. 115-136).

E que ausência de forma verdadeira que é essa pretensa forma exterior! Ah! é que esses jovens robustos apegam-se à velha comparação: a forma é um mantô. Não! A forma é a vida, a carne do pensamento, como o pensamento é a carne da alma[13].

Pensando a obra literária como *estrutura*, na qual forma e conteúdo articulam-se dialeticamente, Flaubert estava muito à frente do conservadorismo da *École du Bon Sens*, presa ainda a velhas concepções da estética neoclássica.

Além da observação certeira sobre *Philiberte*, há, na extensa correspondência do autor de *Madame Bovary*, duras críticas a Ponsard e Augier, principalmente ao "compromisso burguês" de ambos. Mas não vale a pena alongar estas considerações além do necessário. Já é tempo de ressaltar a importância histórica da *École du Bon Sens* enquanto movimento de transição entre o drama romântico e a comédia realista do Segundo Impéro. Seus dramaturgos, ainda que não tenham deixado nenhuma obra-prima para a posteridade, criaram um repertório que combateu abertamente o romantismo teatral, trazendo para o palco um pouco de serenidade e certa dose de verdade na observação de alguns tipos sociais. Não fossem escritas em versos, *L'Honneur et l'Argent* e *Gabrielle*, para citar dois exemplos, estariam muito próximas das comédias realistas que vieram em seguida na evolução do teatro francês e que mantiveram, do repertório anterior, a postura reverente diante dos valores éticos da burguesia, como veremos mais adiante. A *École du Bon Sens* contribuiu de maneira decisiva, portanto, para o desaparecimento do drama romântico, cujos exageros sempre condenou, ao mesmo tempo que abriu caminho para o realismo teatral. Seu papel transitório, aliás, terminou com o aparecimento de *La Dame aux Camélias* (1852), de Alexandre Dumas Filho, peça que introduziu no teatro uma dicção despojada, natural, simples, sem a grandiloqüência romântica e sem a artificialidade dos alexandrinos clássicos, tão caros a Ponsard e seus discípulos.

---

13. Gustave Flaubert, *Correspondance*. Paris, Louis Conard, 1926, v. 3, p. 140.

2. Alexandre Dumas Filho: La Dame aux Camélias e o Realismo no Teatro

Pode parecer estranho, à primeira vista, considerar a encenação de *La Dame aux Camélias*, em fevereiro de 1852, como o marco inicial do Realismo no teatro. Ninguém ignora que a peça apresenta uma heroína caracterizada de acordo com padrões românticos, uma cortesã que se regenera por amor e se dispõe a abandonar a luxúria. Para escrever o romance e depois adaptá-lo ao teatro, Dumas Filho baseou-se numa experiência concreta, vivida por ele mesmo com a cortesã Marie Duplessis. Mas, ao transformar a pessoa em personagem, ele ultrapassou e deformou a realidade pela imaginação. Marguerite Gautier surge idealizada ao extremo, capaz de amar com sinceridade e pureza, de se desfazer de bens materiais, de levar às últimas conseqüências o amor dedicado a Armand Duval. Por tudo isso, aproximá-la de heroínas como Manon Lescaut ou Marion Delorme, cortesãs idealizadas e regeneradas pelo amor nas obras bastante conhecidas do Abade Prevost e de Victor Hugo, tornou-se lugar-comum entre os críticos. Quanto a Armand, sua caracterização não é diferente. A paixão sincera por uma mulher com o passado de Marguerite, o desafio dos preconceitos sociais, o abandono da família, tudo faz dele um personagem igualmente romântico.

Por onde perceber, então, o lado realista da *La Dame aux Camélias*? Evidentemente, por outro caminho que não o da análise do relacionamento amoroso do casal protagonista. Há outros aspectos que também chamam a atenção na peça. Por exemplo: o pano de fundo da ação central. É admirável a naturalidade da movimentação dos personagens no primeiro e quarto atos, nos quais o mundo da prostituição elegante é evocado com bastante realismo descritivo. A vida da cortesã sempre preocupada com o dinheiro que sustenta o seu luxo, não importa de onde ele venha; o relacionamento entre as cortesãs e seus amantes, onde não há lugar para o amor, mas para o interesse; a frivolidade do dia-a-dia... Tudo isso aparece na peça como resultado da observação de aspectos da realidade que Dumas Filho conhecia de perto. Assim, se a imaginação foi privilegiada na construção das personagens centrais, o mesmo não ocorreu com a caracterização do universo em que aparecem inseridas. Aqui predominou a observação, a preocupação de retratar vivamente um dado concreto.

La Dame aux Camélias realiza, portanto, uma combinação de duas atitudes possíveis do artista em relação à realidade: a que a transforma pela fantasia e a que busca copiar-lhe as feições. Desse modo, ainda que impregnado do lirismo romântico, da paixão idealizada, o drama volta-se também para a observação dos costumes de uma parcela da sociedade parisiense. É no interior de um painel realista que a figura poetizada de Marguerite vive sua história de amor. Essa combinação, aliás, aparece explicitada pelo menos duas vezes no próprio texto de Dumas Filho. Na primeira cena do terceiro ato, o casal apaixonado está numa casa de campo, há alguns dias. Armand quer saber de Prudence o destino de alguns bens de Marguerite – cavalos, diamantes, uma carruagem e uma capa – que desapareceram. Eis a resposta que ouve:

> Para as despesas! Pensa, meu caro, que basta amar para ir viver fora de Paris, uma vida pastoril e etérea? Está muito enganado! Ao lado da poesia existe a triste realidade[1].

A realidade atrapalha a poesia, eis o significado das palavras de Prudence. Marguerite também compreenderá isso, logo adiante, na cena em que trava um diálogo pungente com o pai de Armand. Convencida a afastar-se do rapaz, graças aos argumentos lógicos e racionais de seu interlocutor, ela lamenta que tamanho

---

1. Alexandre Dumas Filho, *A Dama das Camélias*, trad. de Gilda de Mello e Souza, São Paulo, Brasiliense, 1965, p. 50. As outras citações da peça são feitas a partir desta edição.

amor não tenha futuro com uma expressão que não pode passar despercebida: "Oh! a realidade". Poesia e realidade, eis os pólos em torno dos quais se constrói a tensão dramática de *La Dame aux Camélias*.

Dumas Filho, quanto a esse aspecto, escreveu uma nota ao drama, em 1881, na qual procurou satisfazer a curiosidade de pessoas que freqüentemente lhe perguntavam o quanto havia de verdade no interior do romance e da peça teatral. Trata-se de um depoimento curioso, cuja importância para estas reflexões é apenas relativa, pois estamos muito mais interessados na construção do efeito realista ou ilusionista – que o dramaturgo realiza na articulação da forma com o conteúdo – do que em saber quais experiências de vida foram transpostas para o terreno da ficção. De qualquer forma, há que se considerar, a partir desse depoimento, que Dumas Filho teve intenções claras de retratar objetivamente determinados aspectos da realidade. Eis algumas palavras que iluminam essa questão:

> Todo o primeiro ato da peça, com exceção das presenças de Saint-Gaudens e Olympe, reproduz na cena exatamente o que se passou na realidade. São idênticas a minha entrada na casa da heroína e a saída de Varville, que se encontrava lá quando chegamos. Lembro-me de seu rosto, de seu nome verdadeiro, e ainda o encontro às vezes por aí, ele que respondia às provocações de Marie Duplessis com a mais amável e a mais elegante cortesia. São idênticas também a ceia, a movimentação alegre e a indisposição súbita de Marie Duplessis[2].

Dumas Filho dá outros exemplos de cenas tiradas de suas experiências concretas e acrescenta que inventou muitas situações para harmonizar, no todo, a verdade e a ficção. Quanto ao efeito realista, aquele que depende de *como* as cenas são construídas, não há dúvida de que o dramaturgo também procurou realizá-lo. Em outra nota, de 1881, como a anterior, isso fica bem claro. Ele lembra, inicialmente, que na época em que *La Dame aux Camélias* foi encenada os teatros parisienses eram regidos pela "lei de privilégios e gêneros". Entre as disposições absurdas dessa lei havia uma que obrigava determinados teatros – o *Vaudeville*, o *Gymnase*, o *Variétés*, entre outros – a encenar apenas peças escritas em prosa, com inserções obrigatórias de *couplets*. Dumas Filho enviou a primeira versão da peça sem obedecer a essa determinação e não obteve a licença para pô-la em cena. Para evitar a quebra do ritmo dramático e a inverossimilhança, e ao mesmo

---

2. Alexandre Dumas Filho, *Théâtre complet*, Paris, Calmann-Lévy, sd., v. 8, p. 22.

tempo atender à censura, incluiu então *couplets* na cena da ceia e no final do primeiro ato, criticando e satirizando no interior da própria peça essa regra absurda:

> Na tentativa de aprimorar meus juízes, transigi e introduzi a canção de Gaston e o coro do final, cuja forma era a sátira da necessidade que me era imposta. Eu cumpria assim o regulamento e evitava a inverossimilhança[3].

Percebe-se, nesse depoimento, a repulsa de Dumas Filho às convenções teatrais que prejudicariam o efeito realista de *La Dame aux Camélias*, principalmente nas cenas em que o universo da prostituição elegante é retratado com bastante objetividade.

Em relação à dramaturgia anterior – a romântica, a da *École du Bon Sens* ou mesmo a comédia "bem-feita" de Scribe –, a novidade introduzida por Dumas Filho foi, sem dúvida, o modo de propor a ação dramática, o que em teatro se entende por "jogo de cena". Não há em sua peça nenhuma concessão ao melodrama, ao exagero, ao artifício, ao ornamento. É possível encená-la com base num estilo de interpretação mais natural, desmelodramatizado, adequado à expressão de uma realidade próxima do cotidiano. Um exemplo: no primeiro ato, Armand é apresentado a Marguerite e lhe conta que desde que a viu pela primeira vez, dois anos antes, segue sua vida de longe, em silêncio. Diz que a ama, mas ela lhe lembra a condição de cortesã, as despesas enormes, a doença que a consome. Ao final da conversa, ela lhe dá uma esperança e ele vai embora, feliz. Tudo isso acontece com naturalidade, sem gritos ou desesperos, numa linguagem simples e direta, sem nenhum ornamento. Uma declaração de amor, numa peça visceralmente romântica, é sempre mais arrebatadora, tanto no aspecto da ação quanto no da linguagem.

Vejamos outro exemplo para caracterizar melhor essa maneira natural de propor a ação dramática. No segundo ato, Armand sai da casa de Marguerite, mas vê entrar em seguida o conde de Giray, velho protetor da cortesã. Ela lhe pede quinze mil francos; diz que deve pagar algumas dívidas, mentira que encobre o plano de passar algum tempo numa casa de campo com Armand. Enquanto conversam, a criada entrega uma carta do amante a Marguerite, na qual ele afirma que não quer desempenhar nenhum papel ridículo e que tudo está terminado entre os dois. A reação dela, ao terminar a leitura da carta:

---

3. *Idem*, pp. 26-27.

MARGARIDA – ...Pronto, lá se foi um belo sonho... Que pena.
O CONDE – O que diz a carta?
MARGARIDA – Esta carta o fez ganhar quinze mil francos.
O CONDE – Ora veja! É a primeira carta que me rende tanto.

Os *coups de théâtre* são habilmente evitados ao longo de toda a peça, sem que isso signifique o sacrifício da emoção e do sentimento. Vale ressaltar, sob esse aspecto, duas cenas do quinto ato: o reencontro de Marguerite e Armand, marcado por gestos e linguagem ternos, tranqüilos, e o momento da morte de Marguerite – "ela senta-se e parece adormecer". Nenhum descabelamento, nenhum grito, mas muita emoção. Apenas a reação de Armand é mais forte, nesse momento, pois exprime a dor pela perda da amada. Ainda quanto ao aspecto da combinação do modo realista de propor a ação dramática com a emoção que jamais é sacrificada, vale a pena lembrar a reação e as palavras de Dumas pai, ao acabar de ler o drama. Profundamente emocionado, banhado em lágrimas, ele abraçou o filho e comentou:

> É original! É emocionante! É audacioso! É novo! Será um sucesso imenso, se a censura permitir a representação. Mas ela não terá coragem. O drama é muito verdadeiro[4].

Para o grande dramaturgo romântico, as inovações desse drama carregado de emoção e verdade são visíveis. Experiente, ele percebeu de imediato que a censura impediria sua representação, o que de fato aconteceu enquanto Léon Faucher esteve à frente do Ministério do Interior. Incentivador de peças teatrais "honestas", o ministro provavelmente não gostou do enredo amoroso protagonizado por uma cortesã e muito menos dos quadros de costumes tão verdadeiros. Avesso ao novo, não percebeu que o ritmo da ação dramática de *La Dame aux Camélias* apontava muito mais para uma estética teatral realista, ainda em seu nascedouro, do que para a estética teatral romântica. E não percebeu também que graças ao emprego de uma linguagem simples e direta, sem ornamentos, Dumas Filho dava um passo adiante em relação à *École du Bon Sens*. Com a queda de Faucher, essas inovações puderam ser devidamente apreciadas. A peça, quando encenada, empolgou o público, os próprios atores e os intelectuais ligados ao teatro. Tudo parecia mesmo um quadro verdadeiro, uma reprodução fotográfica da vida e do universo da cortesã, co-

---

4. *Idem*, p. 5.

mo bem observou Jules Marsan, um estudioso da dramaturgia da geração de Dumas Filho:

> No dia 2 de fevereiro de 1852, o teatro *Vaudeville* representou pela primeira vez *A Dama das Camélias*. O autor tinha 28 anos e era quase um desconhecido [...].
> O efeito sobre o público foi instantâneo e irresistível. Os próprios intérpretes, entusiasmados com essa receptividade, entregaram-se por inteiro, deixando de lado o trabalho dos ensaios e os princípios do Conservatório, para viver a peça ao invés de representá-la [...].
> O que tinha desencadeado na sala do *Vaudeville* esse entusiasmo era a própria peça e a originalidade vigorosa que ela possuía. Era a emoção que o escritor debutante soubera despertar, o ardor, a juventude vibrante do casal de apaixonados, a nitidez e a sinceridade dos quadros de um universo viciado que o teatro tinha ignorado até então [...].
> Os personagens estão muito próximos de nós; eles falam quase que do nosso jeito e tudo adquire um colorido profundo[5].

A encenação de *La Dame aux Camélias* pôs em evidência, como se percebe pelas palavras de Jules Marsan, o modo realista de propor a ação dramática que está no interior do texto. No palco, o "jogo de cena" permitiu que o efeito ilusionista fosse completo, como reconheceu o próprio Dumas Filho no prefácio que escreveu para a peça em 1852. Impressionado com o trabalho dos atores – principalmente o do casal protagonista, Madame Doche e Fechter –, agradeceu a todos os que colaboraram para a boa realização do que ele denominou "estudo em que eu quis que toda uma geração se encontrasse viva, até nos seus erros"[6].

O objetivo realista do dramaturgo foi plenamente alcançado. Théophile Gautier, espectador experimentado, observou em sua crítica que a peça trazia um espírito novo e fresco ao teatro. E que era preciso muita habilidade "para pôr no teatro as cenas da vida moderna como elas se passam na realidade, sem atenuá-las por meio de qualquer subterfúgio"[7]. Para ele, a peça tinha o mérito de desenvolver com simplicidade a paixão ardente que unia os amantes, ao mesmo tempo que pintava com naturalidade os costumes do *demi-monde* parisiense.

O sucesso de *La Dame aux Camélias* – mais de um ano em cartaz! – foi extraordinário. A peça suscitou discussões de toda ordem, no meio teatral, e a prova mais visível da sua importância

---

5. Jules Marsan, *Théâtre d'hier et d'aujourd'hui*. Paris, Cahiers Libres, 1926, pp. 12-17.
6. Dumas Filho, *Théâtre complet*, v. 8, p. 29.
7. Gautier, v. 6, pp. 307-308.

foi o aparecimento imediato de outras peças preocupadas com a observação do real e com a pintura dos costumes da sociedade francesa do Segundo Império. Autores como Émile Augier – que abandonou os procedimentos dramáticos da *École du Bon Sens* –, Théodore Barrière, Octave Feuillet, entre outros, retomaram e seguiram a proposta de Dumas Filho – que também continuou sua carreira –, contribuindo para o aprimoramento de um tipo de peça teatral que dominou os palcos franceses por cerca de trinta anos, a partir de 1852: a comédia realista. Não é sem motivo, portanto, que o grande crítico teatral daqueles tempos, Francisque Sarcey, atribui enorme importância a *La Dame aux Camélias* na evolução do teatro francês. Num artigo escrito em 1884 – "Principais Evoluções e Revoluções da Arte Dramática" – ele afirma que em sua longa experiência de espectador teatral assistiu a um número razoável de revoluções na arte dramática. Mas a seu ver apenas três delas tiveram conseqüências mais duradouras, embora feitas por autores que nem sequer desconfiavam que provocariam transformações. A primeira foi feita por Labiche e seu *vaudeville Un Chapeau de Paille d'Italie*; a terceira, por Hector Crémieux e Ludovic Halévy, que se juntaram a Offenbach na composição da ópera-bufa *Orphée aux Enfers*. Vejamos agora qual foi a segunda:

> A segunda revolução à qual assisti coube a *A Dama das Camélias*. Nenhum crítico antes de Dumas Filho tinha falado da necessidade de expor no teatro os fatos como eles se apresentam na realidade. Dumas, que não tinha então mais que vinte e dois ou vinte e três anos, não concebera o seu drama em função de uma teoria preconcebida. Não. Ele tinha amado muito uma bela moça e contado num romance todos os incidentes dessa história de amor. Desejando transpô-la para o teatro, o talento natural o fez escrever um drama sem a preocupação de seguir os modelos vigentes.
>
> Foi uma revolução que, de algum modo, sacudiu todo o teatro contemporâneo. E o jovem escritor, que talvez não tinha refletido sobre a arte dramática, fez sem o saber, em sua primeira investida, aquilo que todos os críticos, reunidos, não teriam feito nem em cinqüenta anos de artigos[8].

Com *La Dame aux Camélias* começa, efetivamente, o realismo teatral. É desse drama que nasce o principal repertório do teatro francês a partir de 1852. A comédia realista, caracterizada pela descrição dos costumes e discussões de questões sociais, seduzirá vários dramaturgos e em dois deles encontrará sua melhor

---

8. Francisque Sarcey, *Quarante ans de théâtre*, Paris, Bibliothèque des Annales Politiques et Littéraires, 1900, v. 1, p. 191.

realização. Será "a era de Dumas e de Augier", segundo a expressão de Augustin Filon em *De Dumas à Rostand*, o período que a partir da encenação de *La Dame aux Camélias* se estenderá até a estréia de *Les Corbeaux*, de Henry Becque, em 1882.

3. A Comédia Realista

Com o realismo teatral, a cena francesa assistiu ao abandono progressivo do argumento histórico e ao uso cada vez mais raro dos versos, aspectos que cederam lugar ao pitoresco do mundo contemporâneo e à prosa do cotidiano. Em pouquíssimo tempo a comédia realista adquiriu fisionomia própria, inconfundível em relação a algumas das principais formas teatrais da primeira metade do século XIX – o drama romântico, as tragédias e comédias da *École du Bon Sens*, o *vaudeville* de Scribe –, mas não a ponto de negá-las em sua totalidade.

Por não ter como objetivo primeiro provocar o riso, a comédia realista algumas vezes assemelhou-se ao drama, principalmente nas mãos de dramaturgos como Octave Feuillet e Théodore Barrière, mais romanescos que Dumas Filho e Augier. De um modo geral, no entanto, a comédia realista preocupou-se em primeiro lugar com a pintura dos costumes, evitando na medida do possível as situações violentas, as tensões agudas, o sentimentalismo e o colorido forte que se encontram no drama. Aos exageros da imaginação romântica, pode-se dizer que a geração realista opôs a objetividade descritiva. Eis algumas palavras reveladoras de Dumas Filho, no que diz respeito aos seus procedimentos dramáticos:

[...] escrevo a peça como se as personagens fossem seres vivos e lhes empresto a linguagem da vida em família. Para dizer de outro modo, trabalho a matéria informe, a fim de obter bases sólidas e particularidades vigorosas[1].

Para Dumas Filho, o teatro devia ter por base a *verdade* e por objetivo a *moral*. A naturalidade da ação dramática – ao invés da vibrante e tensa harmonia dos contrários preconizada por Victor Hugo – parecia-lhe o único meio de reproduzir no palco, com riqueza de detalhes, a vida social de seu tempo. Além disso, impunha-se outra tarefa não menos importante: realizar um teatro útil, voltado para a moralização dos costumes.

Em termos mais precisos, os dramaturgos que criaram a comédia realista abordaram de preferência os costumes da burguesia, classe com a qual se identificavam e para a qual dirigiam sua produção. Questões relativas à família, ao casamento, ao trabalho, ao dinheiro, à prostituição, entre outras, foram então debatidas no palco, transformado em tribuna consagrada a demonstrar a superioridade dos valores éticos da burguesia. Quanto a esse aspecto, são inegáveis as afinidades com a *École du Bon Sens*, de cujas fileiras, aliás, saiu Émile Augier, dramaturgo que nas duas fases de sua carreira foi ardoroso defensor das virtudes burguesas.

A *École du Bon Sens*, como sabemos, repudiou os exageros do romantismo teatral e sua visão de mundo, por um lado, e abominou o *vaudeville* de Scribe e sua prosa vulgar, por outro. Os dramaturgos da geração realista também renegaram Scribe, mas não a ponto de negar o valor de sua carpintaria teatral. Dumas Filho, no prefácio a *Un Père Prodigue*, aponta-o como um profundo conhecedor do *métier*, isto é, como escritor que sabe, como nenhum outro, armar uma situação dramática e desenvolvê-la com lógica impecável. Os elogios, porém, limitam-se ao terreno da forma teatral, de onde certamente algumas lições foram aproveitadas. O ponto fraco de Scribe, ainda segundo Dumas Filho, é o conteúdo, vazio de intenções elevadas, sem alcance moralizador, limitado pelo convencionalismo da intriga que só quer divertir.

Além de alguns poucos pontos de convergência com o Romantismo, com a *École du Bon Sens* e com Scribe – na França as tradições sempre pesam muito –, a comédia realista possui características que permitem filiá-la à tradição clássica do *ridendo castigat mores*. Assim, a crítica aos vícios e viciados da burguesia e da aristocracia decadente a aproxima de Molière. Na pro-

---

1. Dumas Filho, *Théâtre complet*, v. 2, p. 18.

dução de Augier, principalmente, é claríssima a ascendência do maior comediógrafo francês. Já nas peças de Dumas Filho é mais forte a influência do pensamento dramático de Diderot. Ambos acreditaram na força regeneradora e moralizadora do teatro, pondo-o a serviço das virtudes e deveres do homem. Diderot, além disso, antecipou em um século as discussões sobre o efeito ilusionista do teatro. Em seu *Discurso sobre a Poesia Dramática*, bem como numa espirituosa carta a Madame Riccoboni, encontramos formulações veristas que certamente foram decisivas para Dumas Filho e seus companheiros de geração.

Por fim, para que este quadro resumido de possíveis influências ou pelo menos sugestões recebidas pelos dramaturgos realistas fique um pouco mais completo, é preciso acrescentar o nome de Balzac. O grande autor da *Comédia Humana* construiu um vasto painel da vida francesa entre 1810 e 1850, conciliando a extraordinária capacidade de observação e estudo com a sensibilidade que o fez penetrar fundo na alma humana. Dumas Filho admirava-o tanto que afirmou: o maior dramaturgo de todos os tempos será aquele que conhecer o *teatro* como Scribe e o *homem* como Balzac.

Passemos agora à análise de algumas das principais comédias realistas do repertório francês, para melhor caracterizarmos esse tipo de peça em seus aspectos temáticos e formais. Como seria exaustivo – e desnecessário para as pretensões deste trabalho – abordar toda a produção de Dumas Filho e Émile Augier, os dramaturgos mais representativos do realismo teatral, ou de autores mais ecléticos, como Théodore Barrière e Octave Feuillet, restringimo-nos às peças que apareceram entre 1853 e 1863, período em que boa porção delas foi traduzida e representada no Brasil ou mesmo eventualmente lida pelos nossos homens de letras.

3.1. THÉODORE BARRIÈRE

Se a encenação de *La Dame aux Camélias*, em 1852, foi o ponto de partida do realismo teatral, o substrato romântico de sua trama provocou a ira dos moralistas. A primeira resposta a Dumas Filho partiu de Théodore Barrière e Lambert Thiboust, que escreveram e fizeram representar, em 1853, *Les Filles de Marbre*, uma peça fraca, repleta de lances melodramáticos, na qual assistimos à degradação e morte do jovem escultor Raphaël

Didier, causadas pela sua paixão doentia por Marco, uma cortesã sem nenhuma virtude ou nobreza de caráter, incapaz de amar sem interesses escusos.

Ao abordar negativamente o tema da cortesã regenerada pelo amor, *Le Filles de Marbre* apresentava-se como peça de tese, anti-romântica, procurando demonstrar que as mulheres decaídas eram irrecuperáveis, que na realidade eram mais parecidas com Marco do que com Marguerite Gautier. Seria exagero afirmar que estamos diante de um drama inteiramente realista, só porque a cortesã aparece com traços negativos. Há evidentemente algumas cenas em que o universo da prostituição elegante é evocado com certa objetividade, mas o tom geral da peça é um tanto grandiloqüente e retórico. Para isso, além da própria ação dramática, colabora um tipo de personagem que, de diferentes maneiras, vai aparecer em quase todas as comédias realistas: o *raisonneur*. Sua função é observar a ação central e emitir lições moralizantes às outras personagens e, principalmente, aos espectadores. Ele é, enfim, o porta-voz do autor – aqui, dos autores. Com esse personagem em cena, o palco se transforma em tribuna para a defesa de idéias, em local privilegiado para o debate de problemas da sociedade. No caso específico de *Les Filles de Marbre*, tal personagem chama-se Desgenais – nome inspirado no grego Diógenes –, capaz de frases como as que seguem:

> Eu não sou mais Desgenais; eu me chamo Razão... É que essas mulheres, na verdade, são demônios para os jovens como você... E elas foram cantadas, louvadas, poetizadas... Palavra de honra, é para morrer de rir![2].

Aí está, bem clara, a posição contrária à do autor de *La Dame aux Camélias*, no que diz respeito à tese da regeneração da cortesã. De um mogo geral, podemos adiantar, a cortesã, no realismo teatral de inspiração burguesa, era retratada sempre como um ser desprovido de qualquer sentimento nobre. Está claro que a dramaturgia realista, repudiando o mito romântico da cortesã regenerada pelo amor, colocava-se abertamente a serviço da burguesia, pois, ao mesmo tempo que espicaçava um dos seus mais terríveis inimigos, procurava também revelar ao espectador as vantagens do casamento e da vida em família. Exatamente neste ponto é que funcionavam os discursos moralizantes do *raisonneur*.

Desgenais não se cansa de aconselhar Raphaël a abandonar

---

2. T. Barrière & L. Thiboust, *Les filles de marbre*, Paris, Michel-Lévy Frères, 1872, p. 70.

Marco, a voltar a pintar, a voltar para casa, onde o esperam a mãe desesperada e uma mocinha órfã que o ama. Só a vida em família salvaria da desgraça e da morte aquela alma fraca. Mas os autores foram implacáveis com Raphaël. Ele não tem olhos para o caráter demoníaco de Marco e nem ouvidos para as advertências de Desgenais. Acaba como um trapo, depois de alguns delírios de colorido inegavelmente melodramático. Para os espectadores, as lições morais eram bastante claras. A trajetória da personagem ilustrava uma situação que devia ser evitada pelos jovens. E as palavras do *raisonneur*, por outro lado, indicavam o caminho que deviam seguir.

Les Filles de Marbre fez um sucesso extraordinário, a despeito do enredo previsível e folhetinesco e das cenas de melodrama. Nada mais artificial, por exemplo, do que o prólogo, situado na Grécia antiga, no qual vemos Fídias ser abandonado por três estátuas que criou. O famoso escultor havia realizado um trabalho tão primoroso que não queria separar-se das estátuas. Mas elas, diante da pobreza de seu criador e da riqueza de Górgias, sorriram para o segundo. Enquanto Fídias grita de dor, Diógenes exclama: "Eu vos reconheço muito bem, mulheres de mármore! cortesãs do passado, cortesãs do futuro".

Depois desse prólogo, é claro que Marco só poderia ser pintada como um ser desprezível, apegado unicamente ao dinheiro. Descendendo das mulheres de mármore do passado, só poderia mesmo causar dor e tristeza aos seus apaixonados.

Com essas características, a cortesã retratada por Barrière e Thiboust atraiu um grande público ao *Vaudeville*. Era a resposta "realista" à cortesã idealizada de Dumas Filho. A ação dramática situada no presente – exceto o prólogo –, o debate de uma questão de interesse social e a reverência pela moral burguesa foram certamente outros aspectos que garantiram o sucesso de *Les Filles de Marbre*, uma peça assim definida por Jules Marsan em *Théâtre d'Hier et d'Aujourd'hui*:

> [...] estranha comédia, prejudicada por declamações pueris e efeitos vulgares de melodrama, mas com cenas de um realismo vigoroso em certas passagens.

Unidos na defesa da moral e de uma burguesia depurada de vícios e viciados, Barrière e Thiboust voltaram à carga com outra peça, *Les Parisiens* (1854), onde o mesmo Desgenais aparece para fustigar outra praga da vida social: os homens de negócios sem escrúpulos, que colocam o lucro acima da moral, o dinheiro acima dos bons sentimentos.

O primeiro ato mostra a preocupação dos autores com a pintura do que o próprio Desgenais chama "sociedade decadente" de Paris. O daguerreótipo nos é dado através das características negativas de personagens como Gandin, Martin, Préval, Raoul, Alberic. Gandin é o parasita hipócrita, bajulador da nobreza decadente. Raoul e Alberic são a própria nobreza decadente, empobrecida, arruinada pela inépcia, pela vagabundagem. Incapazes para o trabalho, despreparados para os novos tempos, aliam-se inescrupulosamente a capitalistas gananciosos para não perderem de vez o pouco que lhes resta. Martin é o representante dos novos-ricos, gente sem classe, de gestos e falas grosseiros. Só lhe interessa ganhar dinheiro. E Préval é o banqueiro especulador, sempre do lado do governo, para tirar proveito das benesses do poder. Até os criados de Préval e Martin estão contaminados pelo micróbio do enriquecimento ilícito. São os pequenos agiotas vigiando a sombra dos patrões, para poderem também fazer as suas negociatas.

Nesse universo abordado pelo prisma maniqueísta, do lado dos bons e puros, dos honestos e incorruptos estão Marie, Maxime e Desgenais, defendendo as idéias dos autores: a favor da honestidade, dos bons sentimentos, contra a ambição desenfreada, a agiotagem, o casamento por dinheiro ou conveniência. Clotilde, a esposa de Préval, aparece como a esposa que se casou sem amor, por imposição. Apaixonada por Maxime, o jovem que ama sua filha Anna, é convencida pelos discursos moralizadores de Desgenais a sufocar esse amor – evitando assim o adultério, pecado para o qual não há perdão na visão de mundo burguesa – e a caminhar na trilha da esposa fiel, da mãe de família. E Anna, por sua vez, é a mocinha sem voz, que aceita casar-se com Raoul sem o amar e que repetiria provavelmente os passos da mãe, não fosse a posterior intervenção de Desgenais.

O quadro que nos é dado no primeiro ato é tudo o que a peça tem de interessante. Preocupados com o desenho dos costumes e a crítica dos vícios, Barrière e Thiboust colocaram o enredo em segundo plano e não criaram uma situação dramática com possibilidade de ser bem desenvolvida. Tudo o que queriam mostrar está no primeiro ato. A peça aborda, portanto, a questão do dinheiro no interior da sociedade francesa, revelando as relações humanas deterioradas, o casamento transformado num negócio como outro qualquer. Não se pode negar que algumas cenas são convincentes. Mas poucas. De um modo geral, à semelhança de *Les Filles de Marbre*, *Les Parisiens* é uma peça defeituosa, com personagens delineadas superficialmente, desenlaces forçados e cenas de melodrama que comprometem a tentativa de retratar com objetividade determinados aspectos da vida social francesa do Segundo Império.

Esses defeitos aparecem sobretudo no segundo e terceiro atos, quando os dois conflitos armados no primeiro são desenvolvidos e concluídos. Assim, a luta de Desgenais contra Martin, para conseguir dar um dote a Marie, a órfã de *Les Filles de Marbre*, termina com uma súbita transformação do agiota e especulador num homem generoso, que acaba por nomear a mocinha sua herdeira universal. Nada no enredo justifica essa transformação, que ocorre após uma simples conversa entre Marie e Martin, na qual ela o aconselha a ser bom e a fazer o bem com seu dinheiro.

Paralelamente a esse desfecho, Desgenais convence Clotilde a permitir o casamento da filha com Maxime. Final feliz para os jovens e remorso e vergonha para a mãe de família que se desviou das obrigações domésticas. Nas cenas de arrependimento, outro defeito da peça: Clotilde é retratada com exagero melodramático, servindo-se de muitos apartes, nos quais frases do tipo "o céu se vinga" dão uma idéia de como os autores não souberam evitar o mau gosto e o artificialismo.

Barrière foi um pouco mais feliz em comédias como *Les Faux Bonshommes* (1856) e *L'Heritage de Monsieur Plumet* (1858), escritas em parceria com Ernest Capendu. Na primeira, o título define o alvo das críticas: são os hipócritas que aparecem retratados pelo pintor e caricaturista Edgar, no seu álbum *Galerie de Faux Bonshommes*. Edgar é porta-voz dos autores e tem portanto uma consciência maior que a das outras personagens. Com seus comentários ácidos, vai desmascarando os agiotas, os falsos amigos, os caça-dotes que se acercam de Peponet, comerciante de cinqüenta anos, pai de duas moças em idade de casar. Como o próprio Peponet é um hipócrita, na medida em que negocia o casamento das filhas dizendo pensar na felicidade delas, os autores o punem com a ruína. Todos os "amigos" o abandonam, mas ele acaba sendo salvo pelo dote da filha Emmeline, no qual o genro, amigo de Edgar, não tocara. A honestidade, o casamento por amor, a crítica à ganância, aos jogos bolsistas, ao enriquecimento ilícito, eis os motivos que serviram de base para a construção da comédia que, de certa forma, repete tipos e situações de *Les Parisiens*. Observe-se, a propósito, o plural dos títulos a indicar que o objetivo é o daguerreótipo amplo, coletivo, e não o desenho de uma individualidade. Assim, os "parisienses da decadência" irmanam-se aos "hipócritas" nos vícios que Barrière pretende exorcizar.

Há, porém, uma diferença fundamental entre as duas peças. A anterior é enfadonha, pesada, principalmente por causa das intervenções sentenciosas de Desgenais. Já *Les Faux Bonshommes* não só apresenta a vantagem de ter um *raisonneur* menos enfático e mais irônico, o que atenua o peso das lições moralizantes, como também é mais divertida e bem-humorada. Dois de seus diálogos, aliás, foram aproveitados por Henri Bergson, no clássico *O Riso*, como bons exemplos de comicidade de espírito. No primeiro, o negociante Lecardonel propõe a Peponet jogar na Bolsa uma soma enorme, especulando sobre uma firma falida para lucrar com o prejuízo de muitos acionistas. Peponet fica indeciso:

PEPONET (*pegando-o pelo braço*) – Isso é honesto?... porque, enfim, esses infelizes acionistas...
LECARDONEL – E então?
PEPONET – Nós estamos tirando o dinheiro do bolso deles.
LECARDONEL – E de onde você queria que o tirássemos?

No outro diálogo, Madame Dufouré tenta convencer o filho a não jogar na Bolsa:

Mme DUFOURÉ – ...Mas meu querido, a Bolsa é um jogo perigoso: ganha-se num dia e perde-se no dia seguinte.
RAOUL – Bem, nesse caso só jogarei a cada dois dias[3].

Por não fugir ao natural – é um traço da inteligência –, a comicidade de espírito é a que melhor se afina com a comédia realista. Barrière e Capendu empregaram-na com alguma graça em *Les Faux Bonshommes*, mas em contrapartida abusaram por vezes de um tipo de comicidade que prejudica a naturalidade da ação dramática: a caricatura, a tipificação, no desenho de algumas personagens. Madame Dufouré, por exemplo, só sabe falar a todos, todo o tempo, que seu filho está apaixonado por Eugénie, filha de Peponet, o que é uma grande mentira, pois o rapaz que finge probidade só quer saber de jogar e de se divertir. A partir dessa situação, os autores criticam o casamento por dinheiro e conveniência, já que a família Dufouré só tem olhos para as terras de seu vizinho de campo. Bassecourt, por sua vez, é uma personagem dispensável à trama. Sua única mania é falar mal dos

---

3. T. Barrière & E. Capendu, *Les faux bonshommes*, Paris, Michel-Lévy Frères, 1856, p. 60 e p. 67.

outros e depois negar com veemência. Peponet também não escapa da simplificação. É o ganancioso ingênuo às voltas com negociatas que acabam por levá-lo à falência. Seu traço caricato acentua-se ainda mais nas idas e vindas das transações que faz para casar as filhas, sempre pensando em dinheiro. Personagens apenas esboçadas são Lecardonel, um pérfido e cínico homem de negócios; Anatole, um jovem agiota que pretende casar-se com o dote de qualquer das filhas de Peponet; e Vertilhac, um tabelião rico interessado apenas em especular na Bolsa.

Como se vê, um quadro amplo de personagens corrompidas pelo dinheiro, espelhando uma burguesia afastada das virtudes que ela mesma apregoava, como a honestidade e a moral dos negócios. Contra todos os hipócritas estão os jovens pintores Edgar e Octave. São pobres, honestos e amam sinceramente as filhas de Peponet. Será preciso dizer como evolui o enredo nesse tipo de peça com pretensões moralizadoras?

L'Heritage de Monsieur Plumet explora o mesmo filão de *Les Faux Bonshommes*. Os autores, provavelmente estimulados pelo grande sucesso da peça anterior, puseram novamente o dinheiro no centro dos acontecimentos, motivando as ações de personagens que o valorizam mais que a moral e os bons sentimentos. Plumet, quarenta e nove anos, rico, solteiro, é assediado por um sobrinho, uma sobrinha e seus respectivos cônjuges, que o cercam de atenções quando, na verdade, estão interessados apenas em herdar seus bens. Plumet, como Peponet, é ingênuo, mas não ganancioso, nem hipócrita. Os autores mais uma vez abusaram da caricatura, fazendo-o repetir a mesma atitude durante toda a peça: acreditar em tudo o que lhe contam e mudar de idéia a todo momento, pois sempre dá razão ao último que lhe fala. Essa característica transforma-o evidentemente num joguete, num tipo cômico manipulável e portanto apropriado para o assédio dos dois casais de sobrinhos. Estes, ao contrário, não têm nada de engraçado. Representam o lado podre da sociedade que Barrière pretende retratar e moralizar. São "tartufos", como diz Philippe, primo de Plumet, e estão unidos pela conveniência, casados por interesse. Todos eles têm um único objetivo: impedir que apareçam outros herdeiros. E o meio mais eficaz que encontram é a mentira. Aos poucos, indispõem Plumet com o afilhado Lucien, com o primo Philippe e com a família de Clémence, uma moça com quem pretendia casar-se. As personagens honestas dão o troco no quarto e último ato, quando armam uma cilada para desmascarar os vilões. Plumet, esclarecido, deserda os sobrinhos, casa-se com Clémence e dá um belo dote ao afilhado Lucien, que também já estava com o casamento marcado.

Bem se vê que a trama não é o forte dessa comédia. A situação exposta no primeiro ato praticamente não se altera, repetindo-se até o final previsível. Segundo Émile Montegut, em *Dramaturges et Romanciers*, esse defeito é um traço da maioria das peças de Barrière, que concebe situações dramáticas interessantes, mas não as desenvolve com a mesma competência. O juízo de Francisque Sarcey é mais ou menos semelhante. Depois de afirmar que quase todos os primeiros atos de Barrière são excelentes, o famoso crítico aponta a falta de talento e de fôlego do dramaturgo para manter o mesmo nível nos atos restantes[4]. Essas restrições aplicam-se perfeitamente a *L'Heritage de Monsieur Plumet* e também a *Les Faux Bonshommes*. Ambas têm um bom primeiro ato e cenas avulsas de boa qualidade teatral, nas quais a movimentação das personagens alcança uma naturalidade razoável. Mas quando observamos a elaboração do todo, percebemos que não apresentam a qualidade que Dumas Filho tanto admirava em Scribe: a *lógica*. Ou, em outras palavras, a arte de desenvolver o conflito teatral sem soluções forçadas pelas conveniências do dramaturgo.

Quanto à construção das personagens, vale reforçar a observação feita anteriormente sobre o interesse de Barrière pelo grupo social, e não pelo indivíduo. Isso significa que em suas peças encontramos tipos, e não caracteres. Assim, em *L'Heritage de Monsieur Plumet* há as mesmas simplificações da peça anterior. As personagens não têm densidade nem são trabalhadas com cuidado. E mais uma vez o excesso de maniqueísmo prejudica o efeito realista, pois o que se nos apresenta é um mundo esquemático, dividido entre bons e maus, honestos e corruptos, puros e depravados. É claro que com essa visão de mundo simplificada Barrière não criou nenhuma personagem de estatura universal. Seus hipócritas divertem, mas não convencem. E nem de longe lembram o Tartufo de Molière.

As restrições que vimos fazendo ao dramaturgo não impedem, todavia, que reconheçamos sua contribuição ao realismo teatral francês. Se foi modesta, no que diz respeito à forma, o mesmo não se pode dizer em relação ao conteúdo e à ideologia. Barrière discutiu em suas comédias algumas questões sociais importantes, como a prostituição, o papel do dinheiro na sociedade,

---

4. Francisque Sarcey, *Quarante ans de théâtre*, Paris, Bibliothèque des Annales Politiques et Littéraires, 1901, v. 6, p. 144.

o casamento, a vida em família, sempre propondo soluções de acordo com os valores éticos e morais da burguesia. Assim, ainda que o mérito de suas peças seja pequeno, não o é seu valor histórico, pois ao lado de outras, de outros dramaturgos, nos ajudam a compreender a tendência dominante do teatro francês a partir de 1852. Não é sem razão, enfim, que Émile Montegut, sem se importar com o ecletismo da extensa obra de Barrière – quase cem peças, entre as quais *vaudevilles*, dramas, melodramas, comédias curtas, comédias realistas etc. –, a filie ao realismo teatral, nos seguintes termos:

> A obra dramática de Barrière é a constatação, a confirmação evidente da chegada definitiva do realismo no teatro. Ele parece admitir em princípio que tudo é digno de interesse e que só é preciso copiar todas as formas que a realidade nos apresenta. É o que faz. Caminhando corajosamente pelas ruas, com o lápis na mão, ele desenha e anota indiferentemente tudo o que vê e ouve: as feições dos agiotas, a gíria da pequena Bolsa da passagem do *Opéra*, as piadas dos bastidores, as conversas dos transeuntes, as crônicas escandalosas dos salões das mulheres conhecidas[5].

3.2. ALEXANDRE DUMAS FILHO

Embalado pelo grande sucesso de *La Dame aux Camélias*, Dumas Filho prosseguiu a carreira de dramaturgo com uma segunda peça cujo ponto de partida foi também uma das suas experiências de vida. Ele mesmo confessa, no prefácio de *Diane de Lys*, encenada pelo Gymnase em 1853, que

> esta peça é o *contre-cri* de uma emoção pessoal à qual a arte veio dar um desenvolvimento e uma conclusão lógica que felizmente lhe faltaram na realidade. Assim ocorre com muitas obras de espírito, quanto a sua origem. Acrescentemos logo que a suposição e a imaginação do poeta entram com a maior parte neste trabalho realizado a partir de fatos vividos[6].

A "emoção pessoal" de Dumas Filho chamava-se condessa Nesselrode, uma mulher casada com quem manteve uma rumorosa ligação, até que o marido a levou para longe de Paris. O adultério é, portanto, o tema central de *Diane de Lys*. Não estamos ainda no terreno da comédia realista, mas do drama híbrido,

---

5. Émile Montegut, *Dramaturges et Romanciers*, Paris, Hachette, 1890, p. 20.
6. Dumas Filho, *Théâtre complet*, v. 1, p. 198.

com características românticas e realistas, exatamente como a peça de estréia.

O pano de fundo da ação são os costumes da burguesia e da aristocracia, evocados em cenas construídas com naturalidade, reveladoras de seus valores e modos de vida. Já no centro da ação está a esposa infeliz, Diane, em plena disponibilidade afetiva e sexual. Casada por exigência dos pais com o conde de Lys – "...casaram a minha fortuna com o seu nome" –, conhece um jovem pintor, Paul Aubry, por quem se apaixona. Ambos formam o casal romântico que desafia as conveniências sociais em nome do amor, sentimento que vemos nascer, crescer... e morrer, pelas mãos assassinas do conde.

Tudo seria muito convencional, não fossem a brutalidade e o legalismo inomináveis do desfecho. É a única coisa, aliás, que chama a atenção nessa peça menor de Dumas Filho. Não é o marido apaixonado que mata o amante da mulher, num acesso de ciúmes, tomado pela emoção. O conde invoca os *direitos* que a moral lhe faculta e age racionalmente, premeditadamente. Depois de atirar em Paul, sem lhe dar qualquer chance de defesa, diz aos amigos do rapaz: "Sim, senhores: este homem era o amante de minha mulher. Matei-o e fiz justiça".

São as últimas palavras da peça. Um final que evidencia o anti-romantismo do autor e sua condenação do adultério, pelo menos no terreno da arte. Por curiosidade, comparemos esse desfecho com o de *Antony*, drama de Dumas pai. A preparação da cena é a mesma: o marido sobe as escadas, os amantes não têm saída. Adèle pede a Antony que a mate. Em nome do amor, claro. Ele cumpre o seu desejo, apunhalando-a quando a porta é arrombada. E diz ao marido: "Ela não cedia; eu a matei!"[7].

O herói romântico se condena para salvar a honra da amada. O final de *Diane de Lys* é a versão burguesa do final de *Antony*. Enquanto neste prevalece a imaginação, a poesia, o sentimento, a emoção, naquele a morte violenta do amante é apenas uma punição. Está clara a preocupação do dramaturgo com a moralidade, apesar da inexistência de um *raisonneur* que a explicite. O adultério não é mais uma saída para o amor, como nos enredos românticos, mas um crime contra a família.

Parece incrível que essa peça tenha saído da mesma pena que escreveu *La Dame aux Camélias*. Mas a carreira posterior de Dumas Filho mostra exatamente como ele se desvencilhou com

---

7. Alexandre Dumas, *Antony*, Paris, Auguste Auffray, 1831, p. 103.

facilidade das amarras românticas, transformando-se num ardoroso defensor dos valores burgueses. Em sua obra dramática, esse traço marcante aparece com maior clareza e determinação já a partir de *Le Demi-Monde* (1855). Essa peça, segundo alguns críticos a melhor do autor, tem o objetivo evidente de retratar um meio social particular, onde vivem principalmente as mulheres que ocupam um lugar intermediário entre a mulher honesta e a cortesã. No *demi-monde* – a palavra é um neologismo inventado por Dumas Filho – encontram-se portanto as falsas viúvas, as amantes, as esposas adúlteras abandonadas pelos maridos, as mocinhas ludibriadas que perderam a virgindade, mulheres, enfim, cuja conduta no passado ou no presente não prima pelo respeito à moral burguesa. No palco das aparências, no entanto, esforçam-se para não parecerem o que são, usando todos os recursos disponíveis, de preferência os desonestos, para serem recebidas pelas melhores famílias. Em geral, são mulheres elegantes, sem problemas financeiros, à espera de uma oportunidade para voltarem à sociedade regular. Na definição do dramaturgo,

esse mundo começa onde a esposa legal termina e termina onde a esposa venal começa; ele está separado das mulheres honestas pelo escândalo público e das cortesãs pelo dinheiro[8].

Eis aí, em síntese, o universo que emoldura a ação da peça, construída em torno dos planos de uma aventureira que se encontra numa boa posição social graças à proteção de um velho marquês. Fingindo-se viúva respeitável, de ascendência aristocrática, a "baronesa" Suzanne d'Ange pretende consolidar sua situação por meio do casamento. A vítima – pois ela não o ama – é Raymond de Nanjac, um rapaz honesto, de boa família, com algumas posses, que evidentemente desconhece o seu passado. Há, porém, um obstáculo para Suzanne superar: a recusa de seu ex-amante, Olivier de Jalin, de compactuar com a tramóia. Amigo de Raymond, Olivier sente-se na obrigação de abrir-lhe os olhos. E o faz, não sem as dificuldades interpostas pela falsa viúva, com as quais o enredo ganha em dinamismo e interesse.

Le Demi-Monde já é a comédia realista com todas as características do gênero. No plano das idéias, a defesa da família e dos jovens honestos contra um tipo mais refinado de cortesã. Dessa tarefa incumbe-se o primeiro *raisonneur* do teatro de Du-

---

8. Dumas Filho, *Théâtre complet*, v. 2, pp. 11-12.

mas Filho, Olivier de Jalin, com suas ações e perorações moralizantes. No plano especificamente teatral, a ação dramática está construída com lógica impecável. A luta entre Olivier e Suzanne apresenta lances inteligentes, criativos, que prendem a atenção do espectador/leitor até a última cena, quando vence o porta-voz do autor, ao revelar para Raymond de Nanjac o verdadeiro caráter da aventureira. Além disso, a peça possui quadros de um realismo descritivo bastante convincente. No segundo e terceiro atos, principalmente, quando intervêm personagens secundárias, como a viscondessa de Vernières e Valentine de Sanctis, os costumes do *demi-monde* são evocados na sua plenitude. Sem dúvida alguma, personagens, diálogos, encadeamento das cenas e dos atos, tudo contribui para que essa peça de Dumas Filho seja uma das melhores comédias realistas do repertório teatral francês. Suas qualidades foram devidamente apontadas pelo crítico Paul Saint-Victor:

> Quanto à ação, a análise evidenciou sua vivacidade, seu ardor e a energia com que expõe as paixões e os interesses das personagens. Uma inspiração inextinguível, uma observação penetrante, os costumes copiados da realidade em sua verdade flagrante, como uma fotografia moral colorida pela arte; nenhum acessório, nenhuma lentidão, nenhuma cena que enfraqueça ou interrompa o interesse, que vai aumentando e ganhando força até o último ato, num crescendo constante[9].

Cabe observar que a expressão "fotografia moral" ajusta-se perfeitamente a *Le Demi-Monde* e a todas as comédias realistas. Retratar a realidade, criticá-la e tentar melhorá-la por meio de pinceladas moralizantes são as características básicas desse tipo de peça teatral.

Com *La Question d'Argent* (1857), Dumas Filho continua a carreira dramática já plenamente integrado no movimento que pretende fazer do teatro um instrumento de regeneração da sociedade. Suas farpas, nessa peça, atingem os especuladores e agiotas que colocam o dinheiro acima de valores como o trabalho, a probidade e a inteligência. Tudo indica que o dramaturgo não quis ficar de fora da cruzada contra a cupidez promovida pelas peças de Ponsard – *L'Honneur et l'Argent, La Bourse* –, Barrière – *Les Parisiens, Les Faux Bonshommes* – e Augier – *Le Gendre de M. Poirier, Ceinture Dorée*. Dumas Filho, que até então havia abordado outros aspectos da vida social, estudou os pro-

---

9. Paul de Saint-Victor, *Le théâtre contemporain*, Paris, Calmann-Lévy, 1889, p. 256.

blemas econômicos e financeiros de seu tempo e tomou lições sobre o funcionamento dos bancos e do mercado de ações com um grande banqueiro parisiense, segundo um estudioso de sua obra[10]. Além disso, eram visíveis na época o crescimento da indústria, a movimentação na Bolsa, a incrementação do comércio, o surgimento de novos-ricos, transformações, enfim, provocadas por um novo Deus chamado dinheiro.

À semelhança dos dramaturgos que a ele se anteciparam, Dumas Filho quis apresentar em *La Question d'Argent* sua visão do problema. Para discutir a importância moral, social e política do dinheiro na sociedade francesa, pôs em cena um especulador sem escrúpulos, Jean Giraud, e um financista honesto, De Cayolle. O primeiro é um autêntico vilão, capaz de frases deste teor: "Hoje, um homem deve ter um único objetivo: tornar-se muito rico"[11]. Jean Giraud é desonesto e enriqueceu por meios ilícitos, manipulando o dinheiro alheio em manobras arriscadas no mercado de ações. Filho de um simples jardineiro, é o novo-rico desprovido de princípios morais, que acredita apenas na soberania do dinheiro:

...o dinheiro é o dinheiro, não importa em que mãos esteja. É o único poder que ninguém põe em discussão. Discute-se a virtude, a beleza, a coragem, o gênio, mas nunca o dinheiro. Não há nenhum ser civilizado que, ao levantar-se pela manhã, não reconheça a soberania do dinheiro, sem o qual não teria nem o teto que o abriga, nem a cama onde dorme e nem o pão que come.

De Cayolle combate sistematicamente as idéias perniciosas do especulador. Para ele, *raisonneur* incumbido de defender o ponto de vista do autor, o dinheiro deve ser posto a serviço do progresso da nação e reverter em benefício de todos. Defensor de investimentos na agricultura, condena o jogo bolsista, a ganância e o enriquecimento que não nasce do trabalho. Eis um curto diálogo para exemplificar sua crença numa das maiores virtudes burguesas:

DE CAYOLLE – ...só há um meio legítimo de se ganhar dinheiro. E como muita gente não quer empregá-lo, as confusões são muitas.
RENÉ – E qual é esse meio?
DE CAYOLLE – Você sabe tão bem quanto eu: é o trabalho.

---

10. Neil C. Arvin, *Alexandre Dumas Fils*, Paris, Presses Universitaires de France, 1939, p. 99.
11. Dumas Filho, *Théâtre complet*, v. 2, p. 253.

A lição moral não poderia ser mais clara. Não apenas para a personagem com quem dialoga mas sobretudo para os espectadores, que viam no palco a defesa de um nobre princípio.

La Question d'Argent, além de evocar o mundo das finanças e da especulação, aborda também um dos temas prediletos da comédia realista: o das relações entre o amor, o casamento e o dinheiro. Como um dos costumes da alta burguesia era reservar um substancioso dote para as filhas, não eram incomuns os casamentos motivados apenas por esse atrativo. Nas mãos de um dramaturgo com intenções moralizantes, tal costume prestava-se a duras críticas. Na peça, toda a ação gira em torno dos possíveis casamentos que poderão ocorrer. René de Charzay inclina-se ora para Elisa de Roncourt, ora para Mathilde Durieu. Mas ele não tem dinheiro e resiste à idéia de se casar. Elisa, por não possuir um dote, foi abandonada pelo noivo, que se casou com uma mulher rica. Jean Giraud, aproveitando-se da infelicidade da moça, quer casar-se com ela por pura conveniência. Seu plano era dar-lhe um dote milionário, garantia para o caso de ter prejuízo nos negócios. Mathilde é afastada de René, porque o pai pensa num casamento rico para ela.

Com tantos "nós", a ação da peça é frouxa e mal-amarrada, porque as personagens limitam-se ou a discussões filosóficas sobre o poder do dinheiro na ordem social ou sobre sua importância na esfera da família. A muito custo, o enredo, enquadrado por discussões moralizadoras, conclui pela exclusão de Jean Giraud da "boa sociedade". Duas personagens secundárias que se envolveram com o vilão regeneram-se a tempo de não serem destruídas pela cupidez. E os jovens, que nunca deixaram de colocar os sentimentos e o trabalho acima do dinheiro, são recompensados com o casamento. No fecho da peça, prevalece portanto o retrato de uma sociedade burguesa depurada de seus vícios e de seus viciados. Assim, ainda que o assunto abordado fosse contemporâneo, a esquematização maniqueísta das personagens prejudicou o retrato que pretendia ser objetivo. Inferior a *Le Demi-Monde* ou a *La Dame aux Camélias*, *La Question d'Argent* apresenta ainda o inconveniente de ser uma peça palavrosa, um exercício retórico por vezes insuportável.

Impelido a buscar a matéria dramática de suas comédias no interior da sociedade, Dumas Filho, como vimos, não se sente menos à vontade quando aproveita as experiências de vida pelas quais passou. Nas duas peças que escreveu após *La Question d'Argent* – *Le Fils Naturel* (1858) e *Un Père Prodigue* (1859) –

ele encontra essa matéria dramática nas relações com o próprio pai. Mas, como em *La Dame aux Camélias* ou *Diane de Lys*, fantasia à vontade, manipulando os dados autobiográficos de acordo com a necessidade dos enredos.

Le Fils Naturel, de certo modo, é também uma versão burguesa de *Antony*, na medida em que os heróis de ambas as peças são filhos naturais, isto é, nascidos fora do casamento. Numa sociedade marcada ainda pelo ranço da aristrocracia do nome, não há nada mais execrável do que um filho natural. As famílias fecham-lhe as portas, o casamento torna-se um alvo inatingível. A personagem Antony sofre tudo isso. Bastardo, afastou-se de Adèle por saber que a família dela jamais o aceitaria. Restou-lhe o amor adúltero, uma forma de exclusão da sociedade. Dumas Filho — filho natural de Dumas pai — reencarna Antony em Jacques Vignot, quase trinta anos depois, para mostrar que as coisas mudaram. Na nova sociedade, regida por valores como o trabalho e a honestidade, o homem *faz* o nome, se não o tem desde o nascimento. A peça contrasta personagens representantes dos velhos e dos novos valores. Aristide, o marquês d'Orgebac, Jacques e Hermine se alternam como porta-vozes do autor e defensores das virtudes burguesas. A marquesa e Sternay, pai de Jacques, representam a sociedade antiga, na defesa dos valores da nobreza decadente. A ação da peça está centrada na idéia de que o homem vale pelo que é e pelo que faz, de que é responsável apenas pelos seus atos e não pode pagar pelos erros dos outros. No caso específico de *Le Fils Naturel*, Jacques não pode ter a sua vida comprometida pelo erro do pai, no passado. Por isso, o final da peça vale por um manifesto. Jacques está famoso, graças ao trabalho que realiza como secretário de um ministro, e o pai, por pura conveniência, quer reconhecê-lo como filho, dar-lhe seu nome. O rapaz, altivo, recusa-se a aceitar. O pai retruca, dizendo que talvez Hermine não queira então casar-se com ele. Jacques pergunta diretamente à interessada se deve aceitar o nome do pai ou manter o de sua mãe. E Hermine responde:

> Você deve manter o nome com o qual se fez ilustre e que honrará ainda mais. Esse nome que você carrega é a absolvição de sua mãe e a recompensa do que ela fez por seu filho. De minha parte, orgulho-me tanto dele que não quero outro[12].

Pode-se dizer que Dumas Filho construiu a peça em função desse final. Toda a ação do prólogo e dos quatro atos praticamen-

---

12. Dumas Filho, *Théâtre complet*, v. 3, p. 203.

te visa ilustrar as dificuldades enfrentadas e superadas por Clara Vignot como mãe solteira e por Jacques como filho natural. E mais: caracterizar Sternay como responsável e vilão da história, pois no passado desobrigou-se do casamento e não deu seu nome ao filho, devido a preconceitos de classe. A cena final é, portanto, a vitória de uma visão de mundo visceralmente burguesa, a demonstração cabal de que o homem vale pelo seu trabalho, inteligência e probidade.

Dumas Filho, no prefácio a *Le Fils Naturel*, afirma que tinha como objetivo desenvolver uma tese social, indo além da pintura dos costumes e dos caracteres. Queria que o espectador levasse para casa algo sobre que refletir. A questão dos filhos naturais, interessante como matéria dramática e importante do ponto de vista social, serviu-lhe na medida para exercitar a vocação de moralista. A peça é séria, sem ser pesada, e enquadra-se perfeitamente na categoria de arte utilitária prescrita no prefácio:

> Seja pela comédia, tragédia, drama, bufonaria ou pela forma que melhor nos convenha, inauguremos o teatro *útil*, apesar do risco de ouvirmos gritar os apóstolos da *arte pela arte*, três palavras absolutamente vazias de sentido. Toda literatura que não tem em vista a perfectibilidade, a moralização, o ideal, o útil é, em uma palavra, uma literatura raquítica e malsã, nascida morta[13].

Só por curiosidade, cabe observar que Jacques e Sternay não são Dumas Filho e Dumas pai. Na vida real o relacionamento entre ambos foi marcado por muito carinho e respeito mútuos, como revela André Maurois em *Les Trois Dumas*. Entre outras demonstrações de afeto, vale a pena lembrar o telegrama que Dumas pai, de Bruxelas, mandou ao filho por ocasião do sucesso de *La Dame aux Camélias*. Dumas Filho lhe telegrafara: "Grande, grande sucesso! tão grande que acreditei estar assistindo à primeira representação de uma das tuas obras".

A resposta do pai: "Minha melhor obra é você, meu querido filho"[14].

Havia divergência entre eles, claro. O pai nunca deixou de ser meio aventureiro, conquistador, displicente, perdulário. Mas muito simpático, bonachão, a bondade em pessoa. O filho era o reverso da medalha: moralista, cético, contido, sério. Essas características aparecem dramatizadas em *Un Père Prodigue*. O conde de la Rivonnière é, em certa medida, Dumas pai, como André de

---

13. *Idem*, pp. 30-31.
14. André Maurois, *Les trois Dumas*, Paris, Hachette, 1957, p. 277.

la Rivonnière é, na mesma proporção, Dumas Filho. Quer dizer, nessa peça o dado autobiográfico é ainda mais palpável que em *Le Fils Naturel*. Mas é claro que em ambas o mundo da ficção tem vida própria, independente da vida real. O que chama a atenção em *Un Père Prodigue* é que a oposição entre pai e filho adquire uma dimensão programática. São duas concepções de mundo que se opõem: a romântica e a burguesa. Um é o herói do teatro romântico e o outro o do teatro realista, poderíamos dizer. O conde é o aventureiro, conquistador, *bon vivant* – como Dumas pai o foi –, um Antony envelhecido. Herdeiro de uma enorme fortuna, gasta tudo o que tem com mulheres, festas, viagens, sem se dar conta de que está à beira da falência. Já André é o *père de famille* aburguesado, apesar da ascendência nobre, que se guia pelo bom senso e que conseguiu, com esforço próprio, superar os defeitos da educação paterna. No confronto entre esses dois caracteres, a razão e o equilíbrio vencem o estouvamento e a inconseqüência. O pai contrai dívidas que não pode pagar e é salvo pelo filho, que administra os negócios com competência e dedicação ao trabalho.

A questão central que a peça discute é a da educação dos filhos. O conde, no primeiro ato, explica a André que teve um pai severo e que até vinte e dois anos de idade nada conhecera da vida. O casamento e a viuvez precoces o deixaram rico, livre, com um filho de um ano, em Paris. Como o trabalho nunca foi um valor no universo da aristocracia, viveu então desregradamente, arrastando o filho para o torvelinho do mundanismo, pois não queria dar-lhe a mesma educação severa que recebera. Quando a ação dramática se inicia, André aparece em pleno processo de regeneração, após ter dividido com o pai o "ócio sem dignidade" da aristocracia decadente. Em tempo, percebera a proximidade da ruína e suas causas, afastando-se das velhas e nocivas amizades. O inevitável conflito com o pai alimenta o enredo, enquanto as personagens secundárias – um parasita, algumas mulheres do *demi-monde*, outras da sociedade, aristocratas, burgueses – formam o pano de fundo realista da peça. Nas conversas de salão, os assuntos não fogem à regra de outras comédias semelhantes, isto é, elogia-se o casamento, a vida em família, o trabalho, e condena-se o apego exagerado ao dinheiro, a cortesã, o ócio improdutivo. Quanto ao enredo, o que o torna movimentado e interessante é o esforço de André para romper com o passado. Uma antiga ligação com uma mulher casada ameaça seu casamento. Mas o pai, generoso e desprendido, salva-o da situação difícil, duelando em seu lugar. A reconciliação entre ambos não poderia deixar de ocorrer, sobretudo porque o pai se rende aos argumentos do filho. Eis o que lhe diz, no fecho da peça, ao saber que ganhará um neto: "Ame-o como eu te amo! mas não o eduque como eu te eduquei"[15].

As peças de Dumas Filho comentadas até aqui bastam para dar uma idéia de como ele entende o teatro: um local privilegiado para o debate de questões sociais. O objetivo desse debate: regenerar, moralizar a sociedade, tendo como base as virtudes burguesas. A presença de discussões sobre a família, o casamento, o trabalho, o dinheiro, a honestidade, a ascensão social, a prostituição, a educação moral caracteriza sua dramaturgia empenhada em contribuir para o aprimoramento da vida em família e em sociedade. Enfim, a preocupação com um teatro utilitário, de substrato moralizador, dedicado geralmente à defesa de uma tese relativa às questões sociais mencionadas acima.

No terreno específico da estética teatral, as inovações de Dumas Filho são inegáveis. Eis o que dizia Dumas pai, em 1859, a respeito do realismo introduzido pelo filho no teatro:

> Quanto a mim, apanho meus assuntos em meus sonhos; meu filho os apanha na realidade. Enquanto trabalho com os olhos fechados, ele trabalha com os olhos abertos. Eu desenho; ele fotografa[16].

Dumas Filho foi, de fato, um observador da realidade à sua volta. Ao fotografá-la moralmente, soube criar um ritmo teatral caracterizado pela naturalidade em cena, menos acelerado portanto que o utilizado nos dramas de capa e espada do Romantismo. Suas comédias realistas conseguem por vezes o efeito ilusionista do texto que pretende reproduzir objetivamente alguns aspectos da realidade. Mas é forçoso reconhecer, por outro lado, que o esforço dirigido nesse sentido quase sempre esbarra nas preocupações moralizantes. Se há *flashes* da realidade ao longo das suas peças, o fato é que a submissão a um conceito de arte utilitária atrapalha o desejo de verdadeira objetividade no trato das questões sociais. Ressalve-se que esse tipo de realismo, caracterizado por uma forte tensão entre o ideal e o real, aparece em todos os dramaturgos que se empenharam em fazer do teatro um instrumento de afirmação das virtudes burguesas.

---

15. Dumas Filho, *Théâtre complet*, v. 3, p. 413.
16. Maurois, *Les trois Dumas*, p. 307.

3.3. ÉMILE AUGIER

O grande rival de Dumas Filho no terreno do realismo teatral foi Émile Augier, dramaturgo que já nos tempos da *École du Bon Sens* se posicionara abertamente contra os procedimentos românticos no teatro e a favor dos valores burgueses. O problema é que suas primeiras peças, influenciadas por François Ponsard, tinham um certo travo de classicismo, quer pela linguagem utilizada, quer pelos temas abordados. Influenciado por Dumas Filho, Augier deixou o antigo mestre de lado e se tornou, segundo alguns críticos, o melhor dramaturgo do realismo teatral francês. Por volta de 1880, por exemplo, Émile Zola dizia: "É o atual senhor do teatro francês"[17].

Augier escreveu sua primeira comédia realista auxiliado por Jules Sandeau: *Le Gendre de Monsieur Poirier* (1854). É uma peça espirituosa e bem-construída, que aborda a questão das relações entre o amor, o dinheiro e o casamento. Poirier, burguês, rico, e Gaston, seu genro, jovem marquês empobrecido, estão no centro da ação dramática, representando a nova e a velha sociedade, cada qual com seus valores. Gaston se casou por dinheiro com Antoinette e se recusa a trabalhar, pois o trabalho nunca foi um valor da aristocracia. Poirier o aceitou como genro, porque tinha ambições políticas e acreditava que poderia usá-lo como trampolim. Quem sofre nessa história é Antoinette, que ama sinceramente o marido. Numa peça de intenções moralizadoras, é preciso colocar tudo nos eixos. E aí o dramaturgo põe a sua mão, ou melhor, o seu *raisonneur*, na figura de Verdelet, padrinho de Antoinette, um homem que compreende o papel histórico da burguesia. Ele intervém sempre que necessário, sem ser muito sentencioso, representando o ponto de equilíbrio entre a ambição de Poirier e a falta de escrúpulos de Gaston. É ele, pois, que dá o tom burguês à peça, sempre cheio de razões, de bom senso, atuando também como conselheiro de Antoinette. Não fossem suas intervenções, o casamento dos jovens se teria desfeito irremediavelmente. O que a peça propõe, ao longo dos seus quatro atos, é a recuperação do casamento por amor e o repúdio ao casamento por dinheiro. Isso é mostrado na trajetória de Gaston, no seu arrependimento e rompimento com o passado, no amor que começa a sentir por Antoinette e na disposição de trabalhar. Eis o que ele diz a Verdelet no final da peça:

17. Émile Zola, *O Romance Experimental e o Naturalismo no Teatro*, São Paulo, Perspectiva, 1982, pp. 115-116.

A partir de hoje, ingresso na vida séria e calma. E, para romper definitivamente com as loucuras do meu passado, peço-lhe um emprego em seu escritório[18].

Na ótica burguesa de Augier, a velha sociedade está morta. E com ela os seus valores. Verdelet é, pois, o arauto da nova sociedade, regenerada pela dinâmica do trabalho, alicerçada na solidez do casamento e da família.

Antoinette, de certa forma, é a extensão da consciência de Verdelet. O próprio Gaston vê nela *vertus bourgeoises*, que deplora no início da peça e admira quando passa a amá-la. Há uma cena, no terceiro ato, que define completamente o caráter da heroína. Gaston a elogia e diz tê-la *descoberto*. Diz que ela é a mulher mais charmosa que ele já conheceu e que, tendo até então sido o seu *marido*, quer ser agora o seu *amante*. Ela responde: "Não, querido Gaston, continue sendo meu marido. Parece-me que se pode deixar de amar um amante, mas não um marido".

E ele, atônito: "Está bem, você não é nada romanesca".

Se em *Gabrielle* Augier elevara às alturas o *père de famille*, era tempo de fazer o mesmo com a esposa, a mãe de família. Antoinette era romanesca, sim, mas à sua maneira: ponderada, equilibrada, sem os arroubos das heroínas românticas.

As virtudes burguesas alimentaram todo o teatro de Augier. Em *Ceinture Dorée* (1855) a questão do dinheiro é o pano de fundo para a ação dramática centrar-se no tema da honestidade. O título da comédia vem de um provérbio francês que diz: *"Bonne renommée vaut mieux que ceinture dorée"*. Significa, segundo o *Petit Larousse*: "É melhor contar com a estima pública que ser rico". A certa altura da peça, esse provérbio é utilizado por uma personagem, num diálogo áspero com Roussel, *self-made man* sobre quem pesa a fama de ter enriquecido ilicitamente. Essa fortuna se transforma em empecilho à felicidade da filha, Caliste, porque um homem honesto jamais se casaria com ela. Afinal, quem tem uma filha honesta e uma fortuna desonesta tem uma mão suja e a outra limpa; e o genro tem que pegar as duas, pondera Madame de Lacy, personagem secundária. Roussel se defende das acusações ao longo da peça dizendo que sempre agiu em conformidade com a lei. Mas, como a lei nem sempre está do lado da justiça, percebe, mexendo em velhos papéis, que seus advogados arruinaram o pai de Trélan, rapaz que ama e é amado por Caliste. A trama está armada. E atinge seu clímax quando a

---

18. Augier, *Théâtre complet*, v. 2, p. 328.

filha compreende o motivo que afasta Trélan de sua casa. Diante dela, o pai abaixa a cabeça, com vergonha. Se até aqui estamos no terreno da ética burguesa, dos valores que regeneram e moralizam a sociedade, o que vem depois está apenas no excesso de imaginação de Augier. A solução para o impasse soa falsa e artificial. Roussel *é falido* pelo dramaturgo na cena que se segue ao diálogo com a filha. E o resultado é a felicidade de todos, pois o dinheiro era mais que uma simples pedra no meio do caminho. Era um muro que separava os honestos dos desonestos, a felicidade da infelicidade. Trélan pede Caliste em casamento e responde à observação dela de que não havia mais nenhum obstáculo entre eles: "Sim, senhorita. Agora eu posso admitir o meu orgulho: eu não queria dever nada a minha mulher... a não ser a felicidade"[19].

Como em várias ocasiões Caliste tinha sido perseguida por alguns caça-dotes, Augier tratou de casá-la com o único pretendente que jamais colocara o vil metal acima de valores como o trabalho e a honestidade. No fecho da peça, Roussel, arruinado e feliz, sela a sua recuperação abençoando a filha: " ...eu nunca fui tão rico... (*abençoando a filha com um gesto*) Ó meu tesouro".

Em termos de qualidade artística, *Ceinture Dorée* é um recuo tremendo em relação a *Le Gendre de Monsieur Poirier*. Nesta, predomina a graça da observação delicada, as personagens são bem construídas – principalmente Poirier – e a ação dramática não tem soluções tiradas do bolso do colete. Naquela, nada nos convence. A preocupação com a moral foi levada às últimas conseqüências, prejudicando de maneira irremediável a pintura dos costumes, a caracterização das personagens e a estruturação do enredo.

Como outros dramaturgos do realismo teatral, Augier não hesitou em debater no palco o problema da prostituição. Em *Le Mariage d'Olympe* (1855), um libelo contra a tese da regeneração da cortesã, ele retoma o caminho da observação do real sem cair em artificialismos. Sua posição diante do problema suscitado por *La Dame aux Camélias* é explicitada logo na primeira cena, numa discussão entre algumas personagens:

MONTRICHARD – A obsessão de nosso tempo é a reabilitação da mulher perdida... decaída, como se diz. Nossos poetas, romancistas e dramaturgos enchem suas jovens cabeças de idéias fervorosas de redenção pelo amor, de virgindade da alma e de outros paradoxos de filosofia transcendente... que essas senhoritas exploram para se tornar senhoras. E grandes senhoras[20].

19. *Idem*, p. 455.
20. Augier, *Théâtre complet*, v. 3, p. 157.

Se de fato Augier quis dar uma resposta a Dumas Filho, demorou demais. A estréia de *Le Demi-Monde*, a 20 de março de 1855, já havia revelado aos parisienses as novas idéias de seu autor a respeito do problema abordado. De todo modo, não deixa de ser curioso observar que *Le Mariage d'Olympe*, representada quatro meses depois, no plano do enredo é uma espécie de demonstração do que teria acontecido se Suzanne d'Ange tivesse casado com Raymond de Nanjac. Se o leitor se lembra, em *Le Demi-Monde* o *raisonneur* Olivier de Jalin desmascara a aventureira e impede o casamento. Na peça de Augier, quando a ação começa, a cortesã Olympe Taverny, com seu nome verdadeiro, Pauline Morin, já está há um ano casada com o jovem conde Henri de Puygiron. Aproveitando-se da inexperiência do rapaz, iludiu-o com promessas de regeneração e fingiu estar apaixonada, tudo para adquirir um bom nome e posição social.

O que a peça mostra, em seus três atos, são as conseqüências desse casamento desastroso. Olympe não suporta o tédio da vida em família e aos poucos revela seu verdadeiro caráter a Henri. É mentirosa, desonesta e não o ama. A "nostalgia da lama" – a expressão é de Montrichard, que conhece o passado da personagem – arrasta-a para os velhos hábitos de maneira inevitável, comprovando a tese que o autor defende na peça, qual seja, a de que a mulher decaída, uma vez contaminada pelo vício, não tem forças para se regenerar e acaba por destruir a respeitabilidade da vida conjugal.

De fato, Olympe não só destrói o próprio casamento, exigindo uma separação que lhe traria vantagens financeiras, como também ameaça a família Puygiron com a desonra de ver uma cortesã ostentar para sempre o nome do ex-marido.

Na cena final, o velho marquês de Puygiron, tio de Henri, incapaz de convencê-la a não usar o nome da família, não suporta o cinismo, a provocação, a ignomínia e, desesperado, mata-a com um tiro, em nome de seus princípios morais. A cena é forte, tensa, enxuta, sem apelo ao melodrama. Como aliás toda a peça, que, curiosamente, se pensarmos na visão de mundo burguesa de Augier, retrata com alguma simpatia os costumes e valores aristocráticos. Assim, o único alvo das críticas do autor é a cortesã, um perigo para os jovens das boas famílias, sejam elas burguesas ou aristocráticas. O retrato de Olympe, despojado de todo sentimentalismo, dá a medida exata do desprezo de Augier pela idéia romântica da reabilitação da cortesã. Sua personagem, como observou o dramaturgo Eugène Brieux, é "o contraponto exato de

Marguerite Gautier"[21]. Por outro lado, podemos acrescentar, apresenta afinidades inegáveis com Suzanne d'Ange.

Um estudioso do teatro francês do século XIX afirmou que a dramaturgia de Augier pode ser assim resumida: guerra ao dinheiro e defesa do casamento. É claro que a totalidade da obra do dramaturgo não cabe nessa camisa-de-força. Mas para as peças *Les Lionnes Pauvres* (1858) e *Un Beau Mariage* (1859) – escritas em parceria com Édouard Foussier, velho companheiro da *École du Bon Sens* –, bem como para *Les Effrontés* (1861), não poderia haver melhor definição.

A primeira é uma comédia realista que retrata e critica com virulência um dos muitos vícios da sociedade parisiense: a "prostituição dentro do adultério". Expliquemos, já que a expressão é dos autores. Nos textos românticos, o adultério é sempre praticado em nome do amor, visto como saída única para que o sentimento não seja sufocado pelas convenções sociais. A geração realista vê o problema com outros olhos. Muitas vezes o adultério pode ser motivado pelo desejo da ostentação, do luxo que o marido não pode comprar. A "leoa pobre", dizem os autores, pela voz de um discreto *raisonneur*, "começa quando a fortuna do marido deixa de ter equivalência com os gastos da mulher"[22].

Eis aí o ponto de partida da peça, cuja ação se concentra em poucos dias, os que antecedem a revelação de que Séraphine é esposa infiel e os que retratam a desgraça que se abate sobre o marido ultrajado, o velho Pommeau. Ele é tabelião, possui alguns bens, sem ser propriamente um homem rico. Mas sua casa tem móveis caros, cortinas requintadas, um luxo que está acima de sua condição social de pequeno-burguês. Ingenuamente ele acredita que Séraphine faz muito com o pouco dinheiro que lhe dá. Como não sabe o preço de vestidos e chapéus, também não percebe que a jovem esposa usa os melhores, condição para freqüentar teatros e bailes em pé de igualdade com as "leoas" da alta burguesia parisiense.

O adultério pago é, pois, o vício social descarnado pelos autores, que se preocuparam em fixá-lo num momento de crise, isto é, quando o amante já não consegue bancar todos os caprichos da aventura amorosa. As dificuldades financeiras precipitam as revelações e o desenlace. De um lado, Séraphine não tem como pagar as contas e Pommeau acaba descobrindo sua falsidade. Do outro, o amante, Léon, arrependido e envergonhado, vê seu casamento

---

21. John Gassner, *Mestres do Teatro I*, São Paulo, Perspectiva, 1974, p. 406.
22. Augier, *Théâtre complet*, v. 4, p. 43.

com Thérèse, uma mulher honesta, boa esposa, desmoronar. Um elemento complicador da trama é que Pommeau é tutor de Thérèse e amigo de Léon. Em função disso, as cenas finais são tensas, muito próximas do drama realista que surgirá com Ibsen, mas com a diferença de se adequarem à moral burguesa. Assim, para Séraphine não há caminho de volta. Fútil, vulgar, separada do marido, indiferente a tudo o que aconteceu, cumprirá seu destino nada promissor, segundo as previsões do *raisonneur*:

> Daqui a um mês será sustentada por um amante, daqui a dez anos trabalhará numa casa de jogo clandestina e daqui a vinte anos estará num hospital. Eis o destino da senhora Séraphine.

Quanto a Léon, seu arrependimento parece sincero. Incapaz de olhar nos olhos de Pommeau, tamanha a vergonha, prepara-se para abandonar o lar, quando Thérèse o chama de volta. Para Augier, talvez fosse um exagero destruir dois casamentos numa só peça. Ademais, a moral burguesa sempre foi mais condescendente para com os homens. Essa acomodação no desfecho prejudica um pouco o vigor da peça enquanto crítica dos costumes, mas não lhe tira de todo o efeito realista. As cenas são construídas com naturalidade, os diálogos reproduzem o modo de vida da pequena burguesia e a protagonista não foge dos modelos decalcados de uma certa realidade. A combinação desses fatores deve ter sido decisiva para que a peça fosse censurada, na ocasião, sob a alegação de que seria perigoso revelar à sociedade a existência de suas "feridas secretas".

Augier conta que os censores chegaram ao ridículo de propor algumas modificações no enredo, como, por exemplo, fazer Séraphine contrair varíola na passagem do quarto para o quinto ato. Sua morte seria uma punição que preservaria a moralidade. Graças à intervenção do príncipe Napoleão III, *Les Lionnes Pauvres* foi liberada para a representação em sua forma original, com a vantagem do escândalo a seu favor. Ao publicar a peça, Augier dedicou-a ao príncipe e escreveu um prefácio no qual expôs os problemas que teve com a censura e algumas idéias sobre teatro. Vale a pena comentar esse texto, um dos poucos no gênero que o dramaturgo deixou para a posteridade, já que, ao contrário de Dumas Filho, nunca se importou em explicar, fora das peças, suas concepções teatrais.

A primeira idéia importante do prefácio diz respeito à função social do teatro. Para Augier, os costumes são uma espécie de ossatura da sociedade. Dão-lhe sustentação e fisionomia moral, mais que as leis ou as constituições. Ao teatro cabe preservá-los, defendê-los, e ao mesmo tempo atacar os vícios e viciados que os ameaçam, para corrigi-los. A uma observação dos censores, segundo a qual o teatro nunca corrigiu ninguém, responde o dramaturgo:

> ...o objetivo não é corrigir uma única pessoa, mas todo o mundo. Se é impossível suprimir o vício individual, pode-se evitar o contágio.

Em outras palavras, no horizonte do teatro deve estar a coletividade, não o indivíduo. Sua função mais importante é moralizar os costumes, as instituições, a vida social como um todo.

Augier insiste na idéia da moralidade em outra passagem do prefácio, quando explica por que não quis punir Séraphine no final da peça. Esse era o desejo dos censores, seguindo o velho hábito de atribuir o prêmio à virtude e o castigo ao vício. Para argumentar contra essa visão estereotipada da moral no teatro, Augier cita alguns trechos do *Premier Discours du Poème Dramatique*, de Corneille, entre os quais o seguinte:

> ...quando os crimes e os defeitos são bem caracterizados, não é preciso que sejam malsucedidos no final para que o espectador fique avisado de que não deve imitá-los.

Esse é também seu ponto de vista, pelo menos para defender a moralidade de *Les Lionnes Pauvres*, pois em outras ocasiões não seguiu o princípio dramático de Corneille. De um modo geral, aliás, o prêmio à virtude e o castigo ao vício, em nome da moral burguesa, alimentaram muitas peças do realismo teatral francês.

Por fim, vale destacar a defesa de um teatro comprometido com a realidade social, em termos de uma estética realista. Para Augier, o espectador só aplaude os tipos e situações que ele reconhece. Por isso, não têm razão os censores quando afirmam que o teatro não deve revelar as "feridas secretas" da sociedade. Ora, se o espectador reconhecê-las, aplaudirá a peça, demonstrando que não eram tão secretas. Em caso contrário lhe dará as costas, não enxergando nenhuma verdade nas tais feridas. Augier argumenta ainda que não há perigo em abordar no teatro os vícios sociais. Ao contrário, há grande utilidade nesse procedimento. Ele lembra o caso de Gogol, que escreveu uma peça contra a corrupção da burocracia russa e foi ameaçado pela censura, sob o pretexto de que seria perigoso revelar essa mancha da sociedade. Ora, o próprio imperador Nicolau I ordenou que fosse representada nos teatros russos, "considerando útil apresentar esse abuso para as pessoas honestas o repudiarem".

Augier faz ainda uma série de considerações acerca de outros aspectos de *Les Lionnes Pauvres*, como a escolha da classe social das personagens ou a velhice de Pommeau em contraste com a juventude de Séraphine. Mas não estendamos desnecessariamente este comentário do prefácio. Pelos pontos destacados fica evidenciado seu empenho em construir uma dramaturgia voltada para a descrição e a crítica dos costumes de seu tempo, numa perspectiva moralizadora e utilitária.

Nesse sentido, *Un Beau Mariage* e *Les Effrontés*, vindas em seguida, não oferecem novidades ao analista. Ambas ilustram a "defesa do casamento" e a "guerra ao dinheiro" com recursos formais e valores parecidos com os que estão presentes em *Les Lionnes Pauvres*. Na primeira, a ação restringe-se ao relacionamento de um jovem casal que se separa e depois se reconcilia. Num quadro de costumes burgueses evocado com naturalidade, critica-se o ócio e elogia-se o trabalho, aliado à inteligência, como instrumento de elevação social do homem e de sustentação do casamento. O título da peça, aliás, não deixa dúvidas acerca do objetivo do autor.

Já em *Les Effrontés* é o mundo dos negócios que fornece a matéria dramática e a personagem principal. A ação gira em torno das artimanhas de Vernouillet, especulador desonesto que enriqueceu à custa do prejuízo alheio. Seu principal aliado é um burguês aparentemente respeitável, Charrier, pai de família que no passado utilizou os mesmos recursos ilícitos para enriquecer. Como em *Ceinture Dorée*, esse pai será desmascarado e prometerá ao filho restituir uma parte da fortuna às pessoas prejudicadas.

Mas *Les Effrontés* não é uma peça piegas. A oposição entre personagens honestas e desonestas não chega a prejudicar seu ritmo bem-dosado de comédia satírica de caracteres e costumes. Augier foi particularmente feliz na caracterização de Vernouillet, personagem que rouba a cena com sua rigidez de caráter construída à maneira de Molière. Impossível não rir de sua desonestidade, ridicularizada o tempo todo, inclusive na cena final, quando reage com estas palavras à promessa que Charrier faz ao filho: "Se eu tivesse um filho, ele me faria talvez pagar as suas dívidas... mas nunca me faria pagar as minhas!"[23]

23. *Idem*, p. 426.

Há muitos outros descarados na peça, como anuncia o título. A *effronterie*, afinal, é o vício de várias personagens secundárias, em especial Giboyer, um jornalista que se põe a serviço dos interesses de Vernouillet. Inteligente, cínico, suas intervenções garantem às vezes um pouco daquela comicidade de espírito que esse tipo de peça requer. No quarto ato, por exemplo, Giboyer está numa mesa de jogo com outras duas personagens que comentam o casamento de uma mulher de trinta e cinco anos de idade. Eis uma parte do diálogo entre eles:

> O VISCONDE – Eu lhe asseguro que ela parecia bem jovenzinha com seus olhos tímidos e sua flor de laranjeira.
> O GENERAL – Flor de laranjeira aos trinta e cinco anos!
> GIBOYER – A verdade é que ela tinha direito a laranjas.

É inquestionável o talento de Augier para a comédia. Nesta peça são bastante vigorosas as críticas que faz à sociedade corrompida pelo dinheiro e pelo culto às aparências, num tom de comicidade muito parecido com o que empregou em *Le Gendre de Monsieur Poirier*. O resultado é uma pintura convincente do mundo dos negócios, da guerra suja que ocorre em seus bastidores. A burguesia viciada, enfim, ganha destaque em cena, mas para ser vergastada pelas personagens honestas, porta-vozes do autor. Augier não desiste jamais das lições moralizadoras, da vontade irresistível de "corrigir todo o mundo". Henri e Clémence, filhos de Charrier, e Sergine, jornalista íntegro que se contrapõe a Giboyer, são os jovens defensores das virtudes burguesas. Como seus pares das peças anteriores, criticam o enriquecimento ilícito e o casamento por dinheiro, ao mesmo tempo que defendem ardorosamente valores como o trabalho, a inteligência e a honestidade.

Augier trilhou outros caminhos em peças posteriores, abordando temas diferentes, como a política e a religião. Para este trabalho, porém, interessa a produção até aqui comentada, na qual sua preocupação maior é a defesa da família e da sociedade burguesa. Eis como Jules Marsan enfatiza esse aspecto:

> Assim a família é uma realidade viva, o princípio e a garantia da ordem social. Augier constituiu-se no advogado, eu diria quase no apóstolo dessa família, dessa burguesia que acabava de se sentir ameaçada diretamente pelos acontecimentos de 1848 e à qual o império trouxe uma segurança provisória, ao preço de algumas liberdades[24].

---

24. Marsan, *Théâtre d'hier...*, p. 36.

Do ponto de vista ideológico, não há como negar que Augier chega a ser repetitivo, com a opção deliberada que fez pelo teatro moralizador e utilitário. Em suas peças, o movimento é sempre o mesmo. À realidade dos vícios da burguesia ou da aristocracia decadente, ele contrapõe o ideal das virtudes burguesas. Essa tensão alcança bons momentos em *Les Lionnes Pauvres* e *Le Mariage d'Olympe*, que a problematizam, mas é desastrosa em *Ceinture Dorée*, que a desequilibra no desfecho mal-alinhavado. Já em *Le Gendre de Monsieur Poirier* e *Les Effrontés*, peças bem realizadas, a tensão é amenizada pelo recurso ao cômico, mas sem nenhuma perda de seu forte conteúdo crítico.

Quanto às questões da forma teatral propriamente dita, é inegável que Augier possuía uma incrível habilidade para reproduzir – através dos diálogos, das personagens, da disposição das cenas, do enredo – a vida social de seu tempo. Se por vezes o maniqueísmo ou as soluções um tanto esquemáticas prejudicam o efeito realista de suas peças, nem por isso o anulam completamente. Émile Zola, exigentísssimo em relação a esse aspecto, reconhecia, apesar de criticar Augier por não ter atingido o naturalismo no teatro, que havia em suas peças "a observação exata, a vida real posta em cena, a pintura de nossa sociedade, numa língua sóbria e correta"[25].

3.4. OCTAVE FEUILLET

Dentre os dramaturgos franceses de sucesso no Segundo Império, Octave Feuillet (1820-1890) foi talvez o mais conciliador em relação ao Romantismo ou mesmo ao melodrama de gosto popular. Ao contrário de Augier, que desde o início da carreira preferiu Ponsard a Victor Hugo, suas primeiras produções nasceram sob a influência de Alfred de Musset. Eram comédias curtas e provérbios acrescidos de uma certa preocupação com a moralidade burguesa. Por causa dessa característica, alguém o chamou de "Musset das famílias", expressão que posteriormente seus críticos adotaram e difundiram.

Nos decênios de 1850 e 1860, Feuillet escreveu dramas e comédias, sintonizado com os temas, a ideologia e, apenas em parte, com as formas da comédia realista. Dramaturgo que jamais abdicou da imaginação e da fantasia, introduziu o romanesco

---

25. Émile Zola, *O Romance Experimental...*, p. 116.

num tipo de peça que geralmente nascia da observação da realidade. Isso o fez, portanto, combinar o assunto contemporâneo com um modo de construir o enredo que não dispensa os recursos conhecidos do drama romântico e até do melodrama, como as paixões que levam à morte, as revelações surpreendentes, as alterações abruptas do caráter das personagens, entre outros. Esse hibridismo é a marca pessoal de Feuillet. Se por um lado ele abordou temas como o casamento, a vida em família, a dignidade do trabalho, a questão do dinheiro, a prostituição, por outro envolveu-os numa atmosfera romanesca um tanto exagerada, como veremos principalmente nas peças *Dalila* e *Le Roman d'un Jeune Homme Pauvre*, na época bastante aplaudidas tanto na França quanto no Brasil.

Mas foi com uma comédia sem essas características que Feuillet passou a fazer parte do grupo de dramaturgos empenhados em discutir no palco as questões sociais de interesse da burguesia: *La Crise*, encenada pelo *Gymnase Dramatique* em 1854. O tema da peça é o casamento, apreendido num momento muito especial: o da crise que supostamente afeta o relacionamento de marido e mulher após dez anos de vida conjugal. A situação dramática inicial é, pois, de desequilíbrio. De Marsan, advogado, confidencia ao amigo Dessoles, médico, que Juliette, antes mãe exemplar e esposa carinhosa, tem-se mostrado aborrecida, entediada, distante, hostil, irritada, nos últimos três meses. Por quê? O diagnóstico de Dessoles aponta para o perigo dessa crise: Juliette, como qualquer mulher madura e honesta, estaria alimentando sua curiosidade em relação ao lado venal da vida. Mas se um amigo fiel do marido a cortejasse e a fizesse ver as ignomínias de uma paixão fora do casamento, se a fizesse conhecer as amarguras do adultério antes que ele se consumasse...

Apesar da seriedade do assunto, o diálogo é divertido, sobretudo por causa das tiradas engraçadas de Dessoles, que acaba convencido por De Marsan a ser aquele "amigo fiel". Formado o triângulo amoroso, com a aprovação do marido, a história começa como comédia e com o passar do tempo adquire a coloração do drama. Dessoles apaixona-se de verdade por Juliette e ela, por sua vez, sente-se atraída pela aventura, embora tenha dúvidas e problemas de consciência.

Feuillet conduz a ação dramática com leveza, até o momento em que De Marsan lê o diário da esposa e desespera-se com a gravidade da situação. O quarto e último ato é sombrio, tenso, nervoso, ao contrário dos anteriores. Juliette está confusa, insegura, quase cedendo aos argumentos do agitado Dessoles. Mas De Marsan chega a tempo de evitar o mal maior. No diálogo emocionado que trava com a esposa, lembra a felicidade do passado, admite que se descuidou do casamento, da família, exprobra o adultério com palavras fortes e acaba por reconquistá-la. Diante da firmeza, franqueza e ternura do marido, Juliette observa:

> Quantas mulheres nunca teriam tido um pensamento de infidelidade, se seus maridos tivessem tido a paciência de amá-las do modo que você descreveu... de lhes falar como você falou comigo[26].

A reconciliação afasta o perigo do adultério, preserva a integridade da família e resguarda a moralidade. A mulher decepcionada com o casamento e um tanto disponível para uma aventura extraconjugal é salva pelo bom senso do marido, que reinstaura a paz doméstica com seu discurso firme e convincente.

La Crise, como se vê, não prima pela originalidade. Seu enredo, personagens e desfecho foram certamente decalcados de *Gabrielle*, de Augier. O ambiente burguês, a descrição dos costumes domésticos, o casamento em crise, o marido displicente, a esposa enfastiada, o adultério quase consumado, o diálogo final entre os cônjuges, a pincelada moralizante do último ato, a salvação da família, eis os vários pontos que aproximam uma peça da outra.

Com o drama *Dalila* (1857), Feuillet pôs em cena a emoção mais forte do amor que destrói. Usando e abusando da imaginação e da fantasia, o dramaturgo criou uma personagem demoníaca, preocupada apenas em satisfazer seus desejos e vaidades: a princesa Léonora. Sem ser propriamente uma cortesã, mas uma mulher do *demi-monde*, seu papel é o de seduzir e levar à morte o jovem artista André Roswein, compositor e poeta.

A idéia básica da peça é opor dois universos completamente diferentes, nos quais podemos vislumbrar o ideal da comédia realista, de um lado, e o romanesco do drama romântico, de outro. Assim, no primeiro ato a felicidade doméstica, a placidez da vida em família são retratadas numa seqüência de cenas cuja naturalidade é inquestionável. O velho Sertorius, professor de música, e Marthe, sua filha, conversam sobre assuntos do cotidiano, revelam seus valores éticos, como a honestidade e a crença no trabalho, quando chega André, apreensivo e feliz porque à noite estreará sua primeira ópera. Sertorius é como um pai para ele e lhe

26. Octave Feuillet, *Théâtre complet*, Paris, Calmann-Lévy, 1892, v. 1, p. 139.

dá conselhos para evitar a devassidão e os perigos que rondam a vida dos artistas. André, porém, ama Marthe e quer casar-se com ela para viver "na santa serenidade de seu lar harmonioso, sob a guarda da sua virtude"[27]. É o que diz à moça, que também o ama.

O sucesso da ópera altera os planos de André. Léonora interessa-se por ele e tornam-se amantes. A partir desse momento, Feuillet não economiza os exageros típicos do melodrama. Eis o final do segundo ato, o exato momento em que Marthe grita e desmaia ao ver André com Léonora:

SERTORIUS – Minha filha!... Céus! minha criança! ela o amava. Gertrude! venha! corra!... Minha filha! (*gritando na janela*) Ah! miserável, ele roubou-me a menina e a matou! (*Ele cai de joelhos diante da filha desmaiada*) Ah! Deus bom! Deus justo! Deus vingador!

O ritmo ofegante da fala, os gestos, tudo destoa das cenas do primeiro ato. E os exageros continuam até o final da peça. André, passados oito meses, não consegue produzir nada e é abandonado por Léonora, após algumas cenas em que esta revela toda a sua perfídia. O desfecho é de um convencionalismo ímpar. À meia-noite, num cenário fantasmagórico, de ruínas romanas, numa "estrada escarpada à borda do mar", André pára uma carruagem na qual deveriam estar Léonora e o novo amante. Queria matá-los. Mas, ao abrir violentamente a porta, recua dando um grito terrível. Lá dentro, Sertorius, desfigurado, pálido, sinistro, está levando a filha morta para ser enterrada na Alemanha. A emoção é forte demais, André morre.

De um modo tortuoso, *Dalila* não deixa de ser uma defesa da vida em família, um libelo contra o amor venal. O problema é que começa como comédia de costumes, com cenas domésticas e leveza nos diálogos, e se transforma num dramalhão espetaculoso, com lances de inequívoco mau gosto. Essa forma híbrida, para não dizer desequilibrada, de construção dramática é o defeito maior da obra de Feuillet, pois instaura uma forte contradição entre a escolha dos assuntos e a maneira de tratá-los, como bem observa um de seus melhores críticos, Emile Montegut, que acrescenta:

Seus assuntos são geralmente buscados na realidade, embora sua preocupação principal seja sempre falar à imaginação do leitor. Ele tenta introduzir o imprevisto no interior dessa realidade conhecida, com o risco de trazer para den-

---

27. Feuillet, *Théâtre complet*, v. 3, p. 278.

tro dela o improvável. Ele alarga as condições do possível até os limites do quimérico, porque sua preocupação é apresentar um espetáculo tão sedutor quanto verdadeiro[28].

O sucesso de *Dalila* – cujo parentesco com *Les Filles de Marbre*, de Barrière e Thiboust, é bastante visível – animou Feuillet a persistir em seu apego ao romanesco, à imaginação transbordante. *Le Roman d'un Jeune Homme Pauvre* (1858) realiza de modo ainda mais completo a fusão singular de seu espírito burguês e moralizador com algumas excentricidades românticas. Adaptada de um romance homônimo, essa peça, com outras preocupações temáticas, repete o modo de construção dramática que observamos em *Dalila*.

O primeiro ato traz para a cena as discussões em torno da honra, do dinheiro e do trabalho, a partir do momento em que se configura a situação desesperadora do protagonista, o marquês de Champcey. Órfão de pai e mãe, o rapaz, formado em direito, está arruinado. O escrivão Laubépin oferece-lhe dois caminhos para resolver os problemas financeiros: subterfúgios legais para não pagar as dívidas do pai e consentimento para pôr seu nome respeitável no alto de uma lista destinada a lançar uma empresa com fins especulativos. À semelhança do protagonista de *L'Honneur et l'Argent*, de Ponsard, o marquês de Champcey opta pela honra, isto é, paga as dívidas do pai, que o deixam pobre, e, honesto, nega-se à especulação: "Não vendo e não alugo o meu nome"[29]. Em seguida, dispensa o título de nobreza, retoma o nome de família – Maxime Odiot – e abraça com coragem e determinação a maior das virtudes burguesas: o trabalho.

Essa seqüência de cenas possui as duas características básicas da comédia realista: naturalidade e moralidade. Feuillet, porém, introduz no restante da peça o seu tempero especial. Maxime Odiot vai trabalhar como administrador das terras da família Laroque, na Bretanha. E o enredo começa a se complicar, inclusive com um tom de mistério. O velho Laroque, octogenário, ao ver Maxime exclama: "Mas ele está morto!" Fica no ar uma história que adiante se revelará surpreendente. Na outra ponta do enredo, uma história de amor. É inevitável que Maxime se apaixone por Marguerite, a neta do velho proprietário de terras. Como ele é pobre, mas orgulhoso, e ela rica, as complicações aumentam e os obstáculos para a união dos jovens se multiplicam. Para isso con-

---

28. Montegut, *Dramaturges et Romanciers*, p. 78.
29. Feuillet, *Théâtre complet*, v. 1, p. 345.

tribuem também algumas personagens secundárias, com calúnias, intrigas e até uma carta de Maxime escrita pela metade que cai em mãos indevidas. O pobre rapaz, acusado de querer casar-se com Marguerite por dinheiro, provará à moça que é honesto e sincero, numa cena de verossimilhança questionável. Um encontro casual, no alto da torre de Elven, deixa-os a sós para uma conversa franca. Maxime abre seu coração a Marguerite e ela começa a vê-lo com bons olhos. Quando vão sair, porém, percebem que foram trancados ali por alguém que não os viu. Já é quase noite e Marguerite, nervosa, insinua que Maxime preparou uma armadilha para comprometê-la. Para provar então que a ama e que deseja preservar a honra de ambos, ele atira-se do alto da torre, sobre a copa das árvores, arriscando a própria vida.

Essa nobreza de caráter, certamente exagerada, é reafirmada em várias outras cenas. A mais importante é a que permite ao espectador/leitor juntar as duas pontas do enredo, no final do terceiro ato. Maxime descobre nos papéis do velho Laroque um documento surpreendente, um relato de fatos ocorridos no início do século nas Antilhas, envolvendo pirataria e guerra com a Inglaterra, que revela a origem desonesta da fortuna do patrão. E a vítima, coincidentemente, foi um ancestral de Maxime. Daí o espanto do velho – "Mas ele está morto!" –, que se consome em remorsos e em seu último delírio, antes de morrer, pede perdão "ao senhor marquês", numa cena típica de melodrama.

A reviravolta mirabolante do enredo, com essa história fantasiosa, coloca Maxime como senhor da situação. Mas exigir a fortuna da família Laroque significaria prejudicar Marguerite. Ele então queima o papel e nada revela, a despeito da insistência da moça, que percebe haver algo errado no ar. Somente com a intervenção providencial do tabelião Laubépin é que tudo se resolve, pois ele possuía uma cópia do documento. Diante da revelação, Marguerite quer renunciar à herança, mas como Maxime a ama o final feliz para o jovem casal fica assegurado.

Feuillet classificou *Le Roman d'un Jeune Homme Pauvre* como comédia, porque afinal tudo acaba bem. De qualquer modo, no primeiro ato há as características da comédia realista e no restante da peça o pano de fundo da ação dramática são os costumes domésticos de uma família burguesa rica da Bretanha. O que é fruto da observação, porém, acaba prejudicado pelo excesso de imaginação do dramaturgo. As discussões de problemas sociais, à maneira de Dumas Filho ou Augier, ficam em segundo plano, se comparadas com o ritmo alucinante de um enredo cheio de surpresas, construído para empolgar o espectador/leitor. O romanesco, enfim, salta aos olhos com maior vivacidade nessa peça curiosa, em que um herói de ascendência nobre abraça os valores burgueses e vive as emoções de uma personagem de drama romântico.

O ecletismo de Feuillet é assustador. Se em *Dalila* ele nos deu um retrato negativo da cortesã refinada, ou melhor, da mulher do *demi-monde*, em *Rédemption* (1860), como o próprio título sugere, explorou o tema da cortesã redimida pelo amor, numa perspectiva visceralmente romântica. Mas não há nada que interesse nessa peça menor, em que até o nome da heroína – Madeleine – é convencional. Feuillet criou algumas cenas que retratam o universo da prostituição elegante, fez a defesa da vida em família, com preocupações moralizadoras, e não deixou de lado o romanesco na elaboração do enredo. Quer dizer, *Rédemption* apresenta os mesmos recursos dramáticos das duas peças anteriores. Nesse sentido, comparado a Dumas Filho, Augier e mesmo a Barrière, Feuillet foi o que menos contribuiu para o avanço do realismo teatral na França. Sua produção dramática, apesar de ideologicamente comprometida com a afirmação dos valores burgueses, concilia na forma com alguns exageros do drama romântico e do melodrama, bem como com certos artifícios convencionais, entre eles as coincidências improváveis, os contrastes maniqueístas na construção das personagens e os encontros casuais.

3.5. O REALISMO NO PALCO: MONTIGNY E O *THÉÂTRE GYMNASE DRAMATIQUE*

Será ainda preciso dizer que o universo dramático da comédia realista é por excelência a família burguesa e por extensão a sociedade da qual ela faz parte? Não, claro. Mas talvez seja pertinente lembrar que o retrato desse universo é mais convincente nas peças de Dumas Filho e Augier, como procuramos evidenciar nas páginas precedentes. Pode-se dizer que ambos escreveram com os olhos voltados para o palco, preocupados com a disposição dos cenários, a movimentação dos atores, os figurinos, de modo a ajudar, digamos, o trabalho do ensaiador na construção do efeito de realidade que pretenderam atingir.

Dumas Filho escreveu muitas páginas sobre suas peças, idéias e intenções. E desde *La Dame aux Camélias*, como ressaltamos no segundo capítulo, perseguiu o realismo teatral. No texto e no palco, vale acrescentar agora. Ele conta, por exemplo, que não se cansou de dar sugestões aos artistas Fechter e Madame Doche, protagonistas do drama, durante os ensaios. Grato a ambos, elogiou o primeiro com estas palavras:

> A ilusão é completa em *A Dama das Camélias*; não é mais um artista que interpreta, mas o homem surpreendido no momento em que age. Fechter tem o gesto, o olhar, a voz das nossas emoções mais íntimas, das nossas paixões mais freqüentes[30].

Mas para Dumas Filho, Augier e seus companheiros de geração, a vitória do realismo cênico burguês só foi possível graças a um ensaiador famoso na época e plenamente identificado com a nova proposta teatral: Montigny (1805- ?). Diretor do *Gymnase Dramatique* desde 1844, aos poucos ele introduziu uma série de modificações na *mise en scène*, que preparou o terreno para a afirmação das comédias realistas no decêncio de 1850. Inicialmente, ele baniu do palco a declamação, o vício dos artistas de dirigirem-se ao centro da cena no momento de suas falas e todo tipo de exagero na interpretação.

Quanto ao cenário, foi ele quem levou mais longe uma reforma capital, iniciada, segundo Denis Bablet[31], por Nestor Roqueplan, em 1846, à frente do *Variétés*. Nesse teatro, na encenação da peça *Pierre Février*, de Davesne, ele substituiu os móveis pintados por móveis de verdade, cadeiras, mesas, armários de madeira etc. A partir de então, generalizou-se o uso de acessórios e objetos verdadeiros, processo que culminou em alguns exageros naturalistas, antes mesmo de Antoine inaugurar seu *Théâtre Libre* em 1887. Sarcey, por exemplo, criticou a encenação de *L'Ami Fritz*, de Erckmann e Chatrian, na *Comédie-Française*, em 1876, porque abusava dos detalhes veristas. Nesse texto, aliás, Sarcey taxativamente atribui a Montigny a responsabilidade pelo início da valorização do espaço cênico em moldes realistas[32].

De fato, a julgar pelos depoimentos de contemporâneos de Montigny, não há dúvida de que ele esmerou-se em reproduzir no palco, por meio de móveis e acessórios verdadeiros, os ambientes burgueses de seu tempo. A esse respeito, vale a pena transcrever parte de um diáologo travado entre o dramaturgo e encenador Victorien Sardou e o historiador e político Adolphe Thiers, no

---

30. Dumas Filho, *Théâtre complet*, v. 8, p. 29.
31. Denis Bablet, *Le décor du théâtre de 1870 à 1914*, Paris, CNRS, 1975, p. 20.
32. Sarcey, *Quarante ans...*, v. 6, p. 136.

ano de 1877. O segundo, em cuja casa se deu o encontro, pediu ao primeiro que lhe falasse das novidades introduzidas no teatro, onde, segundo ouvira dizer, até chá de verdade se tomava. O interlocutor de Sardou, bem mais velho, confessou-se desatualizado, ignorante de tudo o que acontecera ao teatro depois de Casimir Delavigne. Eis a explicação que ouviu:

> Eu vim aqui há vinte e cinco anos e sua sala de trabalho era uma grande peça retangular, onde havia uma grande mesa coberta de papéis no centro, uma poltrona em frente e uma porção de cadeiras alinhadas na extensão da parede... Olhe sua sala hoje! As cadeiras não estão mais encostadas na parede; as poltronas estão defronte da lareira; aqui e ali, à direita e à esquerda, há pufes, *bergères, crapauds* e bancos que estão espalhados, de frente ou de costas uns para os outros, como se fossem grupos de personagens conversando entre si. Nós não fizemos outra coisa no teatro. Nos tempos de Scribe, a porta ficava no fundo da cena, em frente ao ponto, e de cada lado havia cadeiras encostadas nas paredes, como antigamente em sua sala de trabalho. Hoje, a cena representa um verdadeiro salão mobiliado à maneira do que vemos aqui, ou seja, como são mobiliados os salões elegantes do nosso tempo. O mérito dessa transformação, aliás, não cabe a mim, mas a Montigny, o hábil diretor do *Gymnase* já há vinte anos. Antes, numa comédia qualquer, os intérpretes, dos quais se esperava que representassem as cenas da vida real, pareciam músicos de uma orquestra ambulante, pois, ao invés de conversarem entre si, falavam ao público alternadamente, alinhados na borda do palco. Chocado com esse absurdo, Montigny efetuou uma primeira reforma, pondo as cadeiras em volta da mesa. E os intérpretes, ao invés de falarem de pé, sem se olharem, sentaram-se e falaram entre si naturalmente, olhando-se, como ocorre na vida comum. Depois que as mesas e as cadeiras ocuparam o seu lugar, o cenário foi disposto como você dispôs a sua sala de trabalho. Aqui e ali foram colocadas mesinhas, cômodas, poltronas, de todos os modelos, seguindo a moda de hoje[33].

A citação é longa, mas ilumina o trabalho desenvolvido por Montigny à frente do *Gymnase Dramatique*. Ele não só se preocupou com os aspectos materiais da *mise en scène* mas também com o estilo de interpretação dos artistas. Essa combinação convinha, evidentemente, para os dramaturgos da geração realista, que encontraram em Montigny um colaborador incansável e indispensável para a afirmação da nova tendência teatral. Dumas Filho, depois de encenar *La Dame aux Camélias* no *Vaudeville*, ligou-se ao *Gymnase* com determinação. Entre 1853 e 1873, Montigny dirigiu dez peças de sua autoria. As principais que escreveu no período: *Diane de Lys, Le Demi-Monde, La Question d'Argent, Le Fils Naturel, Un Père Prodigue, L'Ami des Femmes, Les Idées de Madame Aubray, La Princesse Georges, Une Visite de Noces* e *Monsieur Alphonse*.

33. Bablet, *Le décor du théâtre*, pp. 21-22.

A primeira boa impressão que Dumas Filho teve de Montigny aconteceu por ocasião dos ensaios de *Diane de Lys*, em 1853. Conta o dramaturgo, lembrando um pouco o depoimento de Sardou, que o diretor pôs uma grande mesa no centro da cena, para impedir que os artistas, entrando pelo fundo ou pelos lados, viessem colocar-se diante da caixa do ponto. Com o obstáculo à frente, precisavam ir para a direita ou para a esquerda. Segundo Dumas Filho, a partir dessa estratégia aparentemente banal Montigny criou um jogo de cena mais natural, mais vivo, mais realista, enfim.

Dumas Filho sempre acompanhou os ensaios de suas peças no *Gymnase*. Preocupado com a reprodução da realidade no palco, tornou-se colaborador e amigo de Montigny, que ouvia – nem sempre concordando, diga-se de passagem – suas sugestões a respeito das roupas, do cenário e da interpretação dos artistas. Numa das notas a *Le Demi-Monde* o dramaturgo confessa a grande admiração que tinha pela atriz Rose Chéry, mulher do diretor do *Gymnase*, que o ouvia com atenção e que no papel de Suzanne d'Ange aceitou suas sugestões, contrariando em parte o próprio marido.

As relações de Augier com Montigny não foram tão estreitas. De sua extensa produção, o *Gymnase* encenou apenas quatro peças, no decênio de 1850: *Philiberte, Le Gendre de Monsieur Poirier, Ceinture Dorée* e *Un Beau Mariage*. A segunda fez um grande sucesso e foi uma realização primorosa do realismo cênico burguês, segundo a crítica da época. Sarcey, comparando a encenação do *Gymnase* com a da *Comédie*, feita dez anos depois, considerou a primeira mais original e com um "colorido burguês" infinitamente superior. Isso, graças às interpretações magistrais de Rose Chéry, Lesueur e Berton, que fizeram, respectivamente, os papéis de Antoinette, M. Poirier e Gaston de Presles[34].

Duas outras peças importantes de Augier foram encenadas no *Vaudeville*: *Le Mariage d'Olympe* e *Les Lionnes Pauvres*. Esse teatro não demorou a seguir as pegadas do *Gymnase*, segundo um estudioso do período:

Depois de *A Dama das Camélias*, o *Vaudeville* montou várias peças modernas, particularmente de Théodore Barrière, Émile Augier e Sardou. A partir dos meados do decênio de 1850, a influência de Montigny começou a se tornar visível no *Vaudeville*, como demonstra a encenação de *O Filho do Senhor Godard*, de Anicet Bourgeois e Decourcelle, que teve sua estréia a 29 de novembro de 1855.

---

34. Sarcey, *Quarante ans...*, v. 6, pp. 16-20.

O primeiro ato passa-se num salão elegante; a célebre mesa do *Gymnase* de Montigny lá está, no meio do palco, e sobre ela uma lamparina acesa. Na quarta cena, duas das personagens, Henri e Godard, sentam-se respectivamente numa cadeira e numa poltrona, dando as costas ao público e conversando durante algum tempo. Acendem-se normalmente os charutos, os cigarros, e fuma-se bastante[35].

A tentativa de recriar a vida no palco através da naturalidade dos gestos e da reprodução de hábitos do cotidiano tornou-se uma constante no teatro francês. Os artistas substituíram as velhas convenções por um estilo de interpretação que lhes permitia mimetizar o comportamento da família e da sociedade burguesas. De certo modo, anteciparam em muitos anos a "teoria da quarta parede" de Antoine, segundo a qual os artistas devem representar como se não houvesse platéia. Sob a direção de Montigny e de outros diretores da época, os artistas cansaram-se de voltar as costas ao público – uma atitude que para muita gente foi uma invenção de Antoine – e de falar com naturalidade em qualquer canto do palco. Como há pouco mencionamos a influência do *Gymnase* sobre o *Vaudeville*, vejamos agora como a *Comédie* assimilou as idéias de Montigny. O depoimento é de Sarcey – que não concordava com os "exageros" do realismo teatral –, apreciando o drama em um ato *Juan Strenner*, de Déroulède:

> Eu quero questionar o modo pelo qual a *Comédie-Française* pôs esta pequena comédia em cena. Em outros tempos, os artistas vinham à frente do palco e representavam os seus papéis olhando o público diretamente. Não se perdia uma só palavra. A impressão da fala, lançada diretamente para o público, é diferente daquela que se tem quando as palavras vêm do fundo do palco ou quando são ditas por artistas virados de costas. Eis as novidades do *Gymnase* chegando ao *Théâtre-Français*. Sob o pretexto de imitar melhor a natureza, os intérpretes sentam-se para conversar no fundo da sala, falam estendidos em poltronas, ou com o rosto escondido nas mãos, ou virando as costas para o público. O fato é que nessa peça de Déroulède não há dez versos que sejam falados no proscênio[36].

Mas a maior demonstração de que a *Comédie* se rendeu ao realismo teatral foi sem dúvida a inclusão das peças de Augier em seu repertório, a partir de 1861, ano da encenação de *Les Ef-*

---

35. Svend Erichsen, "Percée du réalisme dans le théâtre français du XIXe siècle", *Revue d'histoire du théâtre (1)*, Paris, publication de la Société d'histoire du théâtre, 1979, p. 68.

36. *Idem*, p. 71.

frontés. Desde então, praticamente toda a produção do dramaturgo subiu à cena nesse teatro-guardião das tradições francesas.

De certo modo, pode-se dizer que os dramaturgos do realismo teatral conquistaram os principais teatros de Paris. Dumas Filho reinou no *Gymnase*, Augier na *Comédie*, enquanto Barrière e Feuillet foram mais assiduamente representados no *Vaudeville*. Tudo somado, foi uma revolução teatral notável, um processo que se desenvolveu ao longo da segunda metade do século passado, envolvendo artistas, dramaturgos, encenadores, e que culminou no realismo radical do Naturalismo.

Parte II

O Teatro Realista Francês no Brasil

Os censores teatrais em 1872 de tesoura em ação: Macedo, Antônio Vitorino de Barros, Cardoso de Meneses (futuro Barão de Paranapiacaba), Antônio Félix Martins (futuro Barão de São Félix) Machado de Assis, o mais novo do grupo. A caricatura é de Henrique Fleiuss e saiu na "Semana Ilustrada". (*Machado de Assis Desconhecido*.)

Aos 34 anos, já era Machado de Assis um valor consagrado e surgia, na capa do "*Arquivo Contemporâneo*", ao lado de José de Alencar. (*Machado de Assis Desconhecido*).

Francisco Pinheiro Guimarães (*O Teatro no Brasil – tomo I*).

1. Antecedentes: O Período Romântico

O teatro brasileiro, entendido como um sistema integrado por autores, intérpretes, obras e público, nasceu com o Romantismo[1]. No dia 13 de março de 1838, o primeiro grande ator brasileiro, João Caetano, interpretou o papel principal da tragédia *Antônio José ou O Poeta e a Inquisição*, de Gonçalves de Magalhães. Poucos meses depois, na mesma companhia teatral era encenada a primeira comédia de Martins Pena, *O Juiz de Paz da Roça*.

Fora de dúvida, um início auspicioso. O surgimento simultâneo de um ator talentoso e de dois autores teatrais – um dedicado ao gênero sério, outro ao gênero cômico – parecia assegurar um futuro brilhante ao recém-criado teatro nacional. Logo surgiriam outros artistas e a dramaturgia se desenvolveria com o estímulo dos sucessos no palco e dos aplausos da multidão. Pelo menos era esse o desejo dos nossos homens de letras, naqueles tempos de ânimos nacionalistas exaltados.

Mas os rumos que o teatro brasileiro tomou no Romantismo, infelizmente, não corresponderam às primeiras expectativas. Gonçalves de Magalhães escreveu apenas mais uma tragédia, *Olgiato*, e abandonou o gênero dramático, provavelmente desgosto-

---

1. Para uma compreensão do conceito de literatura como *sistema*, leia-se a Introdução da obra *Formação da Literatura Brasileira*, de Antonio Candido.

so com João Caetano, que não quis interpretar o papel principal da peça, especialmente criado para ele. Afora essa questão, as tragédias de Magalhães não eram propriamente obras-primas. Peças híbridas, mais próximas da tragédia neoclássica do que do drama romântico, equilibravam-se precariamente num ecletismo medroso, inadequado para impulsionar a criação de um repertório de peças brasileiras românticas, como exigia a ocasião.

Quanto a Martins Pena, reconhecemos hoje seus méritos como comediógrafo e o saudamos como o criador da comédia nacional. Mas, vistas numa perspectiva histórica, suas farsas deliciosas tinham uma importância secundária, em função do próprio gênero a que pertenciam. É certo que faziam sucesso, porém representadas como se fossem uma espécie de prato de entrada num banquete em que o prato principal era sempre uma peça "séria", isto é, um drama, um melodrama ou mesmo uma tragédia neoclássica. Quer dizer, Martins Pena não oferecia o modelo ideal para aquele momento histórico de afirmação do drama romântico – o resultado da fusão da tragédia e da comédia, conforme a receita prescrita por Victor Hugo. Assim, não deixa de ser curioso constatar que o teatro brasileiro nasceu, em pleno Romantismo, com as tragédias de Gonçalves de Magalhães e com as comédias de Martins Pena. Faltou um terceiro autor para juntar os dois extremos e criar o drama romântico entre nós. A esse respeito, aliás, vale registrar a tentativa frustrada do próprio Martins Pena. Ciente da suposta inferioridade do gênero cômico, ele chegou a escrever cinco ou seis dramas que ninguém viu nem leu. Nenhum foi impresso e apenas um foi representado, sem muito sucesso, em 1841. Publicados hoje graças às pesquisas de Darcy Damasceno, decepcionam quanto à qualidade estética, mas documentam o esforço louvável de um jovem escritor querendo contribuir para a criação do teatro nacional.

O segundo momento importante para a dramaturgia brasileira do período romântico foi o aparecimento de Gonçalves Dias no cenário teatral. Ao voltar da Europa, em 1845, ele trouxe consigo dois dramas, com os quais esperava iniciar sua carreira de dramaturgo: *Patkull* e *Beatriz Cenci*. Mas no ano seguinte, já instalado no Rio de Janeiro, o poeta sofreu uma enorme decepção: o Conservatório Dramático julgou *Beatriz Cenci* uma peça imoral e proibiu-a de ser representada. Logo em seguida, um novo dissabor: o drama que acabara de escrever, *Leonor de Mendonça*, apesar de aprovado pelo Conservatório, foi recusado por João Caetano e, conseqüentemente, banido dos palcos na ocasião.

Gonçalves Dias ainda escreveria mais um drama, *Boabdil*, porém seu sonho de tornar-se dramaturgo, de ganhar algum dinheiro com o teatro, desfez-se com as duas decepções que experimentou. Uma pena que tenha sido assim. Aos vinte e quatro anos de idade, Gonçalves Dias conhecia Shakespeare, Victor Hugo e a teoria do drama romântico – conforme se depreende da leitura de seu belo "Prólogo" a *Leonor de Mendonça* – talvez como nenhum outro escritor no Brasil. Ganhou a poesia e perdeu o teatro na seqüência da sua vida artística. E ao dramaturgo frustrado restou somente o reconhecimento da posteridade: os historiadores e críticos do teatro brasileiro consideram *Leonor de Mendonça* uma obra-prima de sensibilidade e beleza incontestáveis. De fato, o enredo vibrante, a densidade psicológica dos personagens, a fatalidade construída com lógica impecável, o estilo elegante e a emoção bem-dosada, sem apelo ao melodrama, garantem ao drama um lugar de destaque no conjunto da nossa produção teatral.

Ao abrir-se o decênio de 1850, o teatro brasileiro, visto pelo ângulo da literatura dramática, apresentava um panorama desolador. Excetuados o conjunto de comédias de Martins Pena e os dramas de Gonçalves Dias, nenhuma outra obra importante do ponto de vista estético havia surgido. As contribuições de alguns escritores para o teatro haviam sido modestíssimas. Joaquim Norberto escrevera uma tragédia de assunto grego, imitada de Ésquilo – *Clitemnestra, Rainha de Mycenas* –, e um drama histórico de efeitos melodramáticos – *Amador Bueno ou A Fidelidade Paulistana*; Araújo Porto Alegre, nessa altura, era autor de apenas duas comédias de poucos méritos – *Angélica e Firmino* e *A Estátua Amazônica*; Teixeira e Sousa, por sua vez, comparecia com duas tragédias, ambas em cinco atos: *Cornélia* e *O Cavaleiro Teutônico*.

Nesse panorama, ao qual é possível acrescentar as contribuições de Carlos Antônio Cordeiro e Luís Antônio Burgain, francês radicado no Brasil, o único autor a merecer algum destaque é Joaquim Manuel de Macedo, menos pelo valor das suas peças do que pela sua importância como escritor romântico. Após a projeção adquirida com os primeiros romances – *A Moreninha* (1844), *O Moço Loiro* (1845) e *Os Dois Amores* (1848) –, ele estreou no teatro em 1849 com um "drama" interpretado por João Caetano: *O Cego*. Dois anos depois, a mesma companhia teatral representou a "ópera" *O Fantasma Branco*, com grande sucesso de bilheteria, diga-se de passagem. As aspas significam as denominações dadas às peças pelo autor. *O Cego* não é bem um drama, pois mistura algumas características da tragédia clássica com o melodrama. É uma peça híbrida, escrita em versos, dividida em cinco atos, razoavelmente fiel à regra das três unidades e com o enredo construído à base de situações dramáticas exasperadas. Também *O Fantasma Branco* não é bem uma ópera, mas uma comédia farsesca, com números de canto entremeados à ação, e está muito próxima das farsas de Martins Pena.

Para que esta rápida síntese não fique incompleta, merece menção a experiência dramática de Álvares de Azevedo: *Macário*. Trata-se de um texto ousado, distante das convenções teatrais da época, concebido para a leitura, não para a representação, conforme palavras do autor. O que impressiona nessa obra é o modo pelo qual Álvares de Azevedo diminuiu a distância entre os gêneros, mesclando no interior de um enredo dramático fantástico certos traços narrativos e líricos.

Diante do exposto, não há como fugir à constatação de que os nossos primeiros escritores românticos não conseguiram criar um repertório significativo de peças teatrais. Não tivemos, infelizmente, nenhum grande dramaturgo sintonizado com o teatro romântico europeu, escrevendo dramas com regularidade para as nossas companhias. Desse modo, para se compreender melhor a vida teatral brasileira entre 1838 e 1855, é preciso não perder de vista o que acontecia no palco, o centro de gravidade do teatro. Comecemos por esta observação de Décio de Almeida Prado:

> João Caetano representa a chave que abre todo o período de formação do nosso teatro, visto pelo lado de dentro, a partir do palco, através de sua parte mais viva e atuante. Os nossos escritores passaram em geral marginalmente pela cena. Antes de comediógrafos ou dramaturgos, foram poetas, romancistas, historiadores, políticos, quando não simples funcionários públicos. Não viveram de suas peças, nem lhes devem, com raríssimas exceções, a sua notoriedade literária. Somente ele, na sua dupla função de ator e de empresário, sustentou durante três decênios a continuidade de nossa vida teatral, em condições sempre adversas e em nível surpreendentemente alto[2].

2. Décio de Almeida Prado, *João Caetano e a Arte do Ator*, São Paulo, Ática, 1984, p.IX.

Décio de Almeida Prado é autor de dois livros definitivos sobre o famoso ator. O primeiro, editado em 1972 pela Editora Perspectiva e intitulado *João Caetano*, é um estudo alentado da vida artística do ator, de sua atuação como empresário teatral e do repertório de tragédias neoclássicas, dramas românticos e melodramas que o projetou no cenário nacional. O segundo, publicado pela Editora Ática em 1984, *João Caetano e a Arte do Ator*, apreende o ator pelo ângulo teórico, isto é, como autor de dois manuais sobre a arte de representar: *Reflexões Dramáticas* (1837) e *Lições Dramáticas* (1862), os primeiros escritos e impressos no Brasil.

Como se vê, a figura mais importante do romantismo teatral brasileiro não foi nenhum dramaturgo, mas João Caetano, na sua dupla função de ator e empresário. Nascido em 1808, estreou em 1827 e em 1833 criou a primeira companhia dramática nacional, para conquistar um espaço de trabalho até então sob o domínio exclusivo de artistas portugueses. A partir de então, o sucesso e o reconhecimento público foram constantes em sua vida artística. Comparado pelos contemporâneos a grandes atores europeus, como Talma ou Frederick Lemaître, especializou-se em papéis grandiosos e grandiloqüentes, evitando as comédias e farsas, que destinava a outros atores da sua companhia.

O repertório de João Caetano espelhava toda a vida teatral brasileira do período romântico, alimentada quase totalmente por tragédias neoclássicas, dramas e melodramas vindos de Portugal ou traduzidos do francês e, em menor escala, do italiano e do espanhol. Segundo Décio de Almeida Prado, João Caetano notabilizou-se inicialmente como ator trágico, como intérprete das seguintes tragédias neoclássicas: *Zaíra*, de Voltaire; *Fayel*, de Baculard de Arnaud; *Otelo* e *Hamlet*, nas adaptações de Ducis; *Nova Castro*, do português João Batista Gomes Júnior; *Antônio José ou O Poeta e a Inquisição*, do brasileiro Gonçalves de Magalhães; *Oscar*, de Antoine Vincent Arnault; e *Aristodemo*, de Vincenzo Monti. À exceção de *Hamlet*, que é de 1843, as outras foram encenadas entre 1837 e 1840.

Para se ter uma idéia do estilo de interpretação de João Caetano nessas tragédias, vale a pena transcrever dois trechos das "lições dramáticas" que escreveu em 1862. O primeiro refere-se à composição da personagem Otelo:

[...] quando me encarreguei do papel de Otelo, na tragédia *O Mouro de Veneza*, depois de ter dado a esta personagem o caráter rude de um filho do deserto, habituado às tempestades e aos combates, entendi que este grande vulto trágico quando falasse devia trazer à idéia do espectador o rugido do leão africano, e que não devia falar no tom médio da minha voz; recorri por isso ao tom grave dela e conheci que a poderia sustentar em todo o meu papel; fiz um exercício apurado para lhe ajustar todas as inflexões naturais e convenientes às variadas paixões que Otelo devia exprimir[3].

Agora vejamos o que diz o ator sobre o papel de Oscar:

Na bela passagem em que fui copiado na tragédia *Oscar*, pelo insigne escultor Francisco Manuel Chaves Pinheiro, lente da Academia das Belas-Artes, a

---

3. João Caetano dos Santos, *Lições Dramáticas*, 3ª ed., Rio de Janeiro, SNT, 1962, p. 26.

estátua que expôs em 1860 representa a situação em que Oscar, delirante, reconhece a sua espada, proferindo estas palavras – É minha! O intervalo que eu fazia antes de falar, a expressão da fisionomia, a atitude e o gesto exprimiam com a mais perfeita verdade o horror com que Oscar se convencia de ter sido o assassino do seu melhor amigo[4].

O trabalho com a voz, com a expressão fisionômica e com o gesto aponta para o exagero da interpretação romântica, sempre distante do natural. As personagens encarnadas por João Caetano vivem paixões violentas, emoções fortes, situações desesperadas, delírios, agitações, cóleras, tudo o que caracterizava, enfim, o *furor*, cuja expressão se dá, segundo palavras do ator, "quando uma personagem se acha transportada fora da natureza e acima da humanidade"[5]. Como representar esse furor do herói grandioso? Eis a lição:

[...] o ator em tais lances não deve observar medida alguma, nem guardar lugar algum sobre a cena; os movimentos do seu corpo devem mostrar uma força superior a todos os que o rodeiam, acendem-se-lhe os olhos para pintar as labaredas que lhe escaldam a alma; a voz necessita ser algumas vezes vigorosa e algumas outras sufocada, mas sempre sustentada por uma extrema força de peito; deverá mover-se continuamente, porém nunca estendendo os braços e balançando-se sobre os pés, por cuja forma se imitam mais a loucura do que o furor[6].

Ator emocional e intempestivo, João Caetano escolheu o repertório adequado a sua própria natureza artística. Assim, além das tragédias neoclássicas, interpretou cerca de duas dezenas de dramas românticos, principalmente entre 1836 e 1845. É importante assinalar que foi ele quem revelou a dramaturgia de Victor Hugo e Alexandre Dumas aos brasileiros. Do segundo, pôs em cena nada menos que nove dramas, entre eles os vibrantes *Antony*, *A Torre de Nesle* e *Kean ou Desordem e Gênio*. Da produção de Victor Hugo, foram encenados *Ernani* e *O Rei se Diverte*. Num meio teatral pobre como o do Brasil daqueles tempos, é admirável o esforço de atualização empreendido pelo ator-empresário.

A partir de 1845, porém, João Caetano começa a dar preferência a um tipo de peça de maior apelo popular: o melodrama. Atraído pelo sucesso fácil que conseguia em papéis talhados para o seu virtuosismo, explorou todas as possibilidades do gênero nas peças de Joseph Bouchardy, Victor Ducange, Anicet-Bourgeois,

---

4. *Idem*, p. 35.
5. *Idem*, p. 44.
6. *Idem*, p. 44.

Adolphe Dennery, entre outros. Essa fase da sua carreira artística foi avaliada com grande acuidade por Décio de Almeida Prado:

> Para João Caetano, em particular, a literatura melodramática foi o esteio que o escorou nos anos de maturidade. Transpostas as ilusões da juventude, quando ele encarnou, perante os olhos maravilhados dos escritores do seu tempo, seja os últimos lampejos da tragédia neoclássica, seja a meteórica ascensão do drama romântico, seja a esperança de uma dramaturgia nacional, a realidade de todos os dias que lhe restou nas mãos, como expressão média da sensibilidade teatral brasileira, foi muito mais Bouchardy do que Victor Hugo, muito mais Dennery e Anicet-Bourgeois do que Voltaire e Ducis. A partir de 1845, à medida que crescem os seus encargos comerciais e as suas responsabilidades como empresário, todos os seus grandes êxitos são, de uma forma ou de outra, de natureza popular. A bilheteria falava — e João Caetano, vivendo de sua profissão, não podia fechar os ouvidos[7].

Em 1851, João Caetano instalou-se no principal teatro do Rio de Janeiro, o São Pedro de Alcântara. Nesse momento ele era o primeiro ator de seu tempo, admirado pelo público, louvado pelos folhetinistas e sem nenhum rival à altura de seu talento como intérprete romântico. Da Europa, porém, logo começam a chegar os ruídos da renovação realista que se operava nos palcos do *Théâtre Gymnase Dramatique* e do *Théâtre du Vaudeville*. Não demorará muito, como veremos, para que as gerações mais jovens, sedentas de novidades, passem a desprezar o repertório anacrônico do São Pedro de Alcântara e o próprio estilo de interpretação de seu maior ator.

---

7. Décio de Almeida Prado, *João Caetano*, São Paulo, Perspectiva, 1972, p. 88.

2. O Teatro Ginásio Dramático e a Difusão do Teatro Realista Francês no Brasil

Nos três primeiros meses de 1855, a vida teatral no Rio de Janeiro, de acordo com os anúncios publicados nos jornais, não ofereceu muitas opções para os espectadores. A rigor, apenas dois teatros deram espetáculos regularmente: o Lírico Fluminense e o São Pedro de Alcântara. No primeiro, uma companhia italiana apresentou várias óperas, como *Ernani* e *O Trovador*, de Verdi; *Linda de Chamounix*, de Donizetti; *A Sonâmbula*, de Bellini, entre outras. No segundo, a única novidade foi a estréia de *Gabriel e Lusbel ou Milagres de Santo Antônio*, do português Braz Martins. De resto, João Caetano reencenou antigos sucessos de seu repertório, entre eles as tragédias neoclássicas *A Nova Castro*, de João Batista Gomes Júnior, e *Hamlet*, de Ducis, bem como os melodramas *D. César de Bazan*, de Adolphe Dennery, e *Trinta Anos ou A Vida de um Jogador*, de Victor Ducange. Quanto aos outros teatros do Rio de Janeiro, o São Januário permaneceu fechado e o São Francisco acolheu por algumas semanas uma companhia francesa especializada em comédias curtas e *vaudevilles*.

Essa era a situação da nossa vida teatral quando o *Diário do Rio de Janeiro* noticiou, a 5 de março de 1855, que uma nova empresa havia sido criada para dar espetáculos no Teatro de São Francisco, visando "estabelecer o verdadeiro e apurado gosto pela representação do *vaudeville* e comédia". À frente da empreitada estava o empresário Joaquim Heleodoro Gomes dos Santos, que contratou o francês Émile Doux como ensaiador. Radicado no Brasil desde 1851, Émile Doux, segundo informações de Lopes Gonçalves[1], vivera muitos anos em Lisboa, onde, além de encenar vários dramas românticos franceses, introduzira o *vaudeville* com grande sucesso.

A 12 de abril de 1855, no pequeno teatro de 256 lugares, rebatizado com o nome de Teatro Ginásio Dramático – inspirado certamente no *Gymnase Dramatique* de Paris –, a nova empresa inaugurou seus trabalhos, sem saber que dava o primeiro passo de uma importante renovação teatral, que logo se cristalizaria.

O primeiro espetáculo apresentou um programa duplo: o drama em dois atos *Um Erro*, de Scribe, e a ópera-cômica em dois atos *O Primo da Califórnia*, de Joaquim Manuel de Macedo. A imprensa saudou a estréia com entusiasmo e depositou as esperanças de renovação e melhoria da vida teatral na empresa nascente. No *Correio Mercantil*, José de Alencar, "ao correr da pena", registrou com simpatia o "primeiro ensaio" do Ginásio e pediu proteção e apoio dos leitores, e principalmente das leitoras. No *Jornal do Comércio*, a 15 de abril, o folhetinista de "A Semana" aproveitou a oportunidade para apontar a "decadência" do Teatro São Pedro de Alcântara e arrematou com estas palavras:

> O monopólio do teatro dramático tem sido tão fatal à arte como o monopólio da carne-seca à barriga dos pobres. A concorrência é sempre conveniente e profícua: cumpre portanto que o público proteja a nova empresa do Ginásio, não só porque assim lhe dará a força precisa para avançar na difícil e espinhosa estrada que tem diante de si como porque desse modo despertará o teatro de S. Pedro do sono em que dorme, e com o sopro da emulação o arrancará da calmaria podre a que se tem condenado.

As referências negativas ao São Pedro de Alcântara tornaram-se comuns nas penas dos folhetinistas, geralmente jovens intelectuais abertos às novidades e às mudanças. João Caetano, apesar do talento reconhecido por todos, recebia subvenção do governo imperial e parecia acomodado com essa regalia que irritava profundamente os espíritos liberais. Sem renovar o repertório de sua companhia dramática, ele tornou-se alvo de críticas contundentes dos defensores do Ginásio, como comprova esta outra passagem do mesmo folhetim "A Semana":

---

1. Augusto de Freitas Lopes Gonçalves, *Dicionário Histórico e Literário do Teatro no Brasil*, Rio de Janeiro, Cátedra, 1982, v. 4, p. 165.

O Ginásio prossegue no empenho de agradar ao público que o freqüenta; nos dramas do seu repertório não há gritos de maldição, nem punhais, nem envenenamentos; mas, a falar a verdade, há muita coisa que faz rir, e que diverte a gente. Tenho minhas predileções por aquele Ginásio: pelo menos ainda não é bananeira que já deu cacho[2].

O fato é que João Caetano insistia em representar peças de um repertório pesado, enquanto o Ginásio esforçava-se para pôr em cena o maior número possível de comédias de Scribe, que a atriz portuguesa Maria Velluti traduzia com rara competência[3]. A comparação entre as duas companhias tornou-se freqüente nos folhetins e em pequenos artigos ou notas de simpatizantes de ambos os lados. A concorrência, benéfica, evidentemente, estimulou o Ginásio a dar um passo corajoso, depois de seis meses de atividades, período em que encenou cerca de vinte e cinco comédias de Scribe. A pequena empresa, fortalecida pelo apoio da imprensa e pela benevolência do público, deixou de lado o objetivo modesto de montar apenas peças para divertir o espectador e incorporou ao seu repertório a última novidade dos palcos parisienses: a comédia realista.

2.1. BARRIÈRE: A PRIMEIRA REVELAÇÃO

A primeira peça do repertório realista francês que subiu à cena no Ginásio foi *As Mulheres de Mármore*, de Barrière e Thiboust, em tradução de J. J. Vieira Souto. Elogiada pelo Conservatório Dramático num curto parecer assinado por João José do Rosário – que ressaltou o "estilo brilhante" e a "forma adotada pelos dramaturgos modernos" –, estreou a 26 de outubro de 1855, com enorme sucesso.

No *Correio Mercantil*, dois dias depois da estréia, o folhetinista das "Páginas Menores" referiu-se ao "esmero e cuidado" da encenação e definiu o texto como "uma lição de alta e severa moral, escrito com talento e inspiração, e muito bem traduzido para a nossa língua". Além do traço moralizador, o folhetinista encontrou na história do pobre Rafael "a odisséia de muitos filhos de

---

2. *Jornal do Comércio*, 20 de maio de 1855, p. 1.
3. Segundo um historiador do teatro brasileiro, Múcio da Paixão, Maria Velluti foi uma peça importante na criação do Ginásio. Uma "desinteligência" havida entre a atriz e João Caetano, no Teatro São Pedro de Alcântara, teria sido a causa que levou o empresário Joaquim Heleodoro Gomes dos Santos a criar uma nova empresa dramática para acolher sua suposta protegida.

família, de muitos mancebos cheios de inteligência e lealdade". A peça, enfim, impressionou favoravelmente graças aos fatos da "vida comum" que apresentava:

> Essa abnegação da virtude, essa frieza e calma no vício, esse desprezo pela honestidade que ostenta Marco, esse mercado infame feito por uma mulher formosa e um velho decrépito entre sorrisos e carícias, tudo isso é da vida comum. A sociedade moderna tem mais pressa de ganhar dinheiro do que de reformar-se.

O aspecto moralizador da peça e o "realismo" de seus quadros foram apontados por outros folhetinistas como as qualidades que mereciam os maiores aplausos. Na *Marmota Fluminense* de 18 de novembro, Paula Brito elogiou o desempenho dos artistas, o texto, a tradução e completou:

> *As Mulheres de Mármore* é uma composição toda moral em seu fundo, toda para moralizar e desenganar os jovens inexpertos, que no fogo das primeiras paixões se deixam levar ao precipício por mulheres perdidas (mulheres de mármore), que não os amam, que não os querem senão pelo prazer de alguns dias, de algumas semanas, ou de alguns meses; composição representada aos olhos dos espectadores por quadros *ao vivo*, cheios de pinturas expressivas, de cores carregadas, mas verdadeiras, e cada um deles de produzir por si o desejado efeito.

Após dez representações, com o Ginásio Dramático sempre lotado, configurou-se o sucesso de público apontado pelo folhetista do *Jornal do Comércio*, Joaquim Manuel de Macedo, a 25 de novembro. Também ele elogiou a peça, "uma bela e sábia lição, de que se devem aproveitar todos os moços e até os velhos, que alguns há, não poucos, que no fim da vida dão em gaiteiros". Além do aspecto didático, de fundo moralizante, o bem-humorado folhetinista ressaltou também os traços realistas de *As Mulheres de Mármore*, a seu ver "um terrível espelho, em que pode mirar-se muita gente de gravata lavada. Aquele *tin-tin*, que soa tão docemente aos ouvidos de Marco, é também uma deliciosa harmonia que cega até o coração das três quartas partes do gênero humano".

Houve quem considerasse a peça imoral, por ter colocado no palco uma cortesã tão depravada como Marco. No *Diário do Rio de Janeiro*, a 11 de novembro, José de Alencar saiu em sua defesa, dizendo tratar-se de "uma acusação injusta".

Com *As Mulheres de Mármore*, o Ginásio iniciava sua caminhada numa seara nova, que o deixaria cada vez mais distante, em termos de estética teatral, do São Pedro de Alcântara. A segunda peça do repertório realista francês estreou logo depois, a 2 de dezembro de 1855: *Os Parisienses*, também de Barrière e Thiboust e traduzida por J. J. Vieira Souto. Se não fez tanto sucesso quanto a anterior, não decepcionou. No dia da estréia, o folhetinista do *Jornal do Comércio*, por exemplo, chamou a atenção para o problema da agiotagem, que a peça aborda, lembrando que a baixa das ações de algumas empresas poderia levar o espectador a crer que a ação não se passava em Paris, mas no Rio de Janeiro. Já o folhetinista do *Correio Mercantil*, em crônica datada de 8 de dezembro, preferiu aplaudir o *raisonneur* da peça, Desgenais, e suas falas sentenciosas, repletas de moralidade: "Tem sempre na boca a verdade dura, inexorável, aguda como um estilete, e como ele ferindo de morte as vilezas, as cobaidias e as infâmias que o cercam".

No *Diário do Rio de Janeiro*, a 14 de dezembro, Sousa Ferreira elogiou a peça e registrou a influência direta que o realismo teatral francês começava a exercer sobre o Ginásio Dramático e sua aceitação pela platéia fluminense:

> Se, solícito em agradar ao público, corre o repertório dos mais afamados teatros de Paris, escolhendo os dramas e comédias que ali têm maior aceitação merecido, apresentando-os com rapidez que admira, traduzidos, ensaiados, postos em cena com todo o rigor de decorações, quase sempre novas, e desempenhados o mais perfeitamente que se tem feito até hoje entre nós, igualmente tem visto a sua pequena sala, onde se apinha uma multidão satisfeita, estremecer aos aplausos repetidos; tem ouvido a imprensa uníssona, eco da satisfação pública, repetir o juízo de seus freqüentadores, altamente lisonjeiro.

Durante os meses de dezembro de 1855 e janeiro de 1856, os aplausos da platéia do Ginásio dirigiram-se alternadamente a *As Mulheres de Mármore* e *Os Parisienses*. Os números apontam maior sucesso para a primeira, que a 27 de janeiro alcançava a décima oitava representação, enquanto a segunda, dias antes, chegara à sétima. De um modo geral, a iniciativa de pôr em cena as peças do novo repertório francês foi bem recompensada. Sucesso de crítica e de público, apoio da imprensa, tudo animou o Ginásio a prosseguir nesse caminho.

2.2. DUMAS FILHO: O IMPACTO DO REALISMO

A 7 de fevereiro de 1856, com enorme expectativa, subiu à cena no Ginásio a peça mais famosa de Alexandre Dumas Filho, *A Dama das Camélias*, que em 1852, em Paris, havia inaugurado o realismo teatral. A tradução coube mais uma vez a J. J. Vieira Souto e, ao que tudo indica, os esforços valeram a pena. A crítica ressaltou a força dos sentimentos, a inovação formal, a "pura realidade da vida", entre outros aspectos da peça. De todos os comentários feitos na imprensa, vale a pena ler as observações de Sousa Ferreira, folhetinista do *Diário do Rio de Janeiro*, que dedicou dois folhetins a *A Dama das Camélias*. No primeiro, publicado no dia da estréia, ele apontou os possíveis defeitos e qualidades da peça:

> Talvez o crítico severo analisando essa obra encontre alguns pontos dignos de suas observações: pouca vivacidade no diálogo, frouxidão de algumas cenas e ausência de efeitos. Aquele porém que desejar ver um drama íntimo, palpitante de verdade, a fiel reprodução desses combates que travam nos fundos d'alma as paixões ardentes e reprimidas, um estudo perfeito do coração, ou, o que é mais verossímil, a pintura verdadeira de um fato real; aquele que quiser ver um belo quadro, onde em traços de mestre se retrata um vigoroso talento, onde cintila o colorido brilhante do espírito; esse, ao ouvir *A Dama das Camélias* se dará por satisfeito e repetirá conosco que esta é talvez a mais bela produção de Alexandre Dumas Filho.

É curioso observar que os possíveis defeitos que um "crítico severo" da época encontraria na peça são exatamente as características formais que a diferenciam do drama romântico e principalmente do melodrama. Os diálogos de *A Dama das Camélias* não têm, de fato, a "vivacidade" ou a retórica inflamada das peças que eram representadas no São Pedro de Alcântara. A "frouxidão" de algumas cenas e a ausência de "efeitos" referem-se à placidez da ação dramática proposta por Dumas Filho, em substituição aos exageros, aos *coups de théâtre* que arrebatavam as platéias acostumadas com o jogo de cena de João Caetano. Sousa Ferreira percebeu a diferença. E apontou as qualidades de *A Dama das Camélias* já em termos de uma estética realista no teatro. Ainda nesse folhetim, ele atribuiu à peça outra qualidade importante, considerando-a "uma severa lição de moral, que nos deixa ver sob as rosas do vício os agudos espinhos que dilaceram a alma da criminosa, que nos mostra a felicidade fugindo a essas que não ouvem a voz da virtude; a miséria e a infâmia afogando nos braços a quem se desvia do caminho da honra".

Quer dizer, para o folhetinista, a ação dramática de *A Dama das Camélias* tem alcance moralizador, a despeito da inexistência de um personagem *raisonneur*. É possível, embora o próprio Dumas Filho não estivesse preocupado com esse aspecto quando escreveu a peça.

O segundo follhetim de Sousa Ferreira foi publicado a 4 de março. O sucesso de *A Dama das Camélias* já estava configurado em termos de crítica e público. Desta vez, o folhetinista deteve-se no trabalho dos atores. Suas obervações são importantíssimas para percebermos os primeiros passos do realismo teatral nos palcos brasileiros. Vejamos:

> A naturalidade da conversação, a verdade da paixão e do sofrimento, soube a Sra. Gabriela imitar na voz, no gesto e no semblante [...] O Sr. Amoedo (Armando Duval) ainda não quis ouvir-nos; a exageração é má e defeituosa, quando não sabemos usar dela [...] O Sr. Pedro Joaquim (Sr. Duval) desempenhou bem a sua parte; apenas diremos que na bela cena com Margarida é dispensável aquela abundância de lágrimas.

O que percebemos é que o folhetinista, conhecedor do ritmo teatral proposto pela estética realista, critica os atores que cometeram exageros e elogia a atriz que soube ser natural em cena. Mais adiante, Sousa Ferreira recomenda ao ator Martins (Gastão des Rieux) que aproveite sua habilidade ao piano para conversar enquanto toca, pois o ator, em cena, "deve esquecer que o público está em frente; deve não distrair-se um instante: Gastão pode responder sem voltar-se para os espectadores".

As observações do folhetinista atestam a rapidez com que as novas idéias teatrais atravessaram o Atlântico e nos permitem situar no decênio de 1850 os primeiros esforços no sentido de tornar a cena mais natural, tanto na França quanto no Brasil. O Ginásio Dramático seguia firme as pegadas do *Gymnase Dramatique* e, aos poucos, com a difusão do repertório do realismo teatral francês, nossos críticos e atores faziam o aprendizado da nova maneira de conceber texto e espetáculo teatrais. Mais tarde seria a vez dos dramaturgos.

O sucesso de *A Dama das Camélias* – quatorze representações seguidas – levou o Ginásio a apostar uma segunda vez em Alexandre Dumas Filho. A 23 de março, estreava *Le Demi-Monde*, com o título *O Mundo Equívoco*, em tradução do poeta A. E. Zaluar.

Para se ter uma idéia do esforço de atualização empreendido pelo Ginásio, basta dizer que *Le Demi-Monde* estreara em Paris, no *Gymnase Dramatique*, apenas um ano antes, a 20 de março de 1855. A peça revelava para a platéia fluminense um autor que não parecia o mesmo de *A Dama das Camélias*. A heroína idealizada era substituída por uma personagem fria, calculista, uma autêntica representante do *demi-monde* parisiense, assim definido pelo folhetinista das "Páginas Menores" do *Correio Mercantil*: "... espécie de grupo social que partilha do brilho e esplendor da alta classe, tendo ao mesmo tempo todos os vícios da mais ínfima". Definindo o teatro como "poderosa escola de moral e de linguagem", o folhetinista elogiou a montagem e o alcance moralizador da peça.

Três dias depois, a 29 de março, Sousa Ferreira, no *Diário do Rio de Janeiro*, fazia sua apreciação, atribuindo muitas qualidades a *O Mundo Equívoco*:

> A expressão de um grande talento de observação, a manifestação de uma habilidade rara na disposição das cenas, na força, na graça, na variedade do diálogo sempre fluente, espirituoso, animado, vivo; ora mordente, sarcástico, terrível, rangendo os dentes, ora simples, meigo, terno, apaixonado, como o beijo do amante que a donzela adormecida em sonhos sente pousar-lhe nos lábios. Por entre os cinco atos do seu drama, o autor espalhou às mãos cheias teorias belas e nobres, pensamentos mimosos, uma filosofia moderada, uma poesia constante.
>
> Aí se vê tudo, o luxo ao lado da miséria, a nobreza acotovelando a infâmia, o amor puro da virgem e o cálculo vil da cortesã; e tudo isso pintado com verdade, descrito em frase enérgica e harmoniosa.

Apesar de todos os elogios, Sousa Ferreira pergunta se é a verdade "infame, nua e descarnada" que o teatro requer. E sua argumentação pouco feliz caminha para concluir que a representação de *O Mundo Equívoco* era imprópria para a cena brasileira, porque o vício, na peça, pintado com cores mais fortes que a virtude, ficava gravado na mente do espectador. Por causa disso, a seu ver, a desejada função moralizadora não se realizava no palco.

O folhetinista do *Correio Mercantil* não gostou das restrições de Sousa Ferreira e contestou-as de imediato, no dia 30 de março, reafirmando as impressões favoráveis que fizera em folhetim anterior. Depois de considerar incontestáveis a qualidade literária e a moralidade da peça, defendeu o realismo de suas cenas e a verdade de seus tipos:

> Não posso admitir que a arte tenha por fim encobrir a verdade, mentir. Desde que na cena se não desnude o vício para alardeá-lo, mas sim para castigá-lo... Se o teatro é escola, não compreendo que lá se ensine a mentira, já adulterando as paixões, já dando ao vício um caráter exagerado, que nem sempre afeta. Se a hipocrisia não pode ser retratada em toda a sua verdade e hediondez; se Suzana d'Ange é um tipo que não convém ao teatro, deveria-se [sic] também tirar de cena o imortal *Tartufo* de Molière.

Mas de todos os textos publicados na imprensa o mais arguto e penetrante foi o de Furtado Coelho, um longo folhetim que ocupou dois rodapés do *Correio Mercantil* de 28 de março. Recém-chegado de Portugal, o futuro ator e ensaiador do Ginásio, adepto do realismo teatral, discorreu sobre várias questões, dando sua primeira contribuição às discussões sobre o novo repertório de peças que a platéia fluminense aplaudia com curiosidade e entusiasmo.

Furtado Coelho começa seu texto elogiando o progresso e adiantamento do teatro brasileiro, provado com a encenação de *O Mundo Equívoco*. Em seguida, detém-se na análise de *A Dama das Camélias*, com a qual Dumas Filho estreou no teatro, "não como principiante, mas como mestre". Tal estréia criara muita expectativa em torno das obras futuras do autor. E *O Mundo Equívoco*, segundo Furtado Coelho, foi uma prova ainda superior de talento. A peça, uma alta comédia "onde se exibem na cena as verdades da vida real de hoje... como obra de arte é muito superior a *A Dama das Camélias*, e direi mesmo a todos os escritos que conheço deste gênero".

O entusiasmo do folhetinista vai ainda mais longe, quando elogia os aspectos formais da peça ("a naturalidade e o vigor dos diálogos, o bem combinado das situações, a verdade no jogo das cenas..."), o "efeito real" de sua ação dramática, o espírito elevado e moralizador e a linguagem elegante. A análise desce a detalhes quando são confrontadas as heroínas Marguerite Gautier e Suzanne d'Ange, a primeira vista como "a flor brotando frágil mas pura em campo estéril", e a segunda como "a flor do pântano, balouçando-se altiva sobre uma superfície cuja verdura seduz, mas sumindo-se no lodo em que tem a raiz".

A renovação que se operava no palco do Ginásio foi imediatamente compreendida por Furtado Coelho. Após mencionar a "graça, elegância e luxo" com que *O Mundo Equívoco* subiu à cena, ele vaticinou um futuro brilhante para a pequena empresa, se continuasse a escolher boas peças para serem montadas. Em termos mais explícitos, afirmou que a alta comédia era o gênero que convinha ao Ginásio, para evitar as peças más em seu repertório:

Não considero eu hoje peças más apenas as que não passam de um enrodilhado de insonsas [sic] parvoíces, de um caos de desconsolados disparates. Peças más são todas as que a escola moderna condena e reprova: em vez de interesse causam abrimento de boca; em vez de darem impulso à arte, aos artistas, e bom gosto, atrasam e viciam isso tudo. Peças más para uma companhia nascente são: o melodrama com os seus desconchavados desatinos e descomunais peripécias; são o próprio drama quando ele demanda muita força de execução, que cansa, extenua o ator que principia, e que, em vez de o conduzir à robustez própria do artista consumado, mata-o, vicia-o à nascença e faz abortar o que seria susceptível de um grande e perfeito desenvolvimento. Peças más para uma companhia como a do Ginásio são também as peças falsas, inverossímeis, as mágicas, as peças de grande espetáculo.

É necessário poupar a princípio o artista, quando o seu talento e vocação vão ser aproveitados por uma nova escola – a escola verdadeira, a única que o pode levar ao apuro.

Ora pois, são as peças da escola do *Mundo Equívoco*, que convém para um teatro no pé em que está o do Ginásio. É com elas que o teatro sobe à sua verdadeira e nobre missão: moraliza, aperfeiçoa os costumes, civiliza, e castiga a língua; e são estas as grandes vantagens que, juntamente com o prazer e o recreio, o teatro deve atualmente ter em vista.

Na esteira de Dumas Filho, com a mesma perspectiva burguesa, Furtado Coelho põe em primeiro plano a função social do teatro, idéia que nessa altura já conquistara muitos adeptos entre os intelectuais brasileiros.

Em outra passagem do seu artigo, preocupado com o espetáculo teatral propriamente dito, Furtado Coelho analisou demoradamente o trabalho dos atores e alguns aspectos da montagem de *O Mundo Equívoco*. Aos artistas Gabriela e Pedro Joaquim, que representaram Suzanne d'Ange e Olivier, dirigiu os maiores elogios, por compreenderem o espírito da alta comédia. Fez alguns reparos à atuação de Amoedo, Maria Velluti, Adelaide e Monclar, mas ressalvando sempre as qualidades e potencialidade de cada um. Quanto ao resultado geral da encenação, considerou de bom nível, atribuindo o mérito ao ensaiador Emílio Doux. Pareceu-lhe, porém, que a naturalidade que se quer nas representações de altas comédias foi prejudicada pelo fato de os atores ficarem quase sempre de pé em cena. É um detalhe curioso, que não passou despercebido a Furtado Coelho, cujos argumentos são de um ensaiador que deseja transpor a realidade para o palco com a maior fidelidade possível:

> Não passarei em claro, porém, a má impressão que causou e deveria causar a todos, ver os atores quase sempre de pé. Na alta comédia parece-me ser isso um erro e um contra-senso. Por que motivo na cena 8ª do 2º ato, ao dizer as seguintes palavras: – *Vai ver o que surge ... ouça!* – há de Oliveiro levantar-se? Qual será o homem da educação de Oliveiro, que num salão como o da Viscondessa, vá para o meio da cena *pregar?*
> No 4º ato, por que não há de a baronesa d'Ange receber sentada as suas visitas, em vez de fazer o que nenhuma senhora faz na sua sala, isto é, arvorá-la em parque ou passeio público?

O Mundo Equívoco fez mais sucesso de crítica do que de público. Provocou discussões e reflexões sobre o realismo no teatro, mas teve apenas oito representações seguidas. Num segundo folhetim publicado no *Diário do Rio de Janeiro*, a 11 de abril, Sousa Ferreira considerou esse número expressivo, ressalvando, porém, que "o nosso público não se acha bem familiarizado com essas cenas da nova escola".

De fato, a ousadia do Ginásio foi bem grande, encenando peças que exigiam dos atores e dos espectadores uma disposição para o novo. Como nem sempre houve essa disposição, a pequena empresa sofreu também algumas críticas ferozes, sobretudo de setores conservadores da sociedade. Entre 24 de abril e 4 de maio de 1856, por exemplo, o *Jornal do Comércio* transcreveu quatro artigos que apareceram no hebdomadário *A Semana*, nos quais as peças de Barrière e Dumas Filho foram definidas como "quadros de requintada imoralidade". O articulista, anônimo, protestou com veemência contra a mudança de rumos do Ginásio, que a seu ver devia restringir-se às comédias de Scribe e às peças leves do repertório dos primeiros tempos. Além disso, suas críticas atingiam o Conservatório Dramático – órgão que liberava os textos para representação – e os folhetinistas que haviam ressaltado a moralidade das peças de Dumas Filho e Barrière. Por fim, pedia a intervenção da polícia no Ginásio e sugeria aos pais que não levassem suas filhas e mulheres ao teatro, porque "entrarão castas e sairão com a alma perturbada e com pesar de serem mulheres". Contrário à presença do drama romântico e da comédia realista em nossos palcos, vociferava o articulista:

> Há pouco era o incesto e o adultério que o teatro francês trasvasava para o nosso, agora é a prostituição em todo o requinte; há pouco eram as emoções do punhal e do veneno e da exageração, agora é a prostituição aristocratizada [...]; então era a canção báquica da orgia, agora é o romance libertino das *Mulheres de Mármore*.

Felizmente para o Ginásio, não foram muitos os textos desse teor que apareceram na imprensa. De um modo geral, aconteceu o contrário, isto é, os folhetinistas apoiaram as mudanças e procuraram divulgar o repertório "moderno", esclarecendo os leitores para o que havia de novo, de diferente em relação ao Teatro São Pedro de Alcântara, que continuaria o reduto do Romantismo até 1863, ano da morte de João Caetano.

2.3. AUGIER E FEUILLET: RECEPTIVIDADE DISCRETA

Durante o ano de 1856, duas outras peças importantes do repertório realista francês subiram à cena no Ginásio: *O Genro do Sr. Pereira*, de Émile Augier, em tradução assinada com as iniciais E. de M., e *A Crise*, de Octave Feuillet, em tradução de Furtado Coelho. Ao contrário das que as antecederam, porém, fracassaram completamente. Para se ter uma idéia perfeita do desastre, comparemos estes números: ao encerrar o ano de 1856, *As Mulheres de Mármore* haviam atingido trinta e cinco representações; *A Dama das Camélias*, vinte; *O Mundo Equívoco*, quatorze; e *Os Parisienses*, oito. Pois *O Genro do Sr. Pereira* estreou a 3 de junho e voltou à cena somente duas vezes, nos dias 8 e 12 do mesmo mês. E *A Crise*, por sua vez, teve apenas duas representações, a 22 e 24 de agosto.

Além da passagem meteórica pelo palco, outro indício do insucesso das duas peças foi o relativo silêncio dos folhetinistas dos principais jornais da corte. As "Páginas Menores" do *Correio Mercantil* simplesmente ignoraram os dois espetáculos, enquanto o *Jornal do Comércio* não foi além de um registro rápido, puramente informativo. Apenas o *Diário do Rio de Janeiro* abriu espaço para um comentário mais amplo, acerca das peças e do trabalho dos artistas, no folhetim "Teatros". Sem a possibilidade de compararmos julgamentos e opiniões, resta-nos confiar na sensibilidade de Sousa Ferreira e Quintino Bocaiúva, que escreveram respectivamente sobre *O Genro do Sr. Pereira* e *A Crise*.

No folhetim de 6 de junho, Sousa Ferreira recomendou a peça de Augier às leitoras, considerou-a uma "excelente composição" e ressaltou "a graça do diálogo, e o bem sustentado dos caracteres", embora considerasse o quarto ato inferior aos anteriores. Mas o que chama a atenção em sua análise é o modo pelo qual aproximou o tema da separação de classes, presente na comédia, à própria realidade brasileira. Guardadas as diferenças, o espectador fluminense poderia compreender as divergências entre a aristocracia e a burguesia francesa, porque no seu cotidiano presenciava também uma odiosa separação de classes, entre o homem livre e o escravo:

> Nós, filhos de um país que data de ontem, e onde por conseqüência não existem essas velhas máximas, essas empoeiradas tradições da fidalguia; nós, filhos do povo, que temos visto nossos irmãos, nossos iguais elevarem-se à altura das dignidades, e que nos conhecemos tão aptos como eles para lá chegar, dificilmente compreenderíamos a separação de classes, o orgulho da aristocracia, esse desdém soberano para o povo, essa pretendida superioridade que se arrogava a antiga fidalguia da França, se desgraçadamente não tivéssemos ante os olhos um triste exemplo do ostracismo forçado a que se condenou uma raça dominada.

Deixando à mostra seu espírito liberal, o articulista lamenta ainda que na França a democracia não tenha conseguido igualar as pessoas, como mostra a comédia de Augier. Os preconceitos aristocráticos sobreviveram à revolução de 1789 e a burguesia ridicularizou-se muitas vezes com seus anseios de aristocratizar-se. Para ambas as classes sociais, "o tufão do liberalismo não soprou tão forte que apagasse inteiramente o sulco divisório".

Tudo indica que os problemas excessivamente franceses de *O Genro do Sr. Pereira* foram uma barreira para os artistas e para o público, que não se sensibilizou com a comédia.

Segundo Sousa Ferreira, "houve em geral frieza e incerteza" na representação, ainda que a atriz Gabriela da Cunha e o ator Amoedo tivessem compreendido seus papéis. Mas este último trazia uma barba típica de um artista, não de um marquês. Além disso, o ator Montclar era muito jovem para o papel que desempenhou. É de se crer que todos esses problemas contribuíram para o afastamento do público.

Quanto à peça de Feuillet, *A Crise*, parece que não foi encenada em circunstâncias favoráveis. A primeira informação que nos passa o folhetim de Quintino Bocaiúva, datado de 28 de agosto, diz respeito à própria crise do Ginásio, privado de suas principais atrizes, Gabriela da Cunha e Adelaide Amaral, bem como do ator Orsat, todos doentes na ocasião.

É certo que pelo menos a ausência de Gabriela no elenco prejudicou a representação da peça. A atriz experiente, que brilhara como Marco, Marguerite Gautier e Suzanne d'Ange, não teria dificuldade para encarnar o papel da esposa enfastiada com o casamento e prestes a trair o marido, depois de dez anos de vida conjugal. A atriz que representou esse papel, porém, não tinha aptidão para as cenas graves e dramáticas do quarto ato. Maria Velluti, uma artista "graciosa e ligeira", segundo Quintino Bocaiúva, foi bem nos três primeiros atos, mais leves, e depois mostrou-se tímida e acanhada. Nos outros dois papéis importantes da peça, os atores Amoedo e Pedro Joaquim também comprometeram o resultado geral da encenação. O desempenho de ambos foi irregular, prejudicado principalmente pelo fato de não terem decorado bem as suas falas.

Se por um lado o trabalho dos artistas mereceu as restrições apontadas acima, por outro à peça e ao seu autor foram reservados os elogios do folhetinista. A seu ver, Feuillet é um escritor "espirituoso e sobretudo moralista profundo". E *A Crise*, escrita com habilidade, é "das mais belas composições dramáticas que têm subido à cena entre nós". Ao comentar o tema central da comédia, Quintino Bocaiúva faz algumas reflexões sobre o casamento que em nada diferem das que se encontram nas comédias realistas francesas. Concordando com Feuillet, ele é contra o casamento por dinheiro ou por conveniência, porque o adultério torna-se conseqüência natural, quase inevitável, nesse tipo de ligação:

> Enquanto o casamento for antes a expressão de uma conveniência social do que a ligação sincera e mútua de dois entes, unidos pelos laços indissolúveis da simpatia e do afeto, da conformidade das almas, da igualdade dos sentimentos, do amor enfim, enquanto não for tratado na altura e na santidade de uma ligação natural, não violentada nem calculada, mas pelo contrário toda sincera, toda expansiva, essa moléstia espirituosamente descrita pelo poeta há de existir e matar.

A moléstia é a crise que afeta o relacionamento conjugal, ou, em palavras mais precisas, a ameaça do adultério, possibilidade sempre presente nos lares em que a felicidade doméstica é desavisadamente colocada em segundo plano.

2.4. OUTRAS ENCENAÇÕES (E INFORMAÇÕES)

Numa crônica datada de 1º de dezembro de 1895, Machado de Assis, entristecido com a morte de Alexandre Dumas Filho, ocorrida dias antes, relembrou com uma ponta de nostalgia alguns momentos da sua adolescência literária, sobretudo aqueles marcados pelo seu envolvimento com o teatro, nos anos de 1855 a 1865. Leitor e espectador das comédias realistas francesas, em seguida crítico teatral, dramaturgo e censor do Conservatório Dramático Brasileiro, tinha seus motivos para registrar esta reminiscência dos tempos passados:

> Naquela quadra cada peça nova de Dumas Filho ou de Augier, para só falar de dois mestres, vinha logo impressa no primeiro paquete, os rapazes corriam a lê-la, a traduzi-la, a levá-la ao teatro, onde os atores a estudavam e a representavam ante um público atento e entusiasta, que a ouvia dez, vinte, trinta vezes (...) Noites de festas; os rapazes corriam a ver a *Dama das Camélias* e o *Filho de Giboyer*, como seus pais tinham corrido a ver o *Kean* e *Lucrécia Borgia*[4].

O testemunho de Machado, além de enfatizar o interesse do público, indica os dois modos pelos quais o repertório realista

---

4. J. M. Machado de Assis, *Crônicas*, Rio de Janeiro, Jackson, 1951, v. 26, pp. 54-55.

francês foi difundido entre nós: a leitura e a representação. No caso de Dumas Filho, não deixa de ser curioso constatar que, depois das estréias de *A Dama das Camélias* e *O Mundo Equívoco*, as peças importantes que escreveu na segunda metade do decênio de 1850 – *La Question d'Argent, Le Fils Naturel, Un Père Prodigue* – não foram encenadas no período áureo do Ginásio. É certo, porém, que circularam entre nós na forma impressa, em função do prestígio do dramaturgo. Uma tradução de *La Question d'Argent*, aliás, foi enviada pelo Ginásio ao Conservatório Dramático, em junho de 1857 – a peça havia estreado em Paris a 31 de janeiro do mesmo ano – para ser apreciada pelo corpo de censores. A Seção de Manuscritos da Biblioteca Nacional do Rio de Janeiro possui uma cópia do parecer de Antônio Luís Fernandes da Cunha, que a julgou favoravelmente enquanto obra literária, mais apropriada para a leitura do que para a representação, pelo menos em palcos brasileiros:

[...] vou terminar dizendo que duvido muito do efeito desta comédia nos nossos teatros. Os diálogos são extensos por demais, e o desenvolvimento das cenas não está em harmonia com o gosto das nossas platéias, que dão preferência ao movimento acelerado, às transições rápidas, aos contrastes, à variedade enfim[5].

Difícil saber se o Ginásio desistiu da montagem por causa das observações do censor, por sinal muito pertinentes. O fato concreto é que a peça não foi mesmo representada. Para os interessados ou curiosos, restou a possibilidade da leitura, no original, para quem tinha pressa, ou na tradução de Justiniano José da Rocha, que Paula Brito publicou em 1858.

Parece que o Ginásio cogitou também em encenar *Un Père Prodigue*. Pelo menos essa é a informação que nos passa o cronista "Carlos", da prestigiosa *Revista Popular*, quando afirma, a 16 de fevereiro de 1860, que "brevemente sobem à cena deste teatro as novas comédias *Mãe*, original brasileiro, e *Um Pai Pródigo*, última produção de Alexandre Dumas Filho"[6]. Façamos um parên-

---

5. Julgamento semelhante recebeu outra peça que circulou no meio intelectual em forma de livro: *L'Honneur et l'Argent*, de François Ponsard. O Ginásio pretendeu encená-la, pois em abril de 1857 pediu o parecer do Conservatório Dramático. O censor designado, Justino de Figueiredo Novaes, elogiou a tradução e o texto, mas duvidou da sua teatralidade: "É uma composição altamente moral; é uma sátira viva, exata e eloqüente do nosso século do *dinheiro*; e, enfim, digna da pena de um moderno Juvenal. Infelizmente, talvez, o seu efeito dramático não corresponde ao que produz na leitura."

6. *Revista Popular*, Rio de Janeiro, jan.-mar. 1860, tomo V, p. 256.

tese para ressaltar que essa peça estreara em Paris apenas dois meses e meio antes, a 30 de novembro de 1859. É impressionante a rapidez com que as novidades teatrais atravessavam o Atlântico naqueles tempos, seduzindo principalmente nossos jovens intelectuais. À semelhança, porém, do que aconteceu com *La Question d'Argent*, *Un Père Prodigue* também não foi encenada na ocasião. Teria contribuído para isso a crítica negativa do cronista da *Revista Popular*? Segundo ele, tratava-se de "uma das mais fracas composições do autor da *Dama das Camélias*". Para dar peso a sua opinião, referiu-se às restrições que a peça sofreu em Paris, por parte de críticos como Jules Janin, Monselet e Paul Dhormoys, e observou que o público francês "recebeu-a com indiferença". Em seguida, o cronista resumiu minuciosamente, em quatro cerradas páginas, o enredo da peça, para concluir, ao final, que seu defeito maior era a falta de moralidade:

> De Prailles, o único homem de bem da comédia, o único que procura reparar a afronta com que mancharam sua honra, é traspassado de lado a lado pela espada de um velho devasso e licencioso. O vício é premiado na pessoa do conde; a virtude é castigada na do marido que se respeita.

Escapou ao cronista da *Revista Popular* a questão central de *Un Père Prodigue*: a da educação que os pais dão aos filhos. Preocupado apenas com a figura realmente marcante do Conde de Rivonnière, limitou-se a exigir do dramaturgo uma punição rasteira e convencional da personagem, aliás fora de propósito no contexto da peça, escrita sim com propósitos moralizadores.

Se entre 1857 e 1864 nenhuma peça nova de Dumas Filho estreou no Rio de Janeiro, em compensação *A Dama das Camélias* jamais deixou de ser representada nesses anos. Verdadeira "peça de repertório", foi sempre um trunfo para a companhia do Ginásio, que vez ou outra a recolocava em cena, garantindo boa bilheteria. A desistência em relação a *La Question d'Argent* e *Un Père Prodigue* não deve ter impedido, segundo as evidências, que esses textos fossem lidos e discutidos pelos intelectuais ligados ao teatro.

As comédias realistas francesas já não eram representadas com a constância dos primeiros tempos, quando, a 30 de setembro de 1865, o Ginásio finalmente encenou uma nova produção de Dumas Filho, embora escrita em parceria com Émile de Girardin: *Suplício de uma Mulher*. Em tradução competente de Machado de Assis, a peça, um libelo contra o adultério, chegava ao público fluminense depois de um extraordinário sucesso mesclado de polêmica que marcou sua estréia na *Comédie-Française*, em Paris, a 29 de abril de 1865. Num folhetim publicado no *Diário do Rio de Janeiro*, dois dias antes da estréia, Machado narrou os episódios da discussão travada na imprensa francesa entre Girardin e Dumas Filho, o primeiro reclamando a paternidade da peça, por ter concebido o assunto, o segundo afirmando ser responsável por alterações substanciosas e pela forma dada ao conteúdo. Mais simpático aos argumentos de Dumas Filho, Machado procurou despertar a curiosidade do público com a transcrição de trechos da polêmica. Num segundo folhetim, a propósito do espetáculo do Ginásio, elogiou o drama com estas palavras:

[...] sob uma forma interessante, rápida, precisa, agita ele, mais ousadamante que nenhum outro, uma terrível questão de costumes, concluindo por uma lição severa, tremenda, implacável. É um drama que tem a grande vantagem de não discutir, nem dissertar: todo ele é ação; desde que começa até que termina, ação enérgica e apaixonada, ação que arrasta, que comove, e que satisfaz a alma, graças a uma solução judiciosa tirada das entranhas do assunto, para salvar a um tempo a dignidade humana e a santidade das leis morais[7].

Voltemos à reminiscência de Machado, citada há pouco. Do outro "mestre" do realismo teatral francês, Émile Augier, o escritor brasileiro lembrou-se de uma peça que, curiosamente, não foi encenada no Rio de Janeiro entre 1855 e 1865: *Le Fils de Giboyer*. É provável que Machado a tenha lido e é possível que a tenha visto no palco, em época posterior[8]. Traído pela memória, colocou-a ao lado de *A Dama das Camélias*, cuja estréia, como sabemos, ocorreu em fevereiro de 1856. Nesse ano, a única peça de Augier que o Ginásio pôs em cena foi *O Genro do Sr. Pereira*, aliás sem nenhum sucesso de público, conforme já assinalado anteriormente.

A má sorte de Augier continuou no ano seguinte, quando uma pessoa oculta pelo anonimato traduziu *Le Mariage d' Olympe* e enviou seu manuscrito ao Conservatório Dramático. Pois essa peça, uma das mais vigorosas do dramaturgo, foi proibida de ser

---

7. J. M. Machado de Assis, *Teatro*, Rio de Janeiro, Jackson, 1951, v. 28. Nesse volume estão incluídos os dois folhetins de Machado e sua tradução de *Suplício de uma Mulher*.
8. Nosso levantamento do repertório teatral fluminense não foi além de 1865, de modo que não temos certeza se *Le Fils de Giboyer* foi de fato encenada entre nós. Não há notícia disso nas histórias do teatro brasileiro. E no *Dicionário Histórico e Literário do Teatro no Brasil* Lopes Gonçalves refere-se apenas à tradução portuguesa da peça, feita por Pedro Vidoeira, sem dar nenhuma data, seja da tradução, seja de uma possível encenação.

representada em nossos palcos, por força dos pareceres de José Rodrigues Rufino Vasconcelos e Luís Honório Vieira Souto. Os dois censores arrasaram com a tradução e o original. O primeiro afirmou: "O drama peca contra a moral, contra os costumes e contra a pureza e castidade da língua"; o segundo concordou com o colega, depois de resumir o enredo do "drama monstruoso".

É um tanto estranho que uma peça como *Le Mariage d'Olympe*, da mesma família de *Les Filles de Marbre* e *Le Demi-Monde*, tenha sido interditada pelo Conservatório Dramático. Marco e Suzanne d'Ange, afinal, não são melhores que Olympe Taverny. Talvez a explicação esteja na heterogeneidade do corpo de censores, uns mais simpáticos ao realismo teatral francês, outros menos. Augier provavelmente teve o azar de cair em mãos inimigas, além do prejuízo de uma eventual má tradução. Por causa da censura, somente depois de alguns anos *Le Mariage d'Olympe* pôde ser apreciada num palco fluminense. Foi na inauguração do Teatro Lucinda, a 3 de junho de 1880, por iniciativa de Furtado Coelho, em nova tradução, assinada pelo ator e empresário[9].

No período que interessa mais de perto a este trabalho, duas outras peças de Augier foram encenadas no Rio de Janeiro: *Os Descarados* (*Les Effrontés*) e *As Leoas Pobres* (*Les Lionnes Pauvres*). Ambas, em 1862, no Ateneu Dramático – antigo Teatro São Januário –, por uma companhia formada por artistas simpáticos ao repertório do Ginásio. A primeira estreou a 4 de julho e a segunda a 28 de novembro. Apesar de não terem despertado grandes debates na imprensa, nem atraído multidões ao teatro, o interesse do público foi razoável o suficiente para que tivessem em média seis representações cada uma, num teatro com quase quinhentos lugares.

Os Descarados, na tradução de Remígio de Senna Pereira, mereceu elogios de Machado de Assis, como censor do Conservatório Dramático. Seu parecer, publicado no *Correio Mercantil*, dois dias depois da estréia, foi favorável à representação da "excelente comédia" e deteve-se na análise das personagens, ou melhor, dos "símbolos" criados por Augier: "O poeta não fez personagens, fez símbolos. Charrier e Vernouillet simbolizam a nobreza financeira, d'Auberive a nobreza de sangue, Sergine e Giboyer a nobreza intelectual". Augusto de Castro, na *Semana Ilustrada*, a 12 de julho, ressaltou o sucesso que a peça obteve em Paris, gra-

---

9. Augusto de Freitas Lopes Gonçalves, *Dicionário*..., v. 3, p. 141.

ças às semelhanças que os espectadores percebiam haver entre a personagem Vernouillet e Mirès, um célebre banqueiro e agiota da época. Além disso, *Os Descarados*, a seu ver, tinha "mérito literário" e era "uma composição digna de figurar a par das melhores obras dos mestres". Só não foi elogiosa a crítica do *Jornal do Comércio*, estampada na seção "Gazetinha" a 6 de julho. Depois de mencionar algumas restrições que a peça sofreu na imprensa francesa, o articulista observou que seu "maior defeito" era a falta de interesse do assunto para a platéia brasileira:

> As discussões políticas, filosóficas e sociais, a que um dos tais críticos de Paris chamou *diálogos dos vivos sobre algumas questões políticas e várias anedotas do dia*, sempre mal cabidas no teatro, têm de mais a mais na nossa cena o inconveniente de se não referirem às nossas circunstâncias e interessarem-nos por isso muito menos.

Essas palavras talvez expliquem por que as três peças de Augier encenadas naqueles tempos não conquistaram a estima do grande público. Dramaturgo excessivamente preso às questões de interesse da sociedade francesa, recheou sua obra com discussões políticas, filosóficas e sociais que foram apreciadas somente por intelectuais mais sofisticados. Esse é o caso muito particular de Machado de Assis, que chegou até a escrever um conto em boa parte inspirado por uma expressão tirada de *Le Mariage d'Olympe*. É dessa peça a "nostalgia da lama" que teria levado Marocas a cair em desgraça, segundo uma das personagens de "Singular Ocorrência", conto incluído no volume *Histórias sem Data*. Diante disso, não surpreende que sejam justamente do escritor brasileiro as palavras mais simpáticas dirigidas à comédia *As Leoas Pobres*:

> Tanto nesse ponto de vista [da moral] como no ponto de vista literário, parece-me esta peça das melhores do teatro moderno. A concepção, o desenvolvimento, as situações, tudo me parece perfeitamente conduzido por essa lógica dramática tantas vezes expulsa da cena a despeito dos protestos e dos clamores. Verdade nos caracteres e naturalidade nas situações, creio eu que são as qualidades principais desta peça[10].

Mais feliz que Augier em nossos palcos foi Théodore Barrière. Depois do extraordinário sucesso de *As Mulheres de Mármore* e dos bons resultados obtidos com *Os Parisienses*, várias peças de

---

10. Pareceres emitidos por Machado de Assis, em *Revista do Livro* (1/2), Rio de Janeiro, INL/MEC, jun. 1956: p. 188.

sua autoria foram encenadas no Ginásio. Algumas sem qualquer importância, como as comédias em um ato *A Cabeça do Martinho (La Tête de Martin)*, em fevereiro de 1856, e *O Casamento a Marche-Marche (Tambour Battant)*, em maio do mesmo ano. Só mesmo o nome do dramaturgo explica a escolha dessas peças menores, que não obtiveram nenhuma repercussão.

Mas o Ginásio não demorou a pôr em cena outra produção importante de Barrière. As notícias do grande sucesso de *Les Faux Bonshommes*, que estreara no *Théâtre du Vaudeville* a 11 de novembro de 1856, devem ter sido decisivas para que se apressasse a tradução brasileira, levada a cabo por Henrique César Muzzio. Assim, a 12 de abril de 1857, a sátira feroz a determinados tipos da sociedade parisiense chegava ao palco do Ginásio, com o título de *Os Hipócritas*. Sete representações seguidas configuraram um *succès d'estime*. Na imprensa, o prestígio de Barrière evidenciou-se nas críticas favoráveis do *Correio Mercantil* e do *Diário do Rio de Janeiro*. Neste, a 29 de março, o cronista do "Livro do Domingo" ressaltou os aspectos realistas da peça, definindo-a como "um quadro fiel, um perfeito daguerreótipo dessa classe especial que, não obstante existir há longo tempo, ultimamente tem chamado a si toda a atenção pública: dos agiotas". Além disso, demonstrando familiaridade com o assunto, acrescentou que "o *raisonneur* é Edgard, primo de Desgenais e Olivier", sem mencionar que estes são personagens de *As Mulheres de Mármore* e *O Mundo Equívoco*. Tudo indica que os seus leitores não precisavam desse esclarecimento. Ainda em relação a *Os Hipócritas*, vale a pena transcrever um parágrafo do parecer do Conservatório Dramático, no qual o censor também se refere aos aspectos realistas da peça, mas buscando uma aproximação entre a sociedade brasileira e a francesa:

> Esta comédia é uma composição estimável a muitos respeitos, e com aplicação apropriada a fatos que já se vão dando na sociedade brasileira, onde a agiotagem e a *auri sacra flames*, meios de enriquecer de repente, lavram com força de epidemia.

Depois de *Os Hipócritas*, com idêntica receptividade de crítica e público, o Ginásio encenou *A Herança do Sr. Plumet (L'Héritage de Monsieur Plumet)*, em nova tradução de Henrique César Muzzio. Mais uma vez, a escolha recaiu sobre uma peça que fizera sucesso recente em Paris, o que só confirma os vínculos que se estabeleceram entre o Ginásio e o *Gymanase Dramatique* ou o *Théâtre du Vaudeville*: a estréia francesa deu-se a 17 de maio de

1858 e a brasileira a 1º de janeiro de 1859. No anúncio da terceira representação, o Ginásio aproveitava comercialmente o duplo sucesso da peça, informando que ela "tem obtido neste teatro aplausos gerais e tem sido recebida com o mesmo entusiasmo com que fez a carreira de muitas representações no Ginásio de Paris". *A Herança do Sr. Plumet* recebeu críticas favoráveis do *Correio Mercantil*, que deu realce ao trabalho do ator Furtado Coelho, e da *Revista Popular*, que a considerou "um agregado de cenas cômicas, copiadas pelo mais fiel daguerreótipo e bem características da época de ambição e de egoísmo em que vivemos"[11].

Não é exagero dizer que Barrière foi um dos dramaturgos prediletos do Ginásio. O melhor da sua obra vasta e irregular – para alguns críticos, *Os Hipócritas*, para outros, *A Herança do Sr. Plumet* – já tinha desaparecido de cena quando foi anunciada a representação de *O Asno Morto* (*L'Âne Mort et La Femme Guillotinée*, em parceria com Adolphe Jaime). Nada justifica a escolha desse dramalhão em cinco atos, mais um prólogo e um epílogo, cujo enredo Machado de Assis resume com boa vontade em sua "Revista dos Teatros" de 11 de setembro de 1859, publicada no jornal *O Espelho*. Sempre arguto, o crítico observou: "*O Asno Morto* pertence à escola romântica e foi ousado pisando a cena em que tem reinado a escola realista"[12]. O Ginásio, que sempre buscara encenar as peças "modernas" de Barrière, experimentou um fracasso monumental com esse drama escrito em 1853 e recheado de envenenamentos, punhais, emboscadas e coisas do gênero. Uma representação apenas, a 3 de setembro de 1859, e *O Asno Morto* saiu de cartaz.

Esse revés, no entanto, não impediu que outras peças de Barrière, não pertencentes à chamada escola realista, fossem encenadas com sucesso no Ginásio, como o drama em cinco atos *A Pecadora* (*Une Pécheresse*, com Mme. Regnauld de Prébois), em fevereiro de 1861, e a comédia-*vaudeville* em três atos *De um Argueiro um Cavaleiro* (*Une Corneille qui Abat des Noix*, com Lambert Thiboust), em janeiro de 1863.

Se até agora temos demonstrado que as principais peças do repertório realista francês foram traduzidas e representadas com rapidez e eficiência pelo Ginásio – ou eventualmente lidas pelos intelectuais brasileiros –, para completar este quadro e dar-lhe

---

11. *Revista Popular*, Rio de Janeiro, jan.-mar. 1859, tomo I, p. 60.
12. J. M. Machado de Assis, *Crítica Teatral*, Rio de Janeiro, Jackson, 1951, p. 30.

mais consistência ainda resta acrescentar que os maiores sucessos de Octave Feuillet em Paris foram aplaudidos também pela platéia fluminense. O fracasso de *A Crise*, em agosto de 1856, foi compensado pela boa acolhida dada a *Dalila*, representada pela primeira vez no Ginásio a 7 de agosto de 1858, em tradução portuguesa de Antônio de Serpa. Na verdade, a peça foi anunciada como "imitação", isto é, uma tradução livre e adaptada, que pode apresentar algumas modificações em relação ao original. Pelos resumos dos folhetinistas, porém, parece que Antônio de Serpa não alterou a linha mestra do enredo.

O drama romanesco de Feuillet agradou tanto que Furtado Coelho o escolheu para inaugurar sua primeira companhia dramática, em abril de 1860, no Teatro de São Januário, rebatizado com o nome de Teatro das Variedades. Foi a primeira "dissidência" do Ginásio, embora para correr na mesma raia do realismo teatral. Os folhetinistas saudaram com simpatia a iniciativa e, com exceção de Machado de Assis, que escrevia para o *Diário do Rio de Janeiro*, declinaram de analisar o drama, por ser já bastante conhecido do público. No *Correiro Mercantil*, a 8 de abril, Sousa Ferreira escusou-se de contar os amores da princesa Falconieri e André Roswein, porque "todo o mundo sabe a história da beleza pérfida que subjugou o homem forte da Escritura: é a alegoria mil vezes reproduzida da inteligência vencida pelos sentidos, a eterna luta do princípio divino contra a tendência terrestre". No *Jornal do Comércio*, a 23 de abril, Joaquim Manuel de Macedo queixou-se com bom humor da permanência da peça em cartaz, dizendo que o público estava farto de saber o seu enredo e que pedia a Deus para livrar os seus leitores "de uma namorada como a Dalila das Variedades".

Machado de Assis, mais consciencioso – e de longe o melhor crítico teatral do período –, analisou a peça com seriedade, considerando-a "uma composição de alto alcance filosófico"[13]. A seu ver, a oposição básica criada por Feuillet, entre o amor lancinante e o amor casto e honesto, era "a história de todos os dias". Quer dizer, Machado procurou apreender a fagulha de realismo da peça, uma vez que a paixão de André pela princesa – "uma mulher de mármore sem a cabeça e sem o *champagne*" – ilustrava um "fato comum", tantas vezes acontecido. Por outro lado, eram evidentes também os "arabescos da fantasia" e a imaginação transbordante de Feuillet, que aproximavam a peça do Romantismo.

---

13. *Idem*, p. 170.

Essa coexistência de contrários levou o crítico a definir a ação dramática com um paradoxo saboroso: "A ação, se caminha às vezes por uma esfera de misticismo, define em geral um fato comum e cruelmente vulgar; é a vida real desenvolvida nas nuvens".

Por fim, resta acrescentar o elogio de Machado à moralidade da peça – conforme o gosto da época –, evidenciada a seu ver no contraste da cena final, quando André morre ao mesmo tempo que Dalila passa em sua gôndola, cantando, em companhia do novo amante.

Igualmente bem-sucedida no palco do Ginásio foi a comédia *O Romance de um Moço Pobre*, que nossos folhetinistas insistiram em chamar de "drama". Representada pela primeira vez a 20 de dezembro de 1859, cerca de um ano depois da estréia francesa, a peça de Feuillet foi montada com capricho, segundo a crônica da época. Na *Revista Popular*, "Carlos" destacou o trabalho dos intérpretes principais, Furtado Coelho, Gabriela da Cunha e Joaquim Augusto, mas sem entrar em detalhes a respeito do texto. No *Correio Mercantil*, a 26 de dezembro, o folhetinista "M" elogiou os artistas – apesar de uma restrição à voz "monótona" de Furtado Coelho – e o cenógrafo João Caetano Ribeiro. Suas considerações sobre a peça, porém, foram superficiais. Um exemplo: "A trama da ação não só é nova como tecida com singular simplicidade artística". Outro: "A novidade de alguns tipos só é igualada pela delicadeza de linguagem e elevação dos sentimentos que manifestam".

A melhor análise de *O Romance de um Moço Pobre* coube mais uma vez a Machado de Assis, em folhetim publicado no *O Espelho* a 25 de dezembro. Com poucas e precisas palavras, ele definiu a ação dramática da peça, que o cronista do *Correio Mercantil* considerava "simples":

> É difícil, muito difícil esboçar nestas ligeiras linhas o entrecho dessa bela produção de Octave Feuillet. A ação é larga e intrincada, já pela abundância dos fatos, já pela heterogeneidade dos caracteres que se embatem no movimento dramático[14].

Machado aludiu ainda à moralidade da peça e, entre outras qualidades, apontou o "desenho puro e correto dos perfis dramáticos". Apesar de todos os elogios, parece que o exagero romanesco de Feuillet – uma característica romântica – não tinha a sua simpatia. Mais inclinado aos enredos simples de Augier e

---

14. *Idem*, p. 145.

Dumas Filho, escreveu que "como peça literária e como mérito dramático" *O Romance de um Moço Pobre* merecia o apoio da platéia, mas que ele não se sentava "à mesma mesa de princípios, em cuja cabeceira parece levantar-se o romance de Octave Feuillet". Machado, adepto do realismo teatral, deixou bem clara a restrição que fazia ao enredo fantasioso da peça e do romance de onde ela foi extraída.

Para outros críticos, porém, o excesso de imaginação do dramaturgo francês não era defeito, era qualidade. Num folhetim publicado no *Correio Mercantil* a 23 de abril de 1862, um cronista anônimo comparou Dumas Filho a Feuillet nos seguintes termos:

> Dumas Filho retrata a sociedade, os caracteres com pasmosa precisão; nem a mais leve ruga, nem o traço fisionômico menos importante lhe escapa. Serve-se, porém, dos meios mecânicos, da fotografia, do daguerreótipo, e as suas personagens, tão exatas, não têm colorido. Octavio Feuillet maneja o pincel com mão de mestre, e os seus tipos pintados a largos traços, e com esses tons ardentes que caracterizam a escola veneziana, têm a vida, o fogo que só o gênio sabe infundir. Nas veias de suas personagens circula sangue, e comparadas às de Dumas Filho, destacam-se, como um quadro de Ticiano se distingue do mais perfeito *portrait-carton*.

Os intelectuais não só percebiam as diferenças que existiam entre os principais dramaturgos do então chamado "moderno repertório francês" como tinham suas preferências. As palavras do cronista do *Correio Mercantil* foram escritas a propósito de *Redenção*, que estreara no Ginásio a 20 de abril, em tradução do poeta Augusto Emílio Zaluar. Apesar do tema desgastado da cortesã regenerada pelo amor, a peça recebeu críticas favoráveis na imprensa e teve cerca de dez representações seguidas, além de algumas outras posteriormente.

Os repetidos sucessos de Feuillet levaram o Ginásio a montar *Montjoye*, a 14 de outubro de 1864, um ano depois da estréia parisiense. Machado de Assis incumbiu-se da tradução e apontou numa crônica publicada no *Diário do Rio de Janeiro* a diferença que havia entre esta e as outras produções de Feuillet. Em sua opinião, o dramaturgo francês "deixava a esfera fantástica e ideal de Maxime Odiot e André Roswein para pisar a terra chã da vida real e dos costumes burgueses. O poeta cortava as asas para envergar o paletó"[15].

Machado, esquecendo-se de *A Crise*, afirmou que *Montjoye*

---

15. J. M. Machado de Assis, *Crônicas*, v. 21, p. 207.

era a primeira comédia realista de Feuillet, escrita de acordo com as regras do gênero. Em linhas gerais, a peça está centrada na figura de Montjoye, um homem que reúne em si todo o espírito pragmático e utilitário do mundo. Rico, desonesto, ambicioso, passou a vida desdenhando os valores éticos da burguesia. No passado, levou um sócio à falência para dar início à própria fortuna; no presente, engana um amigo para eleger-se deputado. Além disso, o egoísmo e a desconfiança o impediram de casar-se com a mulher que lhe deu um casal de filhos. Durante quatro atos da peça, o enredo constrói o caráter negativo de Montjoye, que acaba abandonado pelos amigos e pela família quando sua desonestidade se torna pública. No quinto e último ato, porém, o autor dá à personagem a chance do arrependimento. Nada mais falso, nada mais artificial e fora de propósito do que o arranjo final, que não nasce absolutamente do evolver natural do enredo. Na solução forçada e moralizadora de Feuillet, Montjoye reaparece depois de cinco meses para devolver parte da fortuna ao filho do antigo sócio e casar-se legalmente com a mulher para dar seu nome aos filhos, isto é, reconhecê-los como legítimos herdeiros.

É curioso que Machado não tenha apontado essa falha de construção do enredo e considere a peça diferente das anteriores. Se a fantasia e a imaginação não são tão marcantes como em *Dalila* ou *O Romance de um Moço Pobre*, ao menos não foram completamente abolidas. A fórmula de Feuillet, enfim, parece-nos repetir-se: personagens característicos da comédia realista vivem situações dramáticas que configuram um enredo de surpresas e reviravoltas anti-realistas. O dramaturgo francês, na feliz expressão de um crítico, realiza assim uma espécie de "realismo a meias-tintas"[16].

As encenações das peças de Dumas Filho, Augier, Barrière e Feuillet tiveram uma importância decisiva na evolução do teatro brasileiro. As discussões que suscitaram na imprensa acerca de questões relativas ao Romantismo, ao Realismo, à função social do teatro, entre outras, tiveram pelo menos duas conseqüências visíveis: a formação de um *pensamento* teatral e o surgimento de dramaturgos brasileiros alinhados com a proposta de renovação vinda da França.

---

16. Jean-Michel Massa, *A Juventude de Machado de Assis*, Rio de Janeiro, Civ. Brasileira, 1971, p. 418.

Parte III

O Teatro Realista no Brasil

Joaquim Manuel de Macedo (*O Teatro no Brasil* – tomo I).

Machado de Assis, em caricatura de Henrique Fleiuss, publicada, em 1864, na "Semana Ilustrada". (*Ao Redor de Machado de Assis*).

França Júnior, que fora, antes, redator do *Bazar Volante*, caricaturado por Ângelo Agostini na *Vida Fluminense* por ocasião da estréia de sua peça *Direito por Linhas Tortas*. (*Teatro de França Júnior* – tomo I). Coleção Clássicos do Teatro Brasileiro.

1. As Noites do Ginásio

O leitor familiarizado com os textos de Machado de Assis já notou certamente que tomamos emprestado ao escritor o título deste capítulo. Numa de suas crônicas de 1859, entusiasmado com os espetáculos oferecidos pelo Ginásio Dramático, ele escreveu:

> A semana que terminou deu-nos três noites amáveis no querido Ginásio. O pequeno teatro, o primeiro da capital, esteve efetivamente arraiado de novas galas e custosas louçanias.
> É um livro para escrever, e eu o lembro aqui a qualquer pena em disponibilidade, *as noites do Ginásio*[1].

O convite é tentador, mas dadas as características deste trabalho o Ginásio será objeto específico de um capítulo apenas. O livro desejado por Machado, afinal, foi escrito por ele mesmo e por vários outros cronistas, que deixaram seus depoimentos e impressões registrados nos jornais e revistas da época. Procuramos consultar o maior número possível desses documentos, com os quais se pode reconstituir a vida teatral do período e, particularmente, o papel desempenhado pelo Ginásio na evolução do teatro brasileiro. Assim, para nós, as "noites do Ginásio" dizem respeito aos espetáculos teatrais, ao repertório, ao apoio dado à dramaturgia brasileira, à rivalidade com o Teatro São Pedro de Alcân-

---

1. J. M. Machado de Assis, *Crítica Teatral*, Rio de Janeiro, Jackson, 1951, v. 30, p. 40.

tara, às inovações realistas introduzidas na *mise-en-scène* e aos artistas que se notabilizaram como ensaiadores e intérpretes da nova tendência teatral oriunda da França.

1.1. O REPERTÓRIO

A população do Rio de Janeiro em 1860, segundo informação de Joaquim Manuel de Macedo num folhetim da época, era de duzentos mil habitantes, incluídos nessa cifra os escravos. Não é difícil imaginar a pobreza do meio cultural e a conseqüente inexistência de um público numeroso o suficiente para manter um espetáculo teatral em cartaz por bastante tempo. Sem isso em mente, não compreenderemos a rapidez com que as peças se sucediam no palco do Ginásio e a amplitude de seu repertório.

De um modo geral, naqueles tempos um grande sucesso de público configurava-se após dez ou doze representações seguidas e algumas outras mais, espaçadas, nas semanas ou meses posteriores. Como nem todas as peças encenadas eram bem-sucedidas, as companhias dramáticas estavam sempre preparando novas estréias, num ritmo de trabalho alucinante. Já observamos que em seus primeiros seis meses de atividades o Ginásio encenou cerca de vinte e cinco comédias de Scribe, o que significa, em média, uma estréia a cada semana. Além disso, é preciso considerar que essas comédias, por serem curtas, eram representadas em grupos de duas ou três. Quer dizer, numa única noite os espectadores do Ginásio podiam aplaudir *O Coronel, Um Francês na Espanha* e *O Embaixador* ou *A Irmã mais Moça, As Primeiras Proezas de Richelieu* e *Solteira, Viúva e Casada*, para citar dois exemplos colhidos nos anúncios dos jornais.

A opção inicial do Ginásio pelas comédias despretensiosas de Scribe foi uma estratégia inteligente do empresário Joaquim Heleodoro Gomes dos Santos. Para a pequena empresa dramática seria um suicídio competir com o Teatro São Pedro de Alcântara no terreno do dramalhão, cujo maior intérprete era o insuperável João Caetano. Assim, com muito trabalho e com o apoio imprescindível da imprensa, o Ginásio conquistou aos poucos uma boa parcela do público fluminense e pôde então acrescentar ao repertório original as peças mais longas do realismo teatral francês. Já vimos como foram lidas, encenadas e discutidas as produções de Dumas Filho, Augier, Barrière e Feuillet. Mas, além desses autores, muitos outros, sobretudo franceses, portugueses e brasileiros, foram representados no Ginásio.

Em termos numéricos, no período de 1855 a 1860 predominaram as traduções do francês. Como os espetáculos teatrais eram geralmente compostos de uma peça principal, mais longa, e de uma pequena comédia, às vezes duas, convém esclarecer que Scribe não foi *substituído* pelos dramaturgos realistas. Suas comédias curtas e *vaudevilles* continuaram a ser encenadas, bem como as de outros autores que na época eram apreciados entre nós. Eis alguns deles, hoje desconhecidos: Ancelot, Duport, Clairville, Mareaux, Paul de Kock, Lapointe, Decourcelle, Bercioux e Delapour. O Ginásio pôs em cena dezenas de pequenas comédias, embora sua preocupação maior fosse a comédia realista e o drama "moderno" – não o romântico.

A análise de seu repertório revela, porém, que a fidelidade ao propósito renovador nem sempre foi mantida. Algumas vezes, não muitas, alguns dramalhões assinados por Adolphe Dennery, Anicet Bourgeois, Fernand Dugné e Gustave Lemoine foram acolhidos pelo empresário Joaquim Heleodoro dos Santos. Nessas ocasiões, os folhetinistas mais simpáticos ao repertório realista francês geralmente arrasavam com a peça e censuravam a direção do Ginásio. Já vimos um exemplo disso, quando Machado de Assis criticou a encenação de *O Asno Morto*, em 1859. Entre outros casos semelhantes, podemos mencionar a reação de Sousa Ferreira à encenação de *A Honra de Minha Mãe*, drama francês de Baulé e Hippolyte Rimbault. A estréia ocorreu a 21 de fevereiro de 1856, duas semanas depois de *A Dama das Camélias*. O folhetinista do *Diário do Rio de Janeiro* viu "grossas manchas de mofo" no drama e resumiu seu enredo confuso e inverossímil para concluir: "Raramente temos visto sobre a cena uma igual balbúrdia". Sousa Ferreira lamentou que Émile Doux, tendo ensaiado tão bem *A Dama das Camélias*, deixasse subir à cena uma peça tão ruim. Felizmente, concluía, "dramas como este não aparecem senão uma vez". De fato, *A Honra de Minha Mãe* não teve segunda representação.

A procura de comédias ou dramas do novo repertório levou o Ginásio a voltar-se também para as produções portuguesas. Dramaturgos como Mendes Leal Jr., Augusto César de Lacerda e Ernesto Biester foram encenados com certa freqüência, sobretudo no período de 1856 a 1860. Em Portugal, esses autores, sintonizados com as transformações ocorridas no teatro francês, escreveram inúmeras peças com traços realistas, inaugurando uma dramaturgia de acentuado cunho social, diferente em muitos aspectos do tradicional drama histórico romântico. Num ensaio dedicado a essa dramaturgia, Vitor Manuel Aguiar e Silva observa:

> No novo *drama da atualidade*, as paixões infernais e os grandes gestos desesperados são substituídos por sentimentos afetuosos e ternos, freqüentemente a roçar pela pieguice; as personagens misteriosas e sinistras cedem o lugar a outras personagens características, mais próximas da realidade da vida, mas quase sempre desenhadas unilinearmente, e dentre as quais cumpre destacar a *ingênua*, de coração a fundir-se de candura e de face avivada pelo pejo, e o galã, ora cínico e devasso, ora extremoso e carregado de virtude; a pintura das épocas transactas é substituída pela pintura da sociedade coeva, procurando o dramaturgo denunciar um vício ou uma injustiça social[2].

O iniciador dessa tendência foi Mendes Leal Jr., escritor que anteriormente se notabilizara no terreno do melodrama espetaculoso, com peças como *Os Dois Renegados*, *O Homem da Máscara Negra*, *D. Maria de Alencastro*, montadas com muito sucesso em Portugal e no Brasil – aqui, por João Caetano – nos tempos áureos do Romantismo. Em 1854, porém, a nova faceta do dramaturgo revelou-se com o drama *Os Homens de Mármorre*, confessadamente inspirado em *A Dama das Camélias*, conforme se lê no "Prólogo do Autor"[3]. O título da peça não oculta uma segunda fonte e sugere o óbvio, isto é, que se trata de uma versão masculina do universo retratado por Barrière e Thiboust. De fato, pode-se dizer que o objeto central de *Os Homens de Mármore* é a prostituição moral de três personagens: um usurário, um aristocrata desonesto, caça-dotes, e um político corrupto. A peça condena o casamento por conveniência, a realeza do dinheiro e o ócio da nobreza decadente, contrapondo a tudo isso as virtudes burguesas, tais como o trabalho, a honradez e a honestidade.

Se pelo lado das idéias Mendes Leal Jr. aproxima-se das comédias realistas francesas, a retórica inflamada de algumas cenas e a veemência dos sentimentos denunciam sua dívida para com os procedimentos românticos. Mais próximo de Barrière do que de Dumas Filho, não se libertou do próprio passado, como denotam, entre outros dramas, *Os Homens de Mármore*, *Pedro* e *A Escala Social*, representados no Ginásio. Os críticos brasileiros perceberam o ecletismo do autor e apontaram as qualidades e defeitos de suas produções. Machado de Assis, por exemplo, con-

---

2. Vitor Manuel Aguiar e Silva, "O Teatro de Atualidade do Romantismo Português", separata da *Revista de História Literária de Portugal*, Coimbra, 1964, v. II, p. 131.

3. José da Silva Mendes Leal Jr., *Os Homens de Mármore*, 2ª ed., Lisboa, Tip. do Panorama, 1862.

siderava salutar a "tendência liberal" de *Pedro* — a peça opõe a ascensão de um homem simples pelo seu trabalho e valor pessoal à derrocada de um nobre despreparado para os tempos modernos —, mas observava: "Separo-me talvez em alguns pontos na maneira de vestir o pensamento"[4]. Quintino Bocaiúva, por sua vez, não gostava dos "fatigantes lances" da ação de *Os Homens de Mármore*, como escreveu no *Diário do Rio de Janeiro* a 12 de setembro de 1856. Esses senões não evitaram que Mendes Leal Jr. fosse um dos dramaturgos portugueses mais solicitados pelo Ginásio. De sua autoria foram também representadas as comédias *Quem Porfia Mata Caça*, *O Tio André que vem do Brasil*, *A Afilhada do Barão* e *Epitáfio e Epitalâmio*.

O "drama da atualidade" — expressão que os críticos portugueses adotaram para se referir ao repertório de peças escritas sob a influência do teatro realista francês — encontrou em Augusto César de Lacerda um artesão competente. À semelhança de Mendes Leal Jr., ele começou a carreira com dramas históricos e cultivou também o drama sacro e o drama marítimo. Mas a melhor porção da sua obra, afirma Luiz Francisco Rebello, são os chamados dramas da atualidade, pois apesar de um certo convencionalismo do enredo "há neles uma segurança de construção e uma agilidade dialogal que lhes concedem um lugar à parte nesse repertório"[5]. Em 1856, o Ginásio pôs em cena *Cinismo, Ceticismo e Crença*, *Dois Mundos* e *A Última Carta*. Apreciando-as em conjunto, a 31 de julho de 1856, no *Diário do Rio de Janeiro*, Quintino Bocaiúva não demonstrou grande entusiasmo pelo dramaturgo português:

> O Sr. Lacerda é um novo escritor que acaba de alistar-se nas bandeiras da literatura portuguesa. Inspirado pela nova escola dramática, que tem os seus principais representantes em T. Barrière e Alexandre Dumas Filho, colocou o seu talento à disposição de uma inspiração alheia, e tem apresentado ultimamente alguns dramas, em que é força reconhecer-se a revelação do talento de seu autor. Dotado de grande conhecimento da cena, sabe perfeitamente medir o efeito dos lances arriscados e imprevistos. Falta-lhe porém o gênio criador. Viciado pela origem de sua estréia, imita mais do que compõe, limita-se antes a acomodar uma inspiração que não é sua a uma forma, a uma realização dramática.

Restrições semelhantes a essas foram feitas por Sousa Ferreira em outros folhetins. De um modo geral, César de Lacerda

---

4. J. M. Machado de Assis, *Crítica Teatral*, p. 155.
5. Luiz Francisco Rebello, *O Teatro Romântico (1838-1869)*, Lisboa, Instituto de Cultura e Língua Portuguesa, 1980, p. 82.

agradou mais pelo conteúdo do que pela forma de suas peças. A linguagem por vezes malcuidada e o entrecho nem sempre bem-arquitetado foram defeitos apontados por críticos brasileiros, que todavia elogiaram as qualidades morais do autor, marcadamente preocupado em glorificar o trabalho honrado, a honestidade e a pureza das donzelas. Machado de Assis, por exemplo, ao comentar uma reencenação de *Dois Mundos* – uma peça que opõe o mundo da aristocracia decadente ao mundo do trabalho operário –, observa que "toda a vantagem fica ao mundo das pobrezas honestas", demonstração positiva de que "o elemento democrático é uma proeminência em algumas das composições de César de Lacerda"[6]. Desse dramaturgo português o Ginásio encenou também *A Probidade, Os Filhos dos Trabalhos, Aristocracia e Dinheiro* e *Homens do Mar*.

Quanto a Ernesto Biester, pode-se dizer que foi o mais produtivo e importante dramaturgo português de seu tempo. Entre 1854 e 1866 ele escreveu cerca de quinze peças bem-sucedidas, tornando-se a figura dominante da cena portuguesa. Não fosse sua produção regular, observou um crítico da época, Luís de Araújo, "haveria ausência quase completa de peças originais e o drama da atualidade, o drama da escola realista, seria substituído por incorretas imitações ou por versões mascaradas"[7]. No Rio de Janeiro, o Ginásio, também preocupado em suprir a sua cena com as peças do repertório realista, representou cinco peças do dramaturgo português, entre 1858 e 1861: *A Redenção, A Caridade na Sombra, Rafael, Duas Épocas da Vida* e *Os Homens Sérios*.

Biester, como Mendes Leal Jr. e César de Lacerda, deu à sua obra uma dimensão edificante, por meio da crítica aos vícios que queria extirpados da sociedade. Moralista ferrenho, verberou a agiotagem, a usura, a riqueza acumulada ilicitamente, o casamento por conveniência, a calúnia, o sedutor de moças ingênuas, o jornalismo desonesto, o ócio improdutivo, contrapondo a tudo isso os valores éticos da burguesia. Biester explicitou sua adesão ao realismo teatral em alguns prefácios e textos críticos, dos quais selecionamos esta passagem:

> Sempre foi opinião nossa, arreigada [*sic*.] e íntima que o teatro deve ser a reprodução verdadeira dos costumes contemporâneos, da vida do nosso tempo, da sociedade atual, pintando assim uma época, que pode mais tarde servir à crônica, fazer-se por ele uma idéia completa, ou pelo menos aproximativa, dos hábi-

---

6. J. M. Machado de Assis, *Crítica Teatral*, p. 139.
7. Vitor Manuel Aguiar e Silva, "O Teatro de Atualidade...", p. 151.

tos e das tendências do século, seguindo de perto os vestígios da história social ou familiar, e reconstituindo-se pelo pensamento uma civilização eclipsada[8].

O desejo de criar uma dramaturgia que fosse um documento de época seduziu Biester, Mendes Leal Jr., César de Lacerda e alguns outros dramaturgos portugueses que se juntaram a eles, como Gomes de Amorim, Alfredo Hogan e o escritor romântico Camilo Castelo Branco. Apenas o primeiro não foi representado no nosso Ginásio. Do segundo subiu à cena a comédia-drama *Ninguém Julgue pelas Aparências*. E de Camilo nada menos que cinco peças, sem contar uma comédia curta: *A Justiça*, *Purgatório e Paraíso*, *Espinhos e Flores*, *Abençoadas Lágrimas* e *A Vingança*, esta em parceria com Biester.

Como se vê, somadas as peças do repertório francês às do repertório português – nem todas foram mencionadas –, chega-se a um número bastante expressivo. A hegemonia dos autores estrangeiros na cena do Ginásio foi completa entre 1855 e 1860. Nesse período apareceram pouquíssimas produções brasileiras e, sob a inspiração do repertório francês, apenas um escritor aventurou-se no terreno dramático: José de Alencar. Em 1857, depois de estrear com uma comédia despretensiosa, *O Rio de Janeiro, Verso e Reverso*, ele pôs em cena *O Demônio Familiar* e *O Crédito*, duas comédias escritas nos moldes prescritos por Alexandre Dumas Filho. Em 1858, a representação de *As Asas de um Anjo* demonstrou mais uma vez a afinidade estética de Alencar com o repertório do Ginásio.

O exemplo do escritor brasileiro demorou um pouco a ser seguido, a despeito da enorme repercussão que suas peças obtiveram. Mas a partir de meados de 1860 e durante cerca de dois anos e meio ocorreu um fenômeno extraordinário: a dramaturgia nacional floresceu e foi absolutamente hegemônica no palco do Ginásio. Em julho de 1860, Quintino Bocaiúva ofereceu a peça *Onfália* a Furtado Coelho, que a representou no Teatro das Variedades. Em setembro do mesmo ano, *Luxo e Vaidade*, de Joaquim Manuel de Macedo, atraiu multidões ao Ginásio. E em dezembro estreou *A Época*, de Aquiles Varejão. Em 1861 destacaram-se sete originais brasileiros no Ginásio: *O Cínico*, de Sizenando Barreto Nabuco de Araújo; *Os Mineiros da Desgraça*, de Quintino Bocaiúva; *A Torre em Concurso* e *O Novo Otelo*, de Joaquim Manuel de Macedo; *Sete de Setembro*, de Valentim José

---

8. *Idem*, pp. 151-152.

da Silveira Lopes; *A História de uma Moça Rica*, de Pinheiro Guimarães; e *A Resignação*, de Aquiles Varejão.

Os intelectuais saudaram na imprensa essa explosão de criatividade. "Começamos a ter teatro nacional", exclamou satisfeito o folhetinista Henrique César Muzzio, no *Diário do Rio de Janeiro*, a 28 de julho de 1861. No *Jornal do Comércio*, a 7 de outubro do mesmo ano, Joaquim Manuel de Macedo elogiou a companhia dramática do Ginásio nestes termos:

> E notavelmente tem ela conseguido provar que é possível no Brasil alimentar-se um teatro com dramas originais compostos por Brasileiros, o que quer dizer – desenvolvimento e progresso da literatura dramática nacional.
>
> Ao espaço de um ano seis, pelo menos seis escritores nacionais viram composições suas representadas no teatro do Ginásio, sendo todas mais ou menos bem aceitas e aplaudidas.

Em 1862, o repertório nacional foi acrescido de novas produções. Subiram à cena do Ginásio: *De Ladrão a Barão*, de Francisco Álvares de Araújo; *Os Tipos da Atualidade*, de França Júnior; *Amor e Dinheiro*, de Valentim José da Silveira Lopes; *Um Casamento da Época*, de Constantino do Amaral Tavares; e *Lusbela*, de Joaquim Manuel de Macedo.

No Ateneu Dramático, companhia criada em maio de 1862, foram representadas *O Caminho da Porta* e *O Protocolo*, de Machado de Assis, e *O que é o Casamento?*, de José de Alencar.

O mínimo que se pode afirmar, diante desse número razoável de autores e peças, é que a renovação teatral levada a cabo pelo Ginásio não ficou sem uma resposta brasileira. Se inicialmente os intelectuais manifestaram sua simpatia na imprensa diante das peças estrangeiras, depois arregaçaram as mangas e produziram um repertório que por algum tempo esteve no centro da vida teatral. Pena que esse momento de vitalidade não tenha durado mais. Nos anos de 1863, 1864 e 1865 diminuem sensivelmente as estréias de peças brasileiras. Se não contarmos três ou quatro comédias, apenas seis produções merecem menção: *A Túnica de Nessus*, de Sizenando Barreto Nabuco de Araújo; *Gabriela* e *Cancros Sociais*, de Maria Angélica Ribeiro; *Punição*, de Pinheiro Guimarães; *Os Miseráveis*, de Agrário de Meneses; e *O Cativeiro Moral*, de Aquiles Varejão.

1.2. A RIVALIDADE COM O TEATRO SÃO PEDRO DE ALCÂNTARA

Quando o Ginásio começou a representar as peças do realismo teatral francês, seu prestígio entre a jovem intelectualidade brasileira firmou-se definitivamente. Na imprensa, o que antes fora simpatia transformou-se em apoio quase irrestrito ao novo repertório e ao estilo de interpretação menos enfático, mais natural, que os artistas passaram a adotar. As diferenças entre o Ginásio e o São Pedro de Alcântara tornaram-se, então, cada vez maiores. E os folhetinistas e articulistas encarregaram-se de escrever sobre essas diferenças, alimentando uma rivalidade que durou de 1855 até meados de 1862, quando João Caetano, doente, encerrou a carreira dramática, um ano antes de morrer. Pode-se dizer que, nesse período, conviveram nos palcos do Rio de Janeiro duas estéticas teatrais antagônicas: a romântica e a realista. De um modo geral, o Ginásio, representando o novo, teve a seu lado a maioria dos folhetinistas. Mas João Caetano, por sua vez, era um ator inigualável, de talento superior, como reconheciam até seus adversários, e tinha público e admiradores fiéis.

A leitura dos jornais da época dá excelentes condições para se avaliar a extensão e a importância da rivalidade entre as duas companhias dramáticas. É possível, por exemplo, perceber as diferenças entre os respectivos repertórios, que definem de imediato as feições próprias e inconfundíveis de cada uma. Quer dizer, longe de ter sido uma disputa meramente empresarial, a rivalidade surgiu de opções estéticas diferentes, que se refletiram no conjunto de peças apresentadas ao público fluminense. O Ginásio, como vimos, caracterizou-se sobretudo por ter introduzido o repertório realista, mais afinado com a sensibilidade "moderna" do decênio de 1850. Em setembro de 1859, Machado de Assis resumia assim o papel do Ginásio: "Iniciou ao público da capital, então sufocado na poeira do romantismo, a nova transformação da arte – que invadia a esfera social [...] Efetivamente, marcou uma nova era na arte"[9].

O repertório do São Pedro de Alcântara, por sua vez, não apresentou as marcas da renovação. Entre 1855 e 1862, João Caetano manteve-se fiel ao gênero de peças que sabia representar, isto é, às tragédias neoclássicas, aos dramas românticos e melodramas. Mesmo quando pôs em cena peças novas, geralmente

---

9. J. M. Machado de Assis, *Crítica Teatral*, p. 40.

traduzidas do francês, foi buscá-las nos repertórios de teatros parisienses, como o *Porte Saint Martin*, o *Ambigu* e principalmente o *Gaité*. A respeito do público que os freqüentava, sobretudo o último, escreveu o folhetinista Sousa Ferreira, a 24 de março de 1856, no *Diário do Rio de Janeiro*: "O público desse teatro não quer estudos sociais, nem pintura de caracteres; são-lhe precisas emoções de calibre, choques elétricos, assassinatos, suicídios, envenenamentos, raptos, que sei eu?".

Os jovens intelectuais não se cansaram de criticar o repertório do São Pedro de Alcântara e, por extensão, o estilo de interpretação de João Caetano, que lhes parecia tão anacrônico em seus exageros quanto as peças que representava. No Ginásio, ao contrário, as comédias realistas impuseram aos artistas o aprendizado de uma certa naturalidade em cena – nos gestos, na voz, no andar etc. –, de modo que as diferenças entre as duas companhias acentuaram-se também no terreno da interpretação.

Os principais rivais de João Caetano foram Furtado Coelho e Joaquim Augusto, sobretudo a partir de 1859, ano em que trabalharam juntos no Ginásio. O nível dos espetáculos, a julgar pelos depoimentos dos folhetinistas – leiam-se a propósito as críticas teatrais de Machado de Assis, acessíveis em forma de livro –, foi excelente. A platéia fluminense e os críticos encantaram-se com a gestualidade contida, a voz bem-modulada e os gestos elegantes de Furtado Coelho, o "galã" da companhia, o primeiro artista do Ginásio que realmente poderia ameaçar a glória até então inabalável de João Caetano.

Em novembro de 1859, uma polêmica envolvendo admiradores dos dois artistas e das duas companhias teatrais ocupou um largo espaço no *Jornal do Comércio*. João Caetano havia reencenado um velho drama, *O Sineiro de S. Paulo*, e as críticas negativas dos folhetinistas foram respondidas por alguns articulistas anônimos, numa discussão que se estendeu de 4 de novembro a 2 de dezembro. O interessante dessa polêmica é que um de seus textos, assinado por "um artista dramático", descreve perfeitamente o estilo de interpretação de Furtado Coelho, em oposição ao de João Caetano. Trata-se de um documento precioso para se compreender as diferenças entre o ator formado nas escolas neoclássica e romântica e o ator do teatro realista. A citação é longa, mas necessária:

O que é um teatro? É uma sala de reuniões aonde o público concorre para ver em quadros vivos e ouvir o enredo desses quadros. Que é preciso fazer para satisfazer o público que vem para ver e ouvir? É apresentar-lhe as personagens na melhor posição para gozar da fisionomia delas e pronunciarem os artistas de maneira que ele não perca nada do que se diz em cena.

Os artistas devem procurar representar naturalmente, mas o natural do teatro que não é o natural de uma conversa particular. Se se pinta de uma maneira diferente para o teatro do que para ser visto de perto, pela mesma razão se deve falar no teatro para ser ouvido de longe e sustentar a voz, e articular de maneira que preencha a distância que há do público aos atores.

O jogo de fisionomia sendo uma parte essencial da arte, deve-se portanto apresentar o rosto dos atores o mais que for possível ao público, para ele gozar desse jogo de fisionomia, salva [sic] algumas exceções, mas que devem ser poucas e muito curtas.

Qual é a primeira coisa que deve fazer um ator? É afinar a voz e adquirir uma dicção correta; isto é dos primeiros rudimentos da arte dramática; pela mesma razão que antes de um instrumentista tocar deve afinar seu instrumento e ter feito bastantes escalas e outros exercícios para ter os meios de execução que lhe faltariam se não se tivesse preparado com estes trabalhos. Deve também o ator estudar a arte de respirar, quer na declamação, como no canto, uma das grandes dificuldades.

Além destes estudos preparatórios há também a parte prática da arte que não se pode adquirir senão no palco; representando é que Talma confessa nas suas memórias ter gasto vinte anos a adquiri-la para entregar-se então à composição das personagens que representava.

Haverá outra arte dramática que não derive destes preceitos enunciados? Decerto que não; porque quando uma arte tem atingido a perfeição, não se pode ir além, não se pode seguir outras regras que as que foram dadas pelos grandes artistas desta arte; como os Preville, Lekain, Molé, Talma, Mlle. Lecouvreur, Dusmenil, Clairou, Mars, que tocaram a meta.

Ora, muito bem, se não há uma arte para a declamação como se nos apresenta o *teatro Ginásio* como representante de uma nova arte dramática, uma nova maneira de representar importada e inventada pelo Sr. Furtado Coelho?

O Sr. Furtado é sem dúvida um moço inteligente, a quem a natureza dotou de boas qualidades para vir a ser um bom ator, mas a quem falta [sic] os estudos preparatórios e a prática indispensável para ser, não diremos um mestre, mas um artista regular.

Passamos a provar o que avançamos.

O Sr. Furtado não sustenta a voz, e para quem está colocado no meio da platéia parece ter voz de doente, e não se entende metade do que ele está dizendo, tão fraca é sua pronúncia e sua voz. O Sr. Furtado afeta de virar as costas ao público o mais que pode, e quase sempre fala de perfil, de maneira que evita a dificuldade do jogo de fisionomia. Se o Sr. Furtado tem uma tirada calorosa, ou a diz com tanta volubilidade que não se percebe, ou tão devagar que se torna fria. Se tem uma declaração amorosa a fazer, ainda a faz friamente porque não estudou e por conseguinte não tem os meios de executá-la satisfatoriamente. E tudo isso num teatro pequeno, em peças com paixões pequenas e pequeno desenvolvimento; que seria se ele fosse representar no teatro de S. Pedro, em peças fortes e paixões com grande desenvolvimento, aonde é preciso dar mais largura à declamação, ao acionado, à voz, à articulação, ao andar em cena?

O ator deve ser um Proteu, que muda de figura conforme a personagem que representa, e o Sr. Furtado com seus bigodes, de que usa na rua, apresenta sempre a mesma fisionomia em todos os papéis. Pois se é verdade que ele tem uma vocação decidida pela arte, não deve fazer o sacrifício dos seus bigodes à mesma arte?

Esta maneira de representar vai de encontro a todas as regras da arte e do bom senso, e longe de ser apresentada como modelo deve se fugir dela se se quer fazer algum progresso [...]

Tudo que temos dito não deve ofender o Sr. Furtado, o futuro é seu: estude muito e muito; procure quem lhe dê conselhos; pratique longos anos; reflexione muito: veja como fala francês, se alcança a arte dramática escrita pelo artista Aristippe; as memórias de Lekain, Talma, de Mlle. Dumesnil, Clairon e sobretudo de Mme. Talma: leia-as; medite-as, faça esforço para pôr em prática o que encontrar nelas, e provavelmente se tornará um bom ator e regenerará para sempre a maneira defeituosa e errada com a qual encetou a sua carreira dramática.

O autor do texto teve o cuidado de não mencionar uma única vez o nome de João Caetano. Mas toda a parte que antecede as críticas a Furtado Coelho é uma defesa de princípios que o ator expôs em suas *Lições Dramáticas*, notadamente os que se referem ao jogo de fisionomia, à voz, à respiração e ao "natural" distanciado do real. Do mesmo modo, os autores mencionados pelo articulista também foram lidos por João Caetano, como demonstrou cabalmente Décio de Almeida Prado em seu *João Caetano e a Arte do Ator*. As restrições feitas a Furtado Coelho, por outro lado, iluminam a interpretação realista, na qual a voz, o jogo de fisionomia, o andar em cena, tudo obedece ao princípio da reprodução da realidade exterior. O artista irrita-se com a naturalidade da voz, dos gestos, e com os próprios bigodes de Furtado Coelho, o que não deixa de ser engraçado. Mas a informação mais importante é a que diz respeito à instauração da chamada "quarta parede" nos espetáculos do Ginásio. Como os artistas do *Gymnase* de Paris, Furtado Coelho também virava as costas ao público, representando como se não houvesse platéia, isto é, como se a ação se passasse entre quatro paredes.

A rivalidade entre o São Pedro de Alcântara e o Ginásio, no tocante ao estilo de interpretação de seus principais artistas, pode ser ilustrada com outro episódio, no qual estiveram diretamente envolvidos João Caetano e Joaquim Augusto. O segundo, a 25 de abril de 1861, interpretou com muito sucesso o papel principal do drama em cinco atos *O Pelotiqueiro* (*L'Escamoteur*), de Adolphe Dennery e Jules Brésil. Pois no dia 3 de maio João Caetano pôs em cena o mesmo drama, com o título *O Prestigiador*, interpretando também o papel principal. A oportunidade para se comparar o trabalho dos dois artistas não poderia ser melhor. Joaquim Augusto, nessa altura, era o primeiro ator do Ginásio – Furtado

Coelho estava fora do Rio de Janeiro — e conquistara essa posição de relevo com muito estudo e dedicação. João Caetano, por sua vez, fazia sua reentrada no São Pedro de Alcântara após uma ausência de cerca de sete meses, período em que esteve viajando pela Europa.

O drama *L'Escamoteur* não era nenhuma obra-prima, mas oferecia um papel que dava margem a um desempenho marcante: o de Beaujolais, um charlatão que vive de expedientes desonestos, espécie de mágico, vidente e saltimbanco aventureiro. Num vilarejo do interior da França, ele aceita participar de um golpe tramado por Darmentières, um aristocrata interessado na herança do tio, o Conde de Varennes. Darmentières havia descoberto que o Conde não era pai de Helena, a herdeira que não o quis como noivo. Para não perder a fortuna da família, ele paga um bom dinheiro a Beaujolais, que se apresenta ao Conde como o verdadeiro pai da mocinha, levando-a consigo. Como é comum nesse tipo de peça, um pequeno cofre guarda uma carta da mãe de Helena, morta quando ela era bebê. Beaujolais lê a carta, um relato das circunstâncias do nascimento de Helena, e vem a saber, estupefato, que ela era verdadeiramente sua filha. A peça explora essa incrível coincidência, uma autêntica armadilha do destino que modifica completamente o caráter do aventureiro. A partir desse momento, revela-se em Beaujolais o coração do pai. Ele agora só pensa em proteger Helena. Assim, guarda para si o segredo da paternidade, desmascara Darmentières, dizendo ao Conde que foi pago para representar o papel de pai de Helena, e para garantir a felicidade da filha, que poderá então voltar à casa do Conde e casar-se com o rapaz a quem ama, nega ser seu pai, num lance dramático de nobreza que o redime dos erros do passado.

Como se vê, a peça não pertencia ao repertório realista. Mas o papel de Beaujolais, por outro lado, não era inteiramente dramático. Até o final do quarto ato, quando é lida aquela carta surpreendente, o caráter do personagem é essencialmente cômico. João Caetano sentiu alguma dificuldade para interpretar o Beaujolais charlatão, segundo a crítica da época. Eis o que escreveu o cronista "Carlos", da *Revista Popular*:

> João Caetano imitou um tipo para nós desconhecido, e desenvolveu-o em toda a altura do talento de que dispõe; esforçou-se, por transmitir-lhe o cunho da naturalidade, sacrificou a sua bela voz, sujeitou o corpo a um movimento ingrato, e nem assim agradou até quase ao fim do 4º ato; daí em diante surgiu da

imitação o artista criador de um novo papel, a natureza deu-lhe a mão, e a arte triunfou[10].

Na parte mais intensamente dramática da peça, João Caetano agradou. Sua especialidade, afinal, eram os papéis fortes, emotivos. O resultado geral da interpretação, porém, foi irregular, o que levou o cronista da *Revista Popular* a preferir a montagem do Ginásio, na qual o desempenho de Joaquim Augusto, a seu ver, foi "ótimo".

No *Jornal do Comércio*, a 6 de maio, Joaquim Manuel de Macedo referiu-se à interpretação de João Caetano com argumentos idênticos aos que lemos acima. Depois de elogiar demoradamente o passado artístico do ator, afirma que será "franco e severo" com ele:

No papel de Beaujolais, o Sr. João Caetano, procurando com louvável empenho criar o tipo do Prestigiador charlatão especial da França, por amor da arte sem dúvida, prendeu, encadeou a sua felicíssima natureza em laços de ferro, e deu especialmente à sua pronúncia uma inflexão de voz que se tornou monótona, e que me pareceu mal cabida na pronunciação portuguesa; felizmente porém Beaujolais, o charlatão, desapareceu diante de Beaujolais o pai; desapareceu talvez demais, visto que o tipo havia sido adotado tal; mas ao menos o esforço do amor paternal quebrou aquelas cadeias, e no reconhecimento da filha no quarto ato, e ainda no final do quinto, o talento fez explosão, e foi coroado por bravos e aplausos bem merecidos.

É importante observar que Joaquim Manuel de Macedo escreveu essas palavras uma semana após ter elogiado o desempenho de Joaquim Augusto, sem qualquer tipo de restrição. Eis o que havia dito em sua "Crônica da Semana" de 29 de abril:

No papel de Beaujolais o Sr. Joaquim Augusto alcançou um dos seus mais brilhantes triunfos. No segundo ato ostentou com habilidade rara todo o palavroso charlatanismo de um pelotiqueiro.
Nos dois últimos atos teve momentos de verdadeira inspiração: pronunciou certas frases com esse acento da consciência e da alma, de que só os verdadeiros artistas conhecem o segredo. O reconhecimento da filha no quarto ato arrancou lágrimas de todos os olhos. No final do quinto ato o "adeus! adeus!" da última fala achou eco em todos os corações.

Não há dúvida quanto à preferência de Joaquim Manuel de Macedo. O desempenhho de Joaquim Augusto pareceu-lhe melhor ou pelo menos mais harmonioso em toda a extensão da peça,

---

10. *Revista Popular*, Rio de Janeiro, abr.-jun. 1861, tomo X, p. 255.

isto é, na parte mais jocosa e nos momentos de maior dramaticidade. Em seu folhetim, Macedo elogia também o estilo de interpretação realista de Joaquim Augusto, em termos que nos permitem perceber claramente a renovação teatral levada a cabo pelo Ginásio no que diz respeito à arte do ator:

> É um ator de consciência e de verdade: não hesita em sacrificar um movimento, uma explosão que lhe renderiam aplausos para respeitar a verossimilhança e a expressão fiel da natureza que fala.
> Quando ele entra em cena, o espectador como que se esquece de que está no teatro, e parece-lhe que o que se representa na cena está na verdade se passando. Não exagera, nem se abate: conserva as situações, põe em ação os sentimentos nas suas justas proporções, e tem assim o condão de sustentar a ilusão por modo tal, que a ilusão se afigura realidade.

É claro que o elogio transcende a interpretação do papel de Beaujolais. Macedo admira Joaquim Augusto como ator realista e realça sua capacidade de evitar os exageros e de criar a ilusão da realidade, uma emoção estética diferente da que era proporcionada pelos rompantes nervosos de João Caetano ou de seus discípulos no Teatro São Pedro de Alcântara.

1.3. O REALISMO EM CENA

São muitos os depoimentos acerca do realismo instaurado na cena do Ginásio, deixados sobretudo pelos folhetinistas que se ocuparam em registrar o movimento semanal dos teatros. Já vimos boa parte deles quando comentamos as representações das peças de Dumas Filho, Augier, Barrière e Feuillet. Há pouco vimos também como Furtado Coelho e Joaquim Augusto criaram um novo estilo de interpretação, inspirados pela idéia de reproduzir a realidade no palco. Mas há outras informações que merecem vir à luz, para que o quadro das realizações teatrais do período ganhe mais consistência e clareza.

A montagem de *A Última Carta*, de Augusto César de Lacerda, em fins de julho de 1856 provocou uma pequena mas reveladora discussão a respeito da "disposição cênica" dos móveis, feita com evidente propósito realista por Furtado Coelho, na época ensaiador do Ginásio. Quintino Bocaiúva, folhetinista do *Diário do Rio de Janeiro* e francamente favorável às inovações, recebeu uma longa carta de um amigo, assinada apenas pela inicial "J", na qual *A Última Carta* sofre uma série de críticas. O que nos interessa, particularmente, é a restrição feita ao "luxo de *realismo*" da montagem:

> Segundo me disseram, o ensaiador do Ginásio é moço de talento conhecido, e tem amor à arte; verifiquei pela disposição cênica que tinha bom gosto. Mas confesso-te que não concordo com aquela distribuição de cadeiras e sofás no primeiro ato, pondo os atores de costas para o público; é um luxo de *realismo* no teatro, onde o sol é de papel, as nuvens de papelão, e o mar um lençol passado pelo anil. Olha, um sofá de um lado, uma conversadeira no centro, as atrizes sentadas aqui e ali, os atores em torno delas borboleteando ou vendo jogar o *whist*, produzia mais efeito.

Quintino Bocaiúva transcreveu essas palavras no folhetim de 7 de agosto e deu-lhes resposta na semana seguinte, nestes termos:

> Entretanto permita-me o meu amigo que discorde de sua opinião, quando entendeu um luxo de *realismo* a disposição cênica do teatro, que obrigou alguns atores a dar as costas ao público.
> O palco é um campo neutro, consintam-me; o ator não tem costas. Ele é surpreendido em sua casa pelo público, só com a diferença de que é sempre surpreendido em posições visíveis, em situações discretas.
> No palco há a vida, e seu desenvolvimento tal qual como no mundo.
> Não acho pois inconveniente, e muito menos fora do natural que o ator que está sentado a uma mesa de jogo, por exemplo, tenha as costas voltadas para o público, como num salão estaria também voltado para as pessoas, por mais distintas que fossem, que assistissem, ou tivessem ido vê-lo jogar.

Algumas considerações se impõem diante dessas palavras. A primeira diz respeito ao esforço de renovação empreendido pelo Ginásio no sentido de criar uma *mise-en-scène* realista, caracterizada não só pela naturalidade dos artistas em cena mas sobretudo pela idéia de que deviam representar com o corpo inteiro, sem a preocupação de falar sempre de frente para a platéia. Mais uma vez, portanto, estamos diante de um texto que contém idéias, ainda que simplificadas, da conhecida "teoria da quarta parede", segundo a qual o efeito ilusionista da representação teatral se alcança quando o ator "vive" o seu papel como se não estivesse diante de espectadores. Ninguém ignora que essa teoria, a pedra de toque da estética teatral realista-naturalista, foi sistematizada e posta em prática com eficiência por Antoine, à frente do *Théâtre Libre*, em fins do século XIX. Mas a verdade é que bem antes, a partir de 1850, aproximadamente, muitos procedimentos do realismo cênico foram aos poucos invadindo os palcos franceses, principalmente o do *Théâtre Gymnase Dramatique* de Paris, dirigido pelo ensaiador Montigny.

As palavras de Quintino Bocaiúva são, portanto, mais uma evidência do engajamento dos folhetinistas nesse processo de assimilação das novas idéias teatrais vindas da França. O diálogo entre os artistas e os críticos, nesse momento, foi dos mais ricos. E o aprendizado do realismo teatral envolveu ambas as partes, alcançando também o público, que se orientava pela leitura dos jornais.

A contribuição dos folhetinistas foi evidentemente decisiva. Eles aplaudiram com entusiasmo as montagens bem-realizadas do ponto de vista do realismo e, em certos momentos, foram verdadeiros guardiões do efeito realista no teatro, apontando aos artistas algumas imperfeições nos seus desempenhos. Um bom exemplo disso está na "Gazetilha" do *Jornal do Comércio*, de 21 de fevereiro de 1862. O redator comenta a montagem de *Os Tipos da Atualidade*, de França Júnior, e condena o defeito do ator Graça, que a seu ver dirige-se às vezes afetadamente à platéia, tanto nos apartes quanto nos monólogos. Para demonstrar como isso prejudica o efeito realista, ele transcreve a opinião de "um autor de peso em tais matérias":

> Muitos atores têm o mau costume de dirigirem os seus apartes ao público, sendo aliás consigo mesmos que devem falar; demais, em caso nenhum há de o ator supor-se na presença de espectadores. Em geral devem os apartes ser desacompanhados de gestos, porque assim se tornam menos disparatados. Se temos de supor por momentos um surdo em cena, para não ouvir o que o seu interlocutor profere em voz alta, não nos façam sem necessidade supô-lo também cego para não ver os gestos do outro.

É uma pena que o redator da "Gazetilha" não dê o nome do autor das palavras transcritas. Mas se trata, sem dúvida, de uma reflexão importante sobre o anti-realismo de duas convenções do velho teatro, o aparte e o monólogo. Se ainda não há a defesa de seu desaparecimento da cena – o que de fato vem a acontecer no desenvolvimento da estética teatral realista –, há pelo menos a sugestão para que ambos se tornem "menos diparatados".

Outro aspecto importante do trecho transcrito é a referência implícita à "quarta parede" separando palco e platéia. A idéia de que o ator devia representar como se não estivesse diante de espectadores, fundamental para o teatro realista, foi quase sempre levada em conta pelos artistas do Ginásio. Se por vezes um ou outro esquecia-se disso, o folhetinista de plantão apontava-lhe os problemas causados por tal descuido. Sousa Ferreira, por exemplo, pediu maior naturalidade ao ator Amoedo, por ocasião da encenação de *O Mundo Equívoco*, de Dumas Filho, sugerindo-lhe que esquecesse o público diante de si. Com palavras semelhantes Machado de Assis dirigiu-se ao ator Militão, aconselhando-o a melhorar seu desempenho na comédia *Ovos de Ouro*: "Desejava que se mostrasse mais negligente e como que se esquecesse do público que tem diante de si. Haverá assim naturalidade"[11].

O que se percebe nos textos dos folhetinistas é que a naturalidade tornou-se a pedra de toque do estilo de interpretação realista. Os melhores artistas do Ginásio – Furtado Coelho, Joaquim Augusto e Gabriela da Cunha – sempre foram elogiados porque aliaram seu talento à capacidade de ser "naturais" em cena, o que significa que souberam evitar os exageros típicos da interpretação romântica, adequando-se às exigências do novo movimento teatral. Leia-se a propósito este elogio entusiasmado de Machado de Assis a Furtado Coelho:

> O que se nota neste artista, e mais que em qualquer outro, é a naturalidade, o estudo mais completo da verdade artística. Ora, isto importa uma revolução, e eu estou sempre ao lado das reformas. Acabar de uma vez essas modulações e posições estudadas, que faz do ator um manequim hirto e empenado, é uma missão de verdadeiro sentimento da arte. A época é de reforma, e a arte caminha par a par com as sociedades[12].

A questão da naturalidade está presente em várias críticas teatrais de Machado e de outros folhetinistas da época. Aliados do Ginásio, a obrigação jornalística os levava muitas vezes ao São Pedro de Alcântara, onde se irritavam com os artistas que julgavam ultrapassados. Eis, só para exemplificar, uma saborosa apreciação do ator Florindo, um discípulo de João Caetano, feita pelo cronista "Carlos", da *Revista Popular*: "Os rr do Florindo rrreboam até às bambolinas, arrrebentam de encontro aos bastidores, e, fazendo rrricochete, rrresvalam pela platéia e ferem ou ouvidos menos rrrasgados"[13].

A favor da naturalidade e contra todas as formas de exagero, os folhetinistas foram autênticos colaboradores dos ensaiadores e artistas do Ginásio. Em várias oportunidades, atores como Pedro Joaquim, Amoedo, Graça, Arêas e Heller receberam conselhos e sugestões para adequarem a voz, os gestos, o andar à *mise-en-scène* realista. É até curioso constatar que as críticas aos artistas do Ginásio eram geralmente polidas quando se tratava de corrigir

---

11. J. M. Machado de Assis, *Crítica Teatral*, p. 66.
12. *Idem*, p. 45.
13. *Revista Popular*, Rio de Janeiro, abr.-jun. 1861, tomo X, p. 127.

esse tipo de defeito. Mas quando os exageros partiam dos artistas do São Pedro de Alcântara, o conselho ou a sugestão eram muitas vezes substituídos pela impaciência ou mesmo pela ironia.

1.4. OS ARTISTAS

Um grande número de artistas passou pela cena do Ginásio, entre 1855 e 1865. Mas poucos, na verdade, alcançaram uma posição de destaque. Duas atrizes e dois atores parecem ter conquistado, mais que outros, os favores do público e da crítica especializada: Gabriela da Cunha, Adelaide Amaral, Furtado Coelho e Joaquim Augusto Ribeiro de Sousa. A julgar pelos depoimentos de seus contemporâneos, esses quatro artistas merecem ser lembrados como os verdadeiros protagonistas da renovação teatral promovida pelo Ginásio.

Gabriela da Cunha nasceu no Porto, a 18 de dezembro de 1821, e estreou no teatro aos quatorze anos de idade. Veio para o Rio de Janeiro em 1837 e trabalhou alternadamente nos teatros São Januário, São Pedro de Alcântara e São Francisco, destacando-se inicialmente como "ingênua", isto é, como atriz de papéis delicados, talhados para moças novas e bonitas. Num livro saboroso, intitulado *Galeria Teatral*, Griphus – pseudônimo de José Alves Visconti de Coaracy – define a "ingênua" assim: "A ingênua tem obrigação de ser airosa, nem gorda nem magra, travessa, risonha, petulante. Temos a ingênua triste e a ingênua alegre. Alegre, porém, triste, a ingênua apaixona-se quase sempre pelo galã"[14].

Um esboço biográfico de Gabriela da Cunha, publicado no primeiro número de um jornal inteiramente dedicado aos fatos teatrais, *Entreato*[15], informa que a atriz revelou o seu talento também no desempenho de papéis mais dramáticos, atuando em peças como *O Cativo de Fez*, *Frei Luís de Sousa*, *O Trapeiro de Paris* e muitas outras. Mas segundo o autor do texto, infelizmente sem assinatura, Gabriela da Cunha só deu o melhor de si após entrar para o Ginásio, em 1855, pois "a índole do seu talento não comportava os desvarios da escola romântica e descabelada". Pa-

---

14. Griphus, *Galeria Teatral*, Rio de Janeiro, Tip. e Lit. de Moreira Maximino, 1884, p. 48.
15. A Biblioteca Nacional do Rio de Janeiro possui os quinze números desse hebdomadário que, salvo engano, teve duração efêmera: 1º de maio a 24 de setembro de 1860.

ra o articulista a atriz era "a melhor intérprete da escola moderna entre nós", opinião sustentada por todos os críticos daqueles tempos. Depois que Gabriela da Cunha interpretou os papéis de Marco, Marguerite Gautier e Suzanne d'Ange, nenhuma outra atriz do Ginásio foi tão incensada pelos folhetinistas como ela. Na linguagem da época, era uma "dama-galã" incomparável, isto é, uma "primeira atriz" que sabia interpretar como ninguém os principais papéis femininos de peças como *As Mulheres de Mármore* ou *A Dama das Camélias*.

Os depoimentos dos folhetinistas são provas irrefutáveis do grande prestígio de Gabriela da Cunha. Eis o que disse Sousa Ferreira, em folhetim publicado no *Diário do Rio de Janeiro*, a 13 de junho de 1856: "Como Eugênia Doche em Paris, a Sra. Gabriela criou entre nós o papel de Margarida Gautier; a outras só resta imitá-la". O entusiasmo de Machado de Assis, numa página pouco conhecida, não é menor:

> Confesso, não me cansa nunca esse magnífico drama. Mas não me cansa com essa Margarida Gautier que a Sra. D. Gabriela nos sabe dar; frívola ao princípio, depois sentimental, depois apaixonada, resignada enfim do alto do seu amor, tendo percorrido a escala gradual desse sentimento lustral que a lava da culpa e lhe ergue uma coroa de flores em sua sepultura de tísica. Com essa Margarida pálida e arquejando do quarto ato, desvairada com a afronta de Armando, procurando colher e adivinhar as suas palavras e curvando-se pouco a pouco à proporção que elas lhe caem dos lábios, até ao grito final, expressão sintética de um despedaçar interno de ilusões e de vida. Com essa Margarida do quinto ato, abatida e prostrada, que morre quando parecia voltar à vida, com o riso nos lábios e a mocidade na fronte[16].

Machado era um admirador confesso de Gabriela da Cunha. Dedicou-lhe poemas e dirigiu-lhe tantos elogios em suas críticas teatrais que um de seus biógrafos, R. Magalhães Jr., julgou-o apaixonado pela atriz. Como ela era dezoito anos mais velha que ele, o biógrafo imaginoso arrumou logo uma explicação: Édipo diante de Jocasta[17]. Em livro anterior ao de Magalhães Jr., Jean-Michel Massa, biógrafo da juventude de Machado de Assis, já havia descartado essa hipótese de um amor edipiano – sugerida primeiramente por Vicente de Paulo Vicente de Azevedo – e interpretado o entusiasmo do escritor como resultado natural de

---

16. Essa crônica, de janeiro de 1860, foi publicada no número 19 do jornal *O Espelho*. Uma cópia desse texto, raríssimo, foi cedida por Plínio Doyle a R. Magalhães Jr., que transcreveu parte dele no 1º volume de seu *Vida e Obra de Machado de Assis* (Rio de Janeiro, Civ. Brasileira/MEC, 1981, p. 121).

17. R. Magalhães Jr., *Vida e Obra de Machado de Assis*, v. 1, pp. 115-127.

seu "interesse pelas coisas do teatro e um contato com artistas e cantores"[18].

Não é necessário arrolar aqui todos os papéis desempenhados por Gabriela da Cunha no Ginásio. Mas alguns de seus maiores sucessos, além dos já mencionados, foram alcançados em peças como *Por Direito de Conquista*, de Ernest Legouvé; *Romance de um Moço Pobre*, de Feuillet; *Rafael* e *Os Homens Sérios*, de Ernesto Biester; e *Dois Mundos*, de Augusto César de Lacerda. Nas "Páginas Menores" do *Correio Mercantil* de 26 de dezembro de 1859, um folhetinista observou que a atriz possuía "o raro segredo de comover sem exagerar" e que sua voz e gestos tinham uma simpatia que dominava e impressionava a platéia. Furtado Coelho, que a viu pela primeira vez no papel da baronesa Suzanne d'Ange do *Demi-Monde*, impressionou-se com a sua capacidade de reproduzir a "verdade" da personagem: "A Sra. D. Gabriela, no *Mundo Equívoco*, é, sem questão, uma elegante e sedutora baronesa dos salões da atualidade", escreveu no *Correio Mercantil*, a 28 de março de 1856. Furtado Coelho contracenou posteriormente com ela e jamais deixou de admirá-la. Numa carta escrita a Sousa Bastos em 1893, afirmou que ela fora "primeira entre as primeiras"[19] e que o seu talento só podia ser comparado com o da grande atriz portuguesa Emília das Neves. Em sua *Carteira do Artista*[20], Sousa Bastos dá uma série de informações biográficas a respeito de Gabriela da Cunha, ressaltando que ela era uma mulher de finíssima educação, que falava e escrevia perfeitamente o português, o francês e o italiano. Filha da atriz e escritora Gertrudes Angélica da Cunha, casou-se no Rio de Janeiro com José De-Vecchi, também ator, e faleceu na Bahia em 1882. Sobre a qualidade e a importância de seu trabalho no Ginásio, leiamos, por fim, estas palavras do jornal *Entreato*:

> D. Gabriela da Cunha tem uma carreira feita e um nome distinto. Mais nossa que portuguesa, representa a nacionalidade dramática deste clima americano que lhe foi pátria.
> Talento criador, abrange a comédia e o drama em sua ampla esfera. Artista de natureza e sentimento, a vida que dá às criações da cena vem espontânea e abundante, como a seiva do seu próprio talento [...].
> É uma glória nacional: quando se quiser definir esta época de reforma da arte no Brasil, o nome de Gabriela da Cunha há de ser um dos primeiros a invocar.

18. Jean-Michel Massa, *A Juventude de Machado de Assis*, Rio de Janeiro, Civilização Brasileira, 1971, p. 245.
19. Sousa Bastos, *Carteira do Artista*, Lisboa, 1898, p. 775.
20. *Idem*, pp. 774-775.

A segunda atriz mais importante do Ginásio foi Adelaide Amaral. Sousa Bastos, na *Carteira do Artista*, afirma que ela nasceu em Lisboa, a 18 de agosto de 1837, e que em 1849 veio para o Rio de Janeiro, onde estreou no São Pedro de Alcântara, aos doze anos de idade. Talvez não sejam corretas as poucas informações de Sousa Bastos. No número 11 do *Entreato* há uma "Biografia" da atriz que resume seus passos até o ano de 1860 com detalhes que provavelmente foram passados ao redator do jornal por ela mesma. Em primeiro lugar, o nascimento foi em 18 de agosto de 1834, na cidade portuguesa de Ponta Delgada, nos Açores. O pai era comerciante, mas por motivos políticos mudou-se para Lisboa, onde Adelaide Amaral, aos dez anos, recebeu o diploma de bailarina. Durante algum tempo dançou no Teatro de São João, no Porto. O organismo fraco, entretanto, não lhe permitiu dar prosseguimento à carreira de bailarina. Sob a orientação do célebre ensaiador e ator Epifânio Aniceto Gonçalves, ela estreou como atriz no melodrama *Os Dois Sargentos*, de Théodore d'Aubigny e Auguste Maillard. Mais tarde, em Lisboa, trabalhou no Teatro do Salitre, na época em que Émile Doux era empresário e ensaiador, e também no Ginásio. Em 1849, Adelaide Amaral deixou Lisboa e chegou ao Rio de Janeiro em companhia dos pais, que morreram no ano seguinte, vítimas de uma doença epidêmica. Segundo o *Entreato*, o público fluminense gostou muito das primeiras interpretações da atriz:

Agradava principalmente na recém-chegada, a par de uma fiel compreensão dos caracteres que representava, a naturalidade com que os reproduzia, afastando-se dos grosseiros hábitos, dos vícios da velha escola de declamação que transforma os atores em pregoeiros de belas frases, cujo espírito e sentimento desprezam ou talvez desconhecem.

Essa tendência à "naturalidade" foi decisiva para a atriz firmar-se no Ginásio, onde se destacou inicialmente como "ingênua". De um modo geral, os folhetinistas elogiavam as suas interpretações em papéis cômicos ou nos papéis secundários das primeiras comédias realistas francesas apresentadas ao público fluminense. Mas no segundo semestre de 1857, aproveitando a ausência de Gabriela da Cunha, que fora trabalhar por uns tempos no Rio Grande do Sul, Adelaide Amaral demonstrou seu talento em vários papéis importantes, sobretudo aqueles criados por José de Alencar em *O Rio de Janeiro, Verso e Reverso, O Demônio Familiar* e *O Crédito*. De acordo com o *Entreato*, a atriz identificou-se com essas peças porque foram escritas sob a inspiração de Barrière, Dumas Filho, Feuillet, e pertenciam a "esse sistema da verdade cênica que detesta os pesados ornatos e a pompa fastidiosa dos partos da antiga escola". Alencar, no texto "A Comédia Brasileira", escrito a propósito da encenação de *O Demônio Familiar*, reservou um agradecimento a Adelaide Amaral e seu marido, Pedro Joaquim do Amaral, afirmando que eles "são um exemplo de que as obras nacionais é que hão de criar os grandes artistas"[21].

O prestígio da atriz junto ao público e à crítica só aumentou a partir de 1858. Depois de uma temporada gloriosa na Bahia e uma passagem pelo São Pedro de Alcântara, Adelaide Amaral tornou-se em 1860 a segunda "dama-galã" do Ginásio, disputando com Gabriela da Cunha os primeiros papéis. A rivalidade entre ambas, inevitável, acabou provocando o afastamento da atriz mais velha e experiente, que aceitou uma oferta de trabalho na Bahia. Durante quase todo o ano de 1861, Adelaide Amaral reinou sozinha na cena do Ginásio e viveu os melhores momentos da sua carreira. Além de atuar em peças estrangeiras de sucesso, como *O Pelotiqueiro* e *A Pecadora*, interpretou com brilho os papéis principais de cinco peças brasileiras: *Os Mineiros da Desgraça, O Cínico, A Resignação, A Torre em Concurso* e *História de uma Moça Rica*. Nesta última, segundo os críticos, ela alcançou o seu mais belo triunfo. Intelectuais como Francisco Otaviano, Henrique César Muzzio, Sousa Ferreira e Joaquim Manuel de Macedo, entre outros, não pouparam elogios ao seu desempenho.

Outro bom momento da carreira artística de Adelaide Amaral foi sua passagem por Pernambuco, em fins de 1865, início de 1866. A fama conquistada no Sul e as interpretações de seus melhores papéis garantiram-lhe aplausos da platéia e versos de poetas, entre os quais vale destacar Tobias Barreto. É bastante conhecida a disputa travada entre o seu grupo e o de Castro Alves, que preferia, logicamente, Eugênia Câmara – a futura amante –, atriz da mesma companhia de Adelaide Amaral. Segundo o relato de Afrânio Peixoto, as desavenças logo se tornaram invectivas e os versos insultuosos de ambas as partes acabaram provocando o rompimento das relações entre os dois poetas, antes amigos[22].

Quase não existem informações sobre a carreira de Adelaide Amaral nos anos posteriores a 1870. Artur Azevedo conta que ao

---

21. José de Alencar, *Obra Completa*, Rio de Janeiro, Aguilar, 1960, v. 4, p. 46.
22. Afrânio Peixoto, *Castro Alves: o Poeta e o Poema*, 5ª ed., São Paulo, Comp. Ed. Nacional, 1976, pp. 31 e 136.

chegar ao Rio de Janeiro, em 1873, "ela era uma sombra apenas do que tinha sido, errando melancolicamente de palco em palco, em companhia do marido, o ator Pedro Joaquim"[23]. Nessa ocasião, continua, viu-a na peça *Recordações da Mocidade* e achou-a "por demais lacrimejante", o que confirmava a alcunha de "chorona" que muitos lhe atribuíam[24]. Nessa crônica escrita a propósito da morte de Adelaide Amaral, ocorrida em setembro de 1899, Artur Azevedo lembra que a atriz "teve todas as honras da popularidade" nos bons tempos do Ginásio, onde deu sua contribuição de intérprete à afirmação da dramaturgia nacional:

> Quando Gabriela Devecchi [nome de casada de Gabriela da Cunha] deixou a companhia de Joaquim Heleodoro, foi Adelaide Amaral quem a substituiu; datam daí os seus triunfos. Figurou em todas as peças nacionais que se representaram naquele período, incontestavelmente o mais brilhante do nosso teatro. O seu maior sucesso foi o papel de protagonista do famoso drama de Pinheiro Guimarães, *História de uma Moça Rica*.

Num plano inferior ao de Gabriela da Cunha e Adelaide Amaral, duas outras atrizes também vindas de Portugal destacaram-se no Ginásio: Maria Velluti e Eugênia Câmara. A primeira, como já vimos, foi quem levou o empresário Joaquim Heleodoro Gomes dos Santos a tornar-se empresário teatral. Quer dizer, Maria Velluti foi a verdadeira responsável pela criação do Ginásio. Como atriz, distinguiu-se em papéis cômicos que interpretava com graça e leveza. As poucas tentativas em papéis dramáticos não mereceram muitos elogios da crítica, exceção feita à interpretação de Joana, a protagonista do drama *Mãe*, de José de Alencar. Maria Velluti foi não só uma mulher bonita, inteligente e culta, mas uma profissional bastante dedicada. Nos primeiros tempos do Ginásio, traduziu dezenas de peças francesas e algumas italianas, com as quais a nascente empresa dramática pôde conquistar seu público.

Eugênia Câmara estreou no Ginásio a 29 de outubro de 1859, no drama *Abel e Caim*, do português Antônio Mendes Leal. Machado de Assis registrou o evento em sua "Revista dos Teatros"[25] sem qualquer entusiasmo. A seu ver, a atriz tinha uma esfera

---

23. Artur Azevedo, "Palestra" em *O País*, Rio de Janeiro, 19 set. 1899. Esse artigo foi transcrito na *Revista de Teatro*, Rio de Janeiro, SBAT, *317*: 13, set./out. 1960.
24. Leia-se especialmente o perfil da atriz traçado por Griphus às páginas 81-82 da sua *Galeria Teatral*.
25. J. M. Machado de Assis, *Crítica Teatral*, p. 94.

própria: a comédia. E mesmo nesse terreno devia estudar muito para aperfeiçoar seus desempenhos. De um modo geral, os críticos da época não a consideraram uma grande artista, o que não impediu que conquistasse muitos admiradores. No *Entreato* (n°s 6, 9 e12), um redator oculto pelo pseudônimo de Gavarni fez duras críticas às suas interpretações em *Dalila, Romance de um Moço Pobre* e *Onfália*. Também para ele Eugênia Câmara só era feliz em papéis cômicos. Em outras palavras, ela não era uma boa "dama-galã". Isso, no palco. Porque na vida real conquistou Furtado Coelho, de quem se tornou amante logo que chegou ao Rio de Janeiro, e mais tarde, no Recife, o poeta Castro Alves, com quem viveu por uns tempos. Parece, aliás, que o nome de Eugênia Câmara só foi incluído em nossa história literária por causa dessa ligação com o autor de *Gonzaga ou A Revolução de Minas*. Justiça porém seja feita à atriz e poetisa: em sua passagem pelas cenas do Ginásio e do Teatro das Variedades, ela deu uma valiosa contribuição ao teatro brasileiro, como intérprete e tradutora de inúmeras peças francesas[26].

Quanto aos atores, comecemos por aquele que ocupou durante mais de quarenta anos um lugar proeminente na cena brasileira: Furtado Coelho. Nascido em Lisboa a 28 de dezembro de 1831, numa família de generais e altos burocratas do Estado, foi desde jovem um apaixonado pelo teatro e pela música. Segundo seu primeiro biógrafo, Francisco Antônio Filgueiras Sobrinho[27], foi para não desagradar aos pais – que o queriam continuador das tradições da família – que Furtado Coelho veio para o Brasil, sob o pretexto de se dedicar ao comércio. Deixava em Portugal um volume de poemas, *Sorrisos e Prantos*, e o drama *O Agiota*, razoavelmente bem-sucedido na cena do Teatro D. Maria II, em setembro de 1855. Como ator, havia trabalhado uma única vez numa associação dramática particular, em Viana do Minho, em 1851, quando fez o papel principal do drama *Pagem d'Aljubarrota*, de Mendes Leal Jr. É certo, porém, que freqüentava os teatros

---

26. Maiores informações sobre Eugênia Câmara podem ser encontradas na obra *Como eu vi Castro Alves e Eugênia Câmara*, de Leitão de Barros (Lisboa, 1949).
27. É de 1863 o livro *Estudos Biográficos. Teatro 1: Furtado Coelho*, publicado em Pernambuco. Tudo indica que o autor era amigo de Furtado Coelho – na época com apenas 32 anos e em plena atividade –, pois, além de um curto esboço biográfico, o livro reúne vários artigos sobre os desempenhos do ator, publicados na imprensa do Rio de Janeiro, Santos, São Paulo, Cidade do Desterro (atual Florianópolis), Pelotas, Porto Alegre, Recife e São Luís do Maranhão. Além disso, vários poemas dedicados a Furtado Coelho e parte da sua correspondência estão incluídos no volume.

com assiduidade e estudava a literatura dramática. É muito provável, também, que tenha visto *A Dama das Camélias* feita por Emília das Neves no Teatro Nacional, em 1854, bem como outras peças da mesma escola, representadas por companhias francesas que estiveram em Portugal nos anos de 1854 e 1855[28].

Furtado Coelho chegou ao Rio de Janeiro em março de 1856 e identificou-se de imediato com o trabalho do Ginásio. Elogiou a montagem de *O Mundo Equívoco*, de Dumas Filho, num folhetim publicado no *Correio Mercantil* – já o comentamos na 2ª parte – e fez representar, em maio, um provérbio de sua autoria, *Nem por muito madrugar amanhece mais cedo*. Em três ou quatro meses, Furtado Coelho conquistou algum prestígio no meio intelectual, pois em julho foi contratado pelo Ginásio como ensaiador, para substituir Émile Doux, que depois de um ano e três meses à frente da pequena companhia dramática transferia-se para o São Pedro de Alcântara, contratado por João Caetano.

As principais peças montadas por Furtado Coelho foram *A Última Carta*, de Augusto César de Lacerda; *A Crise*, de Feuillet; *Por Direito de Conquista*, de Ernest Legouvé; *A Joconda*, de Paul Faucher e Regnier; e *A Batalha de Damas*, de Scribe e Legouvé. Além disso ele reencenou *As Mulheres de Mármore*, *A Dama das Camélias*, *O Mundo Equívoco* e várias outras peças, tudo em quatro ou cinco meses, tempo que durou sua primeira experiência profissional. Em fins de 1856, o Ginásio enfrentou sua primeira grave crise, provocada pela vinda de uma companhia dramática francesa, cujo repertório era formado por peças como *Le Demi-Monde*, *Par Droit de Conquête*, *Le Gendre de Monsieur Poirier*, *La Bataille de Dames*, entre outras. O público, ávido para conhecer no original o que já tinha visto em traduções e curioso em relação às novidades, dirigiu-se naturalmente ao Teatro São Januário, deixando o Ginásio às moscas. A solução encontrada pelo empresário Joaquim Heleodoro, para conseguir alguma bilheteria, foi o recurso a dramalhões como *A Cigana de Paris*, de Gustave Lemoine e Paul de Kock, ou *Os Pobres de Paris*, de Edouard Brisebarre e Eugene Nus, durante alguns meses. Avesso a esse tipo de peça, Furtado Coelho deixou o Ginásio, contrariado também por não ter sido contratado como ator. Seu desejo, segundo Filgueiras Sobrinho, ainda uma vez foi barrado por pressões da

---

28. Segundo Luiz Francisco Rebello – *op. cit.*, p. 76 –, o público português tomou conhecimento das primeiras peças do teatro realista francês por meio de companhias francesas que estiveram em Portugal.

família, que tinha parentes influentes no Rio de Janeiro, como o senador Eusébio de Queirós e o conselheiro Bellegarde.

Disposto a seguir o destino que escolhera, Furtado Coelho aceitou o convite do empresário teatral gaúcho João Ferreira Bastos e partiu para Porto Alegre, onde, livre dos preconceitos e pressões familiares, pôde estrear como ator profissional em agosto de 1857. Seu primeiro papel foi o de Rafael Didier, o jovem artista vitimado pela cortesã Marco, em *As Mulheres de Mármore*. Depois, seguiram-se várias peças, quase todas do moderno repertório francês e português.

O início da carreira artística de Furtado Coelho na Companhia Ginásio Dramático Rio-grandense foi auspicioso, segundo informa Athos Damasceno em seu excelente *Palco, Salão e Picadeiro em Porto Alegre no Século XIX*. Ao lado de Gabriela da Cunha, também contratada para a temporada de 1857, o ator realizou seu aprendizado em papéis difíceis para um estreante, sem todavia decepcionar a crítica e o público. Se foi alvo de pequenas restrições nos primeiros desempenhos, com o tempo aprimorou-se e adquiriu segurança, conquistando definitivamente um grande prestígio nas cidades de Porto Alegre, Pelotas e Rio Grande.

Nos palcos da província, Furtado Coelho fez os preparativos para o desafio maior: a estréia na corte, ocorrida a 18 de dezembro de 1858, na peça *Por Direito de Conquista*. Contratado como "primeiro galã" pelo Ginásio, suas qualidades foram imediatamente notadas pelos críticos. A 9 de janeiro de 1859, por exemplo, podia-se ler no *Correio Mercantil*:

O Sr. Furtado Coelho possui três predicados magníficos para um ator dramático: inteligência, instrução e bela presença. A sua voz agradável e sonora, suas maneiras delicadas e finas, segundo o pede o personagem que representa, completam as qualidades que o tornam, desde já, distintíssimo na difícil carreira que encetou[29].

Já no primeiro mês de trabalho – em peças como *As Mulheres de Mármore* e *A Herança do Sr. Plumet*, esta também de Barrière – Furtado Coelho alcançou um sucesso extraordinário, com seu estilo de interpretação adequado ao repertório do Ginásio. Para se ter uma idéia das dimensões desse sucesso, vale a pena ler um trecho da descrição – no *Correio Mercantil* – das homenagens que lhe foram prestadas na noite de 5 de fevereiro de 1859. Era, como se dizia na época, o seu "benefício" – nome da-

---

29. F. A. Filgueiras Sobrinho, *Estudos Biográficos*, p. 43.

do ao espetáculo cuja bilheteria revertia em favor de alguma pessoa, e não da companhia dramática:

> Terminou o espetáculo a representação do excelente drama *Pedro*, do Sr. Mendes Leal, no qual o eminente artista, desempenhando o papel do protagonista, revelou o seu gênio deslumbrante a ponto de levar os espectadores a tão subido grau de entusiasmo que, não se satisfazendo em o chamar à cena por mais de seis vezes, nestas ocasiões, assim como em todos os atos, foi o palco alcatifado com flores que choviam dos camarotes, e o artista presenteado com duas mimosas coroas, com uma chuva de *bouquets*, poesias análogas, e, por todo o teatro, aclamado como o primeiro ator da escola dramática moderna.
>
> Findo isto, perto de quatrocentas pessoas se dirigiram à porta da caixa do teatro, a fim de receberem o exímio artista e o acompanharem até sua casa, o que teve lugar, seguindo o acompanhamento pelo largo do Rocio, rua dos Ciganos e campo da Aclamação...[30]

A temporada de 1859 foi uma das melhores para o Ginásio, que conseguiu reunir Gabriela da Cunha, Furtado Coelho e Joaquim Augusto sob o mesmo teto. Um termômetro confiável dos bons resultados alcançados por esses artistas são as críticas teatrais que Machado de Assis publicou em *O Espelho* a partir de setembro de 1859. Sua admiração por Furtado Coelho – posteriormente transformada em amizade e colaboração – levou-o a saudá-lo como mestre na arte de representar com naturalidade, o que nesta altura já parecia ser um consenso entre os críticos. Quanto ao repertório do ator, que a partir de maio tornou-se também ensaiador, predominaram nesse momento as peças portuguesas de autores como Mendes Leal Jr., Ernesto Biester, Augusto César de Lacerda, Camilo Castelo Branco, Ernesto Cibrão e Antônio Mendes Leal. Mas, além de uma remontagem de *O Demônio Familiar*, de José de Alencar, houve lugar também para algumas peças francesas, entre elas *O Romance de um Moço Pobre*, de Feuillet.

No início de 1860, Furtado Coelho transferiu-se para o Teatro São Januário – juntamente com a amante Eugênia Câmara –, onde criou sua primeira empresa dramática, o Teatro das Variedades. A estréia, a 8 de abril, com o drama *Dalila*, de Feuillet, foi saudada com entusiasmo pela imprensa, que elogiou tanto o desempenho dos artistas quanto o luxo da *mise-en-scène*. Como empresário, porém, Furtado Coelho percebeu logo que o pior inimigo dos ideais artísticos é a ausência de platéia. O Teatro São Januário, durante anos, havia sido o reduto do dramalhão "cosido

---

30. *Idem*, p. 45.

a facadas", expressão do narrador machadiano do conto "A Causa Secreta". Além disso, situava-se na Praia de D. Manuel, um lugar distante do centro, ruim de se chegar[31]. Assim, depois da novidade de *Dalila* e das reapresentações de alguns sucessos do ano anterior, Furtado Coelho viu-se às voltas com o teatro cada vez mais vazio. A solução do empresário – não do artista – foi pôr em cena alguns dramalhões para atrair pelo menos os espectadores costumeiros do São Januário. Os críticos teatrais, que por dever de ofício assistiam a todos os espetáculos, não pouparam críticas a essa estratégia, nem esconderam sua decepção com o artista que conquistara o Rio de Janeiro como intérprete do realismo teatral[32].

A dissolução da companhia do Ginásio, em julho de 1860 – Joaquim Heleodoro, doente, viria a falecer a 3 de agosto –, levou Furtado Coelho a fechar as portas do Teatro das Variedades, não sem antes recuperar o seu prestígio com um desempenho considerado brilhante na peça *Onfália*, de Quintino Bocaiúva. Os artistas Joaquim Augusto, Eduardo Graça e Antônio Moutinho de Sousa o convidaram para formar, juntos, uma nova empresa dramática. A 23 de setembro, com a representação de *Luxo e Vaidade*, de Joaquim Manuel de Macedo, a Sociedade Dramática Nacional iniciava seus trabalhos no Ginásio Dramático – o nome do teatro foi mantido – com enorme repercussão no meio jornalístico e intelectual.

Furtado Coelho, como ator e ensaiador, tinha mais uma vez as melhores condições para firmar definitivamente no Rio de Janeiro a sua reputação de melhor intérprete da escola "moderna". Mas não foi o que aconteceu. Para não se separar de Eugênia Câmara, que conseguira um bom contrato em São Paulo, ele abandonou inesperadamente o Ginásio, numa atitude desrespeitosa para com os colegas de profissão e o público. Tinha-se programado para a noite de 18 de novembro o "benefício" de Ade-

---

31. No conto "A Causa Secreta", de Machado de Assis, lê-se que a personagem Garcia, exatamente em 1860, morava "na rua de D. Manuel. Uma de suas raras distrações era ir ao teatro de S. Januário, que ficava perto, entre essa rua e a praia; ia uma ou duas vezes por mês, e nunca achava acima de quarenta pessoas. Só os mais intrépidos ousavam estender os passos até aquele recanto da cidade" (*Várias Histórias*, Rio de Janeiro, Jackson, 1950, v. 16, p. 102).
32. As maiores restrições a Furtado Coelho partiram da *Revista Popular* e do *Entreato*. Neste, a 30 de junho, podia-se ler que o artista, "depois da exibição da *Dalila*, desnorteou-se, caminhou sem tino e sem rumo, e admira deveras que não naufragasse, ele e a sua empresa, dobrando os cabos tormentosos do senso comum denominados *Vinte e Nove, Poder do Ouro* e *Honra de um Marinheiro*".

laide Amaral, com a representação do drama *Penélope Normanda*, de Alphonse Karr. Na véspera, segundo a *Revista Popular*, "anunciou-se que o *regenerador da arte* fugira para os campos do Ipiranga e lá fora sem dúvida *cumprir as cláusulas* de um novo contrato"[33].

A permanência de Furtado Coelho em São Paulo durou cerca de um ano, durante o qual representou também em algumas cidades do interior – Sorocaba, Itu e Campinas – e em Santos. As manifestações de entusiasmo da platéia paulista foram muitas, como comprovam os artigos de crítica teatral incluídos na biografia escrita por Filgueiras Sobrinho. O ator foi saudado como "o criador da escola realista nos teatros brasileiros"[34] e elogiadíssimo também como ensaiador. Eis, a propósito, algumas palavras do *Correio Paulistano* de 9 de janeiro de 1861:

> [...] ninguém ainda disse palavra acerca de um grande mérito do Sr. Furtado Coelho, e que para nós é de suma valia. É a mestria com que tem ensaiado todos os espetáculos que têm ido à cena depois da sua chegada; é a paciência e o jeito que para esta especialidade da arte dramática ele tem em subido grau. Só quem tem presenciado o trabalho insano do insigne artista em todos os ensaios, em fazer compreender aos nossos atores, já o papel que vão representar, já os ademanes que devem ter, já o modo de falar, etc., fazendo repetir uma cena duas, três e quatro vezes, para que ela se aproxime o mais possível do natural; só quem tem sido testemunha dos esforços e da paciência do Sr. Furtado Coelho neste mortificante trabalho, é que pode compreender o seu gênio e dedicação pela arte[35].

Em novembro de 1861, Furtado Coelho partiu para o Rio Grande do Sul, onde reencontrou a platéia que o vira estrear como ator. Fez-se empresário mais uma vez, encenou um drama de sua autoria, *O Ator*, e reapresentou várias peças do repertório que lhe dera prestígio no Rio de Janeiro e em São Paulo. Tornava-se, assim, um ator conhecido e admirado em todo o sul do país[36]. O próximo passo seria conquistar o nordeste. Mas antes disso, em outubro ou novembro de 1862, fez uma viagem a Portugal, acompanhado de Eugênia Câmara. Filgueiras Sobrinho omite esse fato, provavelmente porque foi nessa ocasião que se deu o rompimento entre os amantes[37]. Segundo informa o crítico portu-

33. *Revista Popular*, Rio de Janeiro, out.-dez. 1860, tomo 8, p. 319.
34. F. A. Filgueiras Sobrinho, *Estudos Biográficos*, p. 49.
35. *Idem*, pp. 50-51.
36. *Idem*, p. 75.
37. O biógrafo simplesmente expurgou Eugênia Câmara da vida de Furtado Coelho. O nome da atriz – que deu uma filha ao ator – não aparece uma única vez em seu livro, o que demonstra que o rompimento deve ter sido um tanto tempestuoso.

guês Jorge de Faria[38], Eugênia Câmara permaneceu em Portugal até 1864, ao passo que Furtado Coelho voltou bem antes, provavelmente em fevereiro de 1863, já que no mês seguinte estreou em Recife.

As críticas publicadas no *Diário de Pernambuco* e no *Jornal do Recife*, entre março e julho de 1863, revelam que o ator conquistou rapidamente a admiração dos recifenses, sobretudo em peças como *Pedro*, *Dalila*, *Onfália*, *O Ator* e *As Mulheres de Mármore*. Saudado como "o primeiro intérprete da escola atual do drama"[39], arrebatou as platéias com sua voz "soberba", seu "porte elegante" e sua "naturalidade" em cena. O *Diário de Pernambuco* denominou-o "artista do século", acrescentando: "... ilustrado e de imaginação pura e viva, sabe dar cores naturais à personagem que executa, como se fosse fato passado consigo mesmo; e nos momentos solenes eleva-se sem um gesto, sem uma palavra que esteja fora do conveniente"[40].

Depois de apresentar seu estilo de interpretação e de divulgar as peças do novo repertório aos recifenses, Furtado Coelho dirigiu-se a São Luís do Maranhão, para fazer o mesmo, no segundo semestre de 1863. Lá, esperava-o um espectador especial, que se tornaria seu amigo e, mais tarde, no Rio de Janeiro, colaborador: Joaquim Serra. No jornal *A Coalição*, o jovem folhetinista de vinte e cinco anos registrou os sucessos de Furtado Coelho e fez a propaganda do realismo teatral aos seus leitores, apresentando o ator como "inimigo jurado das extravagâncias melodramáticas e desse romantismo pernicioso que estragou a cena, qual lepra contagiosa"[41]. Além de escrever pelo menos oito folhetins, nos quais descreveu com entusiasmo o trabalho de Furtado Coelho, Joaquim Serra exprimiu-lhe afetuosamente sua admiração, numa carta datada de 26 de setembro de 1863:

> Vi-te na cena, e sinto não poder exprimir as sensações que o teu talento em mim produziu.
>
> A arte dramática moderna, passando pelo crisol da escola realista, apurou-se e chegou ao supremo grau de perfeição.
>
> O furor da cólera, o êxtase do amor, tudo quanto a alma humana possui de terrível, doloroso e profundo, pode ser fielmente traduzido para a cena sem os acrobatismos da escola romântica.

---

38. *Apud* Leitão de Barros, *Como eu vi Castro Alves e Eugênica Câmara*, Lisboa, 1949, p. 84.
39. F. A. Filgueiras Sobrinho, *Estudos Biográficos*, p. 62.
40. *Idem*, p. 61.
41. *Idem*, p. 157.

Tu és o mais aproveitado dos sectários da nova escola.

Triunfas porque és natural e verdadeiro; porque sente-se palpitar a fibra e bater a artéria quando pões em cena alguma paixão; porque estudas as dobras e refolhos do coração humano, sem essas terríveis contorsões, que, tirando a elevação dos papéis, podem, quando muito, acreditar o artista como uma obra-prima de mecânica.

Triunfas, porque não concedes um gesto à arte vulgar; não dás arras e nem fazes concessões a essas popularidades parvas e balofas, que degradam a arte. Não sacrificas a verdade ao efeito e nem a harmonia e ritmo de palavras, ao trovejar da voz, que desnatura a verdade.

O que parte do coração vai ter ao coração. O que tu fazes em cena parece uma novidade sem o ser: é apenas a aclimatação do belo. E por isso triunfas, arrebatas e colhes louros[42].

Furtado Coelho retornou ao Rio de Janeiro em 1864 e em abril do ano seguinte tornou-se novamente empresário do Ginásio. Contar tudo o que ele fez até 13 de fevereiro de 1900, data da sua morte, ou ainda discorrer sobre outra habilidade sua, a de músico e exímio pianista, nos faria extrapolar os limites traçados para configurar o seu perfil de ator e ensaiador ligado ao realismo teatral, no período de que nos ocupamos. De qualquer modo, para não deixar em branco as várias facetas desse artista talentoso e empreendedor, cuja biografia ainda está por ser escrita, leiamos estas palavras de Artur Azevedo, um de seus maiores admiradores:

Para escrever a biografia deste homem, foram precisas muitas páginas, porque na sua existência está compendiada a odisséia inteira do nosso teatro, depois do desaparecimento de João Caetano.

Furtado Coelho gozou todas as vitórias e sentiu o peso terrível de todas as contrariedades. No meio do seu labutar de empresário, foi na vida real o herói de muitos romances de amor, escreveu dramas, compôs música, fez-se copófono, construiu teatros, esteve preso, fabricou ingênuas, inventou galãs, percorreu o Brasil do Amazonas ao Prata, enriqueceu, arruinou-se, tornou a enriquecer, viajou por toda a Europa, tornou a empobrecer, mas trabalhou, trabalhou, trabalhou sempre, com denodo, com ímpeto, entregue todo a sua arte, obcecado pela paixão do Teatro, paixão incondicional, absorvente, feroz[43].

Sem ter sido um rival de Furtado Coelho, Joaquim Augusto, nascido no Rio de Janeiro a 6 de julho de 1825, tornou-se um ator

---

42. *Idem*, pp. 153-154.
43. Artur Azevedo, "Furtado Coelho", em *O Álbum*, Rio de Janeiro, 5: 33, jan. 1893.

de nomeada como "primeiro-centro" do Ginásio. Quer dizer, sua especialidade eram papéis importantes, mas que dispensavam certas características da "galanteria". Na encenação de *O Romance de um Moço Pobre*, por exemplo, ele foi o velho Laroque, enquanto Furtado Coelho, o "galã", e Gabriela da Cunha, a "dama-galã", formaram o par central. Em *Mãe*, de José de Alencar, ele interpretou o papel do Dr. Lima, não o do jovem Jorge. Talvez o fato de ter começado a trabalhar no Ginásio aos trinta e quatro anos, em 1859, o tenha levado a se especializar como "centro", condição que lhe permitiu interpretar com brilho, entre inúmeros papéis marcantes, o usurário Vidal, de *Os Mineiros da Desgraça*, de Quintino Bocaiúva, e o charlatão Beaujolais, de *O Pelotiqueiro*, de Adolphe Dennery e Jules Brésil.

Não existem muitas informações sobre o início da carreira artística de Joaquim Augusto. Conta Sousa Bastos que ele ingressou na companhia dramática de João Caetano em 1841, aos dezesseis anos, mas que depois de quatro meses foi despedido, "por entender o mestre que ele para nada prestava"[44]. Verdade ou não, sabe-se que em 1845 o jovem ator partiu para o Rio Grande do Sul, onde conquistou certa notoriedade em dramas do repertório do "mestre": *Kean ou Desordem e Gênio*, *D. César de Bazan*, *D. Maria de Alencastro*, entre outras.

Joaquim Augusto voltou ao Rio de Janeiro em 1849, contratado por João Caetano para o Teatro São Januário – prova de que já não era tão "imprestável" –, e mais tarde, em 1852 e 1853, no São Pedro de Alcântara, trabalhou sob a orientação de Émile Doux, de quem se tornou discípulo e admirador. Nessa altura, já era um ator de certo prestígio, mas à sombra do grande João Caetano. Em 1855, depois de uma temporada bem-sucedida em São Paulo, Joaquim Augusto retornou ao Rio Grande do Sul, onde permaneceu até meados de 1857[45]. Quer dizer, na ocasião em que o Ginásio foi criado ele estava ausente do Rio de Janeiro. Qual seria seu repertório nessa época? Infelizmente Athos Damasceno dá poucas informações a respeito do ator. Sabemos que estreou na companhia dramática de João Ferreira Bastos, com o melodrama *A Dama de Saint Tropez*, de Anicet Bourgeois e Adolphe Dennery. Mas que outras peças representou? Alguma do repertório do Ginásio? Seria importante poder acompanhar melhor os passos de Joaquim Augusto para situá-lo corretamente

---

44. Sousa Bastos, *Carteira do Artista*, p. 250.
45. Athos Damasceno, *Palco, Salão e Picadeiro em Porto Alegre no Século XIX*, Porto Alegre, Globo, 1956, p. 26.

em relação ao Romantismo e ao Realismo. Como isso, no momento, é impossível, só nos resta alcançá-lo já no palco do Ginásio, em 1859, depois de ter passado no ano anterior pelo São Pedro de Alcântara.

A primeira temporada de Joaquim Augusto, ao lado de Gabriela da Cunha e Furtado Coelho, foi muito bem-recebida pela crítica. Machado de Assis, nas páginas d'*O Espelho*, elogiou o seu desempenho em várias peças e, numa das críticas, fez uma observação preciosa para compreendermos a transformação que se operou no ator formado na escola de João Caetano:

> Com a sua entrada para o Ginásio, o Sr. Joaquim Augusto veio mostrar-nos a transfiguração de uma vocação erradia outrora em um clima que lhe não convinha, o que forçosamente lhe nulificava a aptidão e a inteligência.
>
> Artista consciencioso, aperfeiçoado pelo estudo e pela observação, não podia viver na luz melancólica que um quadro envelhecido lhe podia dar; o romantismo não se acordava com a sua fibra dramática; chamava-o uma outra escola; uma outra platéia[46].

As palavras de Machado sugerem que a "transfiguração" de Joaquim Augusto se deu mesmo em 1859, no Ginásio, e não antes. Se isso for verdade – e parece que é –, o ator libertou-se muito rapidamente dos procedimentos da interpretação romântica. Seu maior triunfo, nesse reinício de carreira, foi alcançado no papel do octogenário Laroque, da peça *Romance de um Moço Pobre*, de Feuillet. Pode-se dizer que essa interpretação assegurou-lhe o lugar de primeiro ator da companhia, no primeiro semestre de 1860, período em que Furtado Coelho esteve vinculado ao Teatro São Januário.

Com a doença e morte do empresário Joaquim Heleodoro, foi Joaquim Augusto quem teve a iniciativa de criar uma companhia dramática para dar espetáculos no Ginásio. Na inauguração da Sociedade Dramática Nacional, em setembro de 1860, o meio artístico e intelectual agraciou-o com uma medalha de ouro, que trazia a seguinte inscrição: "Ao restaurador do Ginásio". Durante um ano e meio ele foi o diretor-geral dessa companhia formada inicialmente por oito atrizes e doze atores. E foi seguramente nesse período que viveu os melhores momentos da sua carreira artística. No *Jornal do Comércio* de 23 de junho de 1861, por exemplo, Joaquim Manuel de Macedo considerou-o "um ator que não tem quem o iguale no Rio de Janeiro, posto de parte o Sr.

---

46. J. M. Machado de Asssis, *Crítica Teatral*, p. 157.

João Caetano dos Santos". Ambos os artistas já tinham, nessa ocasião, interpretado o charlatão Beaujolais, de *O Pelotiqueiro*, com reconhecida vantagem para Joaquim Augusto, cujo estilo de interpretação foi assim descrito pelo cronista "Carlos", da *Revista Popular*:

> A sua declamação é racional; não se lhe ouve um estampido de voz, a pronúncia é reta, verdadeira, e quando lhe cumpre, sabe dar às palavras o tom de franqueza e de expansão, não ignorando quando as deve proferir envoltas na emoção e no pranto. Desconhece a epilepsia; o seu gesto é medido, violento agora e sem contorsões, para logo apresentar-se imponente e despido de pretensão[47].

Joaquim Augusto aprimorou-se como intérprete do realismo teatral e tornou-se também ensaiador. Mas a sua maior obra à frente da Sociedade Dramática Nacional foi acolher e animar os dramaturgos brasileiros que surgiram no período, preferindo-os por vezes aos autores estrangeiros. Entre setembro de 1860 e fevereiro de 1862, ele encenou dez novas peças nacionais, destes autores: Joaquim Manuel de Macedo, Quintino Bocaiúva, Pinheiro Guimarães, Aquiles Varejão, Sizenando Barreto Nabuco de Araújo, Valentim José da Silveira Lopes e Francisco Manuel Álvares de Araújo. Dos três primeiros, *Luxo e Vaidade*, *Os Mineiros da Desgraça* e *História de uma Moça Rica* foram grandes sucessos de crítica e público. Se incluirmos nessa relação a remontagem bem-sucedida de *O Demônio Familiar*, de Alencar, perceberemos que, no cômputo geral, os dramaturgos brasileiros estiveram muito mais tempo em cena do que os estrangeiros. Isso, evidentemente, só foi possível graças aos esforços de Joaquim Augusto, quer como diretor-geral da Sociedade Dramática Nacional, quer como ator, já que trabalhou na maioria das peças brasileiras que pôs em cena.

É difícil saber quais as causas que o levaram a afastar-se do Ginásio, em fevereiro de 1862. Divergências com Pedro Joaquim do Amaral ou Eduardo da Graça, os outros sócios da Sociedade Dramática Nacional na ocasião? O certo é que se ausentou da corte por uns meses junto com Maria Velluti, sua esposa. Em outubro, porém, estava de volta para uma meteórica passagem pelo Ateneu Dramático, uma empresa criada em torno de Gabriela da Cunha, que dava espetáculos no Teatro São Januário. Ao cabo de uma dezena de representações da peça *O que é o Casamento?*, de

---

47. *Revista Popular*, Rio de Janeiro, jul.-set. 1861, tomo XI, p. 256.

Alencar, Joaquim Augusto desligou-se do Ateneu e partiu para São Paulo, onde inaugurou sua Companhia Dramática Nacional, em novembro de 1862. Segundo Sousa Bastos, foi muito grande seu sucesso entre os paulistas. Mas não a ponto de impedir o retorno ao Rio de Janeiro em 1864, quando trabalhou ao lado da grande atriz portuguesa Emília das Neves, em sua temporada brasileira.

Joaquim Augusto morreu em 1873, aos quarenta e oito anos. Joaquim Manuel de Macedo, no *Ano Biográfico Brasileiro*, reservou-lhe algumas páginas para lembrar que seus maiores sucessos foram alcançados no Ginásio e para registrar que, como empresário, deu "preferência aos dramas e comédias de autores brasileiros". E mais: "Depois de João Caetano dos Santos foi o ator dramático de maior e mais justa nomeada do seu tempo, cabendo-lhe a glória de ter sido no Brasil um dos primeiros intérpretes da escola chamada *realista*"[48].

Muitos outros atores, além de Furtado Coelho e Joaquim Augusto, esforçaram-se para tornar as "noites do Ginásio" mais agradáveis aos olhos e ouvidos da platéia fluminense. Quando a pequena empresa de Joaquim Heleodoro foi criada, os principais atores eram Luís Carlos Amoêdo, o "galã", e Pedro Joaquim do Amaral, o "centro". Egressos do São Pedro de Alcântara, com todo o peso da formação romântica nas costas, ambos interpretaram os papéis mais importantes das peças realistas francesas e portuguesas, nos três primeiros anos do Ginásio. Não eram brilhantes nem medíocres, conforme se depreende da leitura dos folhetins. Mas eram irregulares em seus desempenhos, alternando bons e maus resultados artísticos. Pelo palco do Ginásio passaram ainda vários atores que merecem ser citados: Antônio de Sousa Martins, que fez o "moleque" Pedro, de *O Demônio Familiar*, e notabilizou-se nos papéis cômicos; o português Antônio Moutinho de Sousa, amigo de Machado de Assis e autor de algumas comédias; Francisco Corrêa Vasques, talvez o nosso maior cômico do século XIX[49]; e Jacinto Heller, que mais tarde se tornou um bem-sucedido empresário teatral.

48. Joaquim Manoel de Macedo, *Ano Biográfico Brasileiro*, Rio de Janeiro, Tip. e Lit. do Imperial Instituto Artístico, 1876-1880, v. 1, p. 78.
49. Leia-se, a propósito, *O Ator Vasques*, de Procópio Ferreira, São Paulo, 1939.

2. Reflexões sobre o Teatro Realista

Não foram poucos os intelectuais que exerceram a crítica teatral ou que expuseram o seu pensamento dramático em artigos esparsos, nos dez anos que se seguiram à inauguração do Ginásio. Os jornais e revistas do período – *Diário do Rio de Janeiro, Jornal do Comércio, Correio Mercantil, A Marmota, Revista Popular, A Semana Ilustrada, Entreato, O Espelho...* – estão repletos de textos que permitem, confrontados entre si, delinear a evolução do teatro brasileiro no terreno das idéias e da reflexão estética. Sem contar os colaboradores anônimos, ocultos pela ausência de assinatura ou por pseudônimos e iniciais indecifráveis, escreveram sobre teatro nos principais órgãos da imprensa fluminense os seguintes intelectuais: Sousa Ferreira, Quintino Bocaiúva, José de Alencar, Machado de Assis, Joaquim Manuel de Macedo, Francisco Otaviano, Henrique César Muzzio, Leonel de Alencar, Paula Brito, Moreira de Azevedo e Augusto de Castro.

Todos eles, sem exceção, apoiaram a renovação feita pelo Ginásio e, apesar de pequenas diferenças no julgamento de algumas peças ou no grau de adesão ao realismo teatral, contribuíram com suas formulações críticas para o surgimento de um verdadeiro ideário estético no cenário cultural brasileiro. Nosso objetivo é configurá-lo com base nas reflexões de Quintino Bocaiúva, José de Alencar, Machado de Assis e Joaquim Manuel de Macedo, pois foram eles que escreveram os textos teóricos e críticos mais representativos do período. Deixaremos de lado, por ora, a contribuição dos outros intelectuais mencionados acima, que será eventualmente aproveitada mais à frente.

2.1. QUINTINO BOCAIÚVA: LANCE D'OLHOS SOBRE O TEATRO

Quintino Bocaiúva participou intensamente da vida teatral brasileira, como crítico, tradutor e dramaturgo. Se na maturidade foi o "Príncipe dos jornalistas" e o "Patriarca da República", quando moço dedicou-se ao teatro com bastante empenho, estimulado pelo meio e pelo convívio com outros jovens intelectuais e escritores. Sua primeira atividade, no segundo semestre de 1856, foi a de crítico teatral do *Diário do Rio de Janeiro*, onde escreveu uma série de onze folhetins. Em abril de 1857, no *Correio Mercantil*, demonstrou que era mesmo um estudioso do teatro, ao publicar, capítulo por capítulo, os seus *Estudos Críticos e Literários; Lance d'Olhos sobre a Comédia e sua Crítica*, pequeno livro impresso no ano seguinte. A essa produção ele acrescentaria ainda vários folhetins esparsos, escritos ao sabor das impressões que lhe causavam os bons espetáculos.

É muito provável que Quintino Bocaiúva tenha desenvolvido suas primeiras idéias teatrais à luz das peças francesas que viu no palco do Ginásio, que considerava "a melhor casa de espetáculos desta corte"[1]. Sempre atento ao ritmo das encenações, à decoração, aos figurinos, ao desempenho dos artistas, o folhetinista do *Diário do Rio de Janeiro* deu mostras de sua adesão ao realismo teatral em várias oportunidades. Já vimos no capítulo anterior suas observações acerca da montagem da peça *A Última Carta*, de Augusto César de Lacerda, quando defendeu as ousadias do ensaiador Furtado Coelho e a *mise-en-scène* realista. Em outra ocasião, dirigiu-se ao mesmo ensaiador para sugerir maior naturalidade em uma das cenas de *Por Direito de Conquista*, de Ernest Legouvé. O espetáculo mereceu muitos elogios e apenas esta restrição: "Não lhe parece mais conveniente e mais próprio, na cena do encontro entre a Marquesa de Oberval, Jorge e Bernardo, fazê-los sentar, como é mais natural, para depois então encetarem e continuarem a conversação que sustentam de pé?"[2]. A observação pode parecer banal, mas o que está em jogo é a cons-

1. *Diário do Rio de Janeiro*, 4 set. 1856, p. 1.
2. *Idem*, p. 1.

trução da naturalidade, princípio básico do realismo teatral. O crítico atento aos mínimos detalhes percebeu que a conversação entre os personagens em pé não era "natural", isto é, não reproduzia com fidelidade o hábito do cotidiano que a cena devia representar.

Em relação ao desempenho dos artistas do Ginásio, Quintino Bocaiúva foi um crítico bastante exigente. Sabia que quase todos tinham vindo do São Pedro de Alcântara e que era difícil o aprendizado de um modo de interpretação mais natural, adequado ao novo repertório francês. Por isso admirava Gabriela da Cunha, que se destacava do conjunto por seus desempenhos bem-dosados, pela compreensão exata do que devia ser a naturalidade em cena. Já o ator Arêas, quando estreou no Ginásio, sofreu restrições justamente por não evitar "a exageração de certos traços"[3] e por chocar os ouvidos dos espectadores com seu vozeirão acostumado às dimensões mais amplas do São Pedro de Alcântara. A naturalidade em cena tornou-se um critério de julgamento para o folhetinista, como se percebe nos elogios dirigidos a Amoêdo, no papel principal de *A Última Carta*: "...nesta noite notei-lhe algum progresso, mais acentuação nas frases, mais comedimento nas expressões, mais naturalidade e força na representação de seu caráter"[4].

Quintino Bocaiúva via o teatro como "um fiel espelho" da sociedade: "...é na sociedade que o teatro vai buscar seus tipos e é no teatro que a sociedade vai ver a reprodução de uma parte de seu todo, considerá-lo, compará-lo, aproveitá-lo em seu desenvolvimento e perfeição"[5]. Mas a seu ver, como sugerem as palavras citadas, a imagem refletida no palco não podia ser apenas uma reprodução mecânica e neutra do real. A naturalidade em cena, instrumento do ensaiador e dos intérpretes para a construção do efeito realista, modernizava o espetáculo mas não era tudo. Havia um segundo princípio básico do realismo teatral francês que não se podia jamais perder de vista: a moralidade. Alinhado com a maioria dos intelectuais e escritores da época, Quintino Bocaiúva acreditava que o teatro devia contribuir para o aprimoramento da vida em família e em sociedade, através da crítica moralizadora dos costumes:

---

3. *Diário do Rio de Janeiro*, 12 set. 1856, p. 1.
4. *Diário do Rio de Janeiro*, 31 jul. 1856, p. 1.
5. Quintino Bocaiúva, *Estudos Críticos e Literários; Lance d'Olhos sobre a Comédia e sua Crítica*, Rio de Janeiro, Tip. Nacional, 1858, p. 17. Os trechos transcritos em seguida foram extraídos desta obra.

Hoje o povo e os literatos simultaneamente hão compreendido que o teatro não é só uma casa de espetáculos, mas uma escola de ensino; que seu fim não é só divertir e amenizar o espírito, mas, pelo exemplo de suas lições, educar e moralizar a alma do público; e o que tivesse nos dias presentes a extravagante idéia de querer ressuscitar no teatro essas diatribes atrabiliárias de uma consciência gasta e impura seria com razão repelido da cena pelo consenso soberano das turbas e seu nome entregue ao desprezo.

Por mais opiniões, que tenho lido em contrário, resta-me ainda a convicção de que o teatro é definitivamente uma escola, onde o povo, conforme o gênero dos espetáculos que lhe for oferecido, pode adquirir ou bons ou maus costumes, profícuas ou danosas lições [...].

Por isso entendo que toda a vez que uma obra dramática qualquer não encerre uma lição instrutiva, um ensino proveitoso, um fim moral, devemos negar-lhe o lugar, que pretenda na história da literatura.

Encarar o teatro como uma arte regeneradora da sociedade tornou-se uma atitude comum a toda a geração dos jovens intelectuais que se agruparam em torno do Ginásio para apoiar a reforma realista. O teatro romântico, nessa altura, era sinônimo de mau gosto, de irracionalismo estéril, de arte "inútil", dirigida aos instintos inferiores. Em seus *Estudos Críticos e Literários*, Quintino Bocaiúva elegeu Molière como modelo de dramaturgo a ser seguido, criticou os enredos "descabelados" e "escabrosos" do drama romântico e arrematou: "A esse novo gênero de literatura dramática, a essa série incontestavelmente brilhante de absurdos, monstruosidades e anacronismos chamou-se a Escola da Restauração, que melhor se poderia denominar a escola das desordens e anarquia literária". Mais adiante é toda a visão de mundo romântica que sofre restrições, por ter inoculado no espírito dos jovens o desânimo, o ceticismo e a descrença nas instituições:

Os sentimentos mais puros do coração, as conveniências mais melindrosas da sociedade, as mais sagradas leis da religião e do Estado, tudo foi esquecido ou desprezado.

A autoridade quer doméstica quer pública, ridicularizada e apupada na cena, os dogmas mais sacrossantos da filosofia e da religião, mal-interpretados ou intencionalmente torcidos, deram em resultado a desmoralização do povo, o desprezo de todos os deveres, o afrouxamento das obrigações sociais, bem como o das obrigações da consciência.

A família ficou sendo uma instituição ridícula, a autoridade um boneco espantalho a quem se pateava e escarnecia.

As críticas contundentes que Quintino Bocaiúva desferiu ao Romantismo, num momento em que a própria estética romântica ainda era hegemônica entre os nossos romancistas e poetas, são importantes para se perceber como o teatro brasileiro assimilou com rapidez as transformações ocorridas nos palcos franceses, sobretudo no *Gymnase Dramatique*.

Quintino Bocaiúva acreditava que o teatro, à semelhança da imprensa, da tribuna, do púlpito, era um meio de propaganda bastante eficaz. Como as primeiras peças francesas representadas no Ginásio apresentavam o retrato de uma sociedade civilizada, moralizada, regida por uma ética burguesa impecável, parecia-lhe que esse tipo de dramaturgia exerceria uma influência benéfica no espírito dos brasileiros. Para um país novo, ainda em formação, Quintino Bocaiúva não queria nem o irracionalismo romântico, altamente destrutivo e pessimista, nem as formas variadas do baixo-cômico – largamente criticadas ao longo dos *Estudos Críticos e Literários* –, cujo único fim era o riso pelo riso. A forma dramática que recomendava aos futuros autores brasileiros, por ter uma inequívoca função social, por poder prestar "bons serviços" à sociedade era a alta comédia:

> Sendo ela destinada a instruir divertindo, sendo por sua própria natureza de todas as fórmulas dramáticas a mais simples, a mais popular, deve por conseqüência falar de modo que seja facilmente compreendida, deve dirigir-se à inteligência do público, tão simples em sua dicção quanto profunda em sua moralidade, de sorte que se insinue facilmente por seu espírito, que se introduza sem esforço em sua consciência, para aí deixar implantada a semente instrutiva que lhe deve ofertar e cuja germinação deve fazer todo o seu fim, todo o interesse de seu efeito.

2.2. JOSÉ DE ALENCAR: O DAGUERREÓTIPO MORAL

Quando o Ginásio foi inaugurado, em abril de 1855, José de Alencar era o folhetinista do *Correio Mercantil*. Tinha como obrigação passar em revista os principais acontecimentos da semana, fossem eles alegres, tristes, sérios, jocosos, políticos, econômicos, sociais ou culturais. Quer dizer, Alencar não era propriamente um crítico teatral. Não lhe cabia fazer a análise das peças, mas dar notícias gerais sobre o movimento dos teatros, um assunto entre dezenas de outros, como a guerra da Criméia ou a chegada das primeiras máquinas de costura ao Brasil, a especulação na Bolsa ou os benefícios da iluminação a gás, a prisão de um moedeiro falso ou a inauguração de uma loja na Rua do Ouvidor. Sob o título saboroso de "Ao Correr da Pena", esses folhetins não deixam, entretanto, de revelar a simpatia que lhe despertava o Ginásio, onde sempre se podia passar "uma noite agradável e muito mais divertida do que no Teatro de São Pedro de Alcântara"[6].

Alencar, nessa época, já não gostava do estilo de interpretação de João Caetano, a despeito de considerá-lo um grande artista. Antes mesmo do surgimento do Ginásio, criticou-o por se preocupar demasiadamente com a glória pessoal, em detrimento da arte dramática no Brasil. Queria que o ator trabalhasse com mais empenho para a melhoria do nosso teatro e que corrigisse alguns defeitos em seus desempenhos:

> Se João Caetano compreender quanto é nobre e digna de seu talento esta grande missão, que outros, antes de mim, já lhe apontaram; se, corrigindo pelo estudo alguns pequenos defeitos, fundar uma escola dramática que conserve os exemplos e as boas lições do seu talento e a sua experiência, verá abrir-se para ele uma nova época[7].

Alencar abandonou a atividade regular de folhetinista em novembro de 1855, quando já estava à frente do *Diário do Rio de Janeiro*, como redator-gerente. É certo, porém, que acompanhou com interesse a vida teatral e, especificamente, a rivalidade entre o Ginásio e o São Pedro de Alcântara, pois a simpatia e o apoio dos primeiros tempos transformaram-se em contribuição efetiva na segunda metade de 1857: nada menos de três peças – *O Rio de Janeiro, Verso e Reverso, O Demônio Familiar* e *O Crédito* – oferecidas ao empresário Joaquim Heleodoro e postas em cena nesse mesmo ano.

A estréia de Alencar como dramaturgo provocou uma grande animação no meio intelectual, como veremos no próximo capítulo. Por ora, interessa-nos caracterizar o seu pensamento dramático, exposto no artigo "A Comédia Brasileira"[8], publicado no *Diário do Rio de Janeiro* em 14 de novembro de 1857 e escrito em forma de carta-resposta a Francisco Otaviano que, dias antes, elogiara *O Demônio Familiar* nas páginas do *Correio Mercantil*. Nesse texto, Alencar explicou a gênese da sua segunda comédia e defendeu com bastante clareza as idéias teatrais que abraçava naquele momento.

A preocupação com a moralidade aparece logo no início. Conta o dramaturgo que estava no Ginásio e representava-se uma farsa "que não primava pela moralidade e pela decência da

6. José de Alencar, "Ao Correr da Pena", em *Obra Completa*, v. 4, p. 765.
7. *Idem*, p. 684.
8. Esse artigo está incluído no 4º volume da *Obra Completa* do escritor, às páginas 42-46.

linguagem". Apesar disso – ou por causa – a platéia ria e o rubor subia às faces de algumas senhoras. Desgostoso com esse fato, perguntou-se: "Não será possível fazer rir sem fazer corar?". Sua primeira peça, o *Verso e Reverso*, uma espécie de comédia ligeira, nasceu dessa indagação, como prova de que o riso podia ser provocado pelo dito espirituoso e pela comicidade decente. Mas seu objetivo não era apenas divertir o espectador. À semelhança de Quintino Bocaiúva, tinha como ideal a alta comédia, capaz, a um só tempo, de divertir e ensinar.

Ainda em relação ao *Verso e Reverso*, Alencar faz algumas observações que merecem comentário. Afirmou que não esperava ver a pequena comédia subir à cena tão logo havia sido concluída, pois também acreditava na "opinião geral de que os nossos teatros desprezavam as produções nacionais, e preferiam traduções insulsas, inçadas de erros e galicismos". E acrescentou: "Não sei até que ponto é verdadeira essa opinião em relação aos outros teatros que só conheço como espectador; mas tenho motivos para declarar que ela é inteiramente falsa a respeito do Ginásio". Ora, na ocasião havia apenas dois teatros dramáticos no Rio de Janeiro, além do Ginásio: o São Januário e o São Pedro de Alcântara. Não é difícil perceber que o alvo da alfinetada era João Caetano, cuja atuação como empresário vinha sendo atacada pelos folhetinistas mais jovens, por dar preferência a peças estrangeiras em detrimento das brasileiras. Joaquim Heleodoro, ao contrário, não só abria as portas da sua empresa dramática ao autor nacional, como procurava "introduzir nesta Corte a verdadeira escola moderna".

A simpatia pelo Ginásio não impediu, entretanto, que Alencar criticasse os artistas que interpretaram os papéis secundários de sua comédia sem muita dedicação. Via isso como um impedimento para a obra maior: a criação de um teatro nacional de alto nível, que devia resultar do trabalho conjunto dos artistas, dos dramaturgos e das empresas dramáticas. De sua parte, contribuía para isso com três peças. Mas o esforço individual redundaria em nada se não houvesse o concurso dos outros intelectuais da sua geração. Daí o apelo ao amigo Francisco Otaviano: "Nós todos jornalistas estamos obrigados a nos unir e a criar o teatro nacional; criar pelo exemplo, pela lição, pela propaganda. É uma obra monumental que excede as forças do indivíduo, e que só pode ser tentada por muitos".

Quando Alencar fala em "criar" o teatro nacional, que a seu ver "ainda não existe", deixa transparecer o pensamento de que os esforços empreendidos nesse sentido pelos nossos primeiros escritores românticos não frutificaram. Sua estratégia para romper com o passado é negá-lo ou não considerá-lo esteticamente válido para merecer continuidade. É significativo, pois, que a dramaturgia brasileira anterior a 1855 não lhe agrade, como se percebe neste balanço crítico um tanto severo:

> No momento em que resolvi a escrever *O Demônio Familiar*, sendo minha tenção fazer uma alta comédia, lancei naturalmente os olhos para a literatura dramática do nosso país em procura de um modelo. Não o achei; a verdadeira comédia, a reprodução exata e natural dos costumes de uma época, a vida em ação não existe no teatro brasileiro. Dois escritores, é verdade, começaram entre nós a escrever para o teatro; mas a época em que compuseram as suas obras devia influir sobre a sua escola.
>
> O primeiro, Pena, muito conhecido pelas suas farsas graciosas, pintava até certo ponto os costumes brasileiros; mas pintava-os sem criticar, visava antes ao efeito cômico do que ao efeito moral; as suas obras são antes uma sátira dialogada, do que uma comédia.
>
> Entretanto Pena tinha esse talento de observação, e essa linguagem chistosa, que primam na comédia; mas o desejo dos aplausos fáceis influiu no seu espírito, e o escritor sacrificou talvez suas idéias ao gosto pouco apurado da época.
>
> Se tivesse vivido mais alguns anos, estou convencido que, saciado dos seus triunfos, empreenderia uma obra mais elevada, e introduziria talvez no Brasil a escola de Molière e Beaumarchais, a mais perfeita naquele tempo.
>
> Depois de Pena veio o Sr. Dr. Macedo, que, segundo supomos, nunca se dedicou seriamente à comédia; escreveu em alguns momentos de folga duas ou três obras que foram representadas com muito aplauso.
>
> Podemos dizer deste autor o mesmo que do primeiro: sentiu a influência do seu público; se continuasse, porém, o Sr. Dr. Macedo tem bastante talento e muito bom gosto literário, para que conseguisse a pouco e pouco corrigir a tendência popular, e apresentar no nosso teatro a verdadeira comédia.

Salta aos olhos, já no primeiro parágrafo, a preocupação de Alencar com o efeito realista no teatro. Suas palavras relativas à "verdadeira comédia" são uma tomada de posição bem clara em favor do realismo teatral. A defesa da naturalidade em cena, para que os costumes de uma época pudessem ser reproduzidos com exatidão, vem acompanhada de restrições a Martins Pena que dizem respeito à utilização dos recursos do baixo-cômico – considerados na época de minguado valor artístico – e à ausência de preocupação moralizadora. Nosso primeiro comediógrafo queria apenas provocar a riso com suas "farsas graciosas", sem qualquer preocupação elevada, observa Alencar, que tinha em mente o modelo da comédia realista francesa ou da alta comédia de Molière. Joaquim Manuel de Macedo, que logo se converteria ao realismo teatral, também não oferecia um bom modelo a seguir, com sua "tendência popular" – leia-se a comédia *O Fantasma Branco*, por exemplo – haurida em Martins Pena. Como renovar e modernizar o teatro nacional, diante desse quadro? Deixando evidentemente de lado a produção dramática brasileira das duas primeiras décadas do Romantismo e procurando outro caminho:

> Não achando pois na nossa literatura um modelo, fui buscá-lo no país mais adiantado em civilização, e cujo espírito tanto se harmoniza com a sociedade brasileira; na França.
>
> Sabe, meu colega, que a escola dramática mais perfeita que hoje existe é a de Molière, aperfeiçoada por Alexandre Dumas Filho, e de que a *Question d'Argent* é o tipo mais bem-acabado e mais completo.
>
> Molière tinha feito a comédia quanto à pintura dos costumes e à moralidade da crítica; ele apresentava no teatro quadros históricos nos quais se viam perfeitamente desenhados os caracteres de uma época.
>
> Mas esses quadros eram sempre quadros, e o espectador vendo-os no teatro não se convencia da sua verdade; era preciso que a arte se aperfeiçoasse tanto que imitasse a natureza; era preciso que a imaginação se obscurecesse para deixar ver a realidade.
>
> É esse aperfeiçoamento que realizou Alexandre Dumas Filho; tomou a comédia de costumes de Molière, e deu-lhe a naturalidade que faltava; fez que o teatro reproduzisse a vida da família e da sociedade, como um daguerreótipo moral.

Alencar não poderia ter sido mais explícito. Dumas Filho era de fato seu dramaturgo preferido e *La Question d'Argent* a alta comédia que considerava modelar. Para se ter uma idéia de como estava atualizado em relação ao teatro francês, basta dizer que a estréia parisiense dessa peça ocorrera nove meses e meio antes, a 31 de janeiro de 1857. Leitor dos dramaturgos realistas franceses e freqüentador do Ginásio, Alencar foi o primeiro dramaturgo brasileiro que juntou naturalidade e moralidade numa mesma peça, *O Demônio Familiar*, tornando-a um "daguerreótipo moral" da nossa sociedade dos meados do século XIX. O ponto de partida da "criação" do teatro nacional estava, portanto, na assimilação dos preceitos do realismo teatral francês.

Na seqüência do artigo, quase todas as reflexões giram em torno do "jogo de cena" de Dumas Filho e da conseqüente defesa do conceito de naturalidade, aplicado tanto ao espetáculo quanto ao texto dramático. Para Alencar, os desafios da nova estética teatral não se dirigiam exclusivamente aos ensaiadores e artistas. A construção da naturalidade dependia também do dramaturgo, do modo como propunha a ação dramática nos diálogos e armação das cenas. Afinal, dizia, é "fácil escrever belas palavras de imaginação, mas é difícil fazer que oito ou dez personagens criadas pelo nosso pensamento vivam no teatro como se fossem criaturas reais, habitando uma das casas do Rio de Janeiro". Esse objetivo realista, a seu ver, tinha sido plenamente alcançado por Dumas Filho: "...suas personagens movem-se, falam, pensam como se fossem indivíduos tomados ao acaso em qualquer sala; não representam, vivem".

Alencar ressalta alguns cuidados que teve para construir o efeito realista de *O Demônio Familiar*. O primeiro deles foi abolir certas convenções teatrais do passado, como o aparte e o monólogo. Nesse sentido, acreditava estar aperfeiçoando a própria arquitetura cênica de Dumas Filho, que se servira do monólogo em *Le Demi-Monde* e de alguns apartes em *La Question d'Argent*. Outro recurso do velho teatro descartado pelo dramaturgo foi o final de ato que provocava algum abalo ou ansiedade na platéia. Era costume, no drama romântico ou no melodrama, o ato terminar com algum suspense ou mistério e por vezes um tanto bombasticamente, com frases ou diálogos de forte efeito. Mas na comédia realista "os mestres baniram semelhante extravagância; o ato termina quando a cena fica naturalmente deserta". Alencar observa ainda que preferiu ser "natural" a ser "dramático". Ou seja, que escreveu *O Demônio Familiar* "conforme a escola de Dumas Filho, sem lances cediços, sem gritos, sem pretensão teatral". A naturalidade como princípio de construção das personagens, dos diálogos e das cenas era o traço novo da sua comédia. Vangloriava-se disso, pois sabia ser o primeiro escritor brasileiro a escrever uma peça com os olhos voltados para a *mise-en-scène* realista e afinado portanto com o repertório do Ginásio.

A construção da naturalidade no texto dramático facilitava, obviamente, a representação teatral "moderna". Alencar elogiou a encenação realista e criticou o modo romântico de conceber o espetáculo teatral:

> Os franceses vão ao Ginásio em Paris ver uma dessas comédias realistas; e no meio do mais profundo silêncio escutam o ator que só depois de cinco minutos diz uma palavra; acompanham a cena que se arrasta vagarosamente; e aplaudem essa naturalidade com muito maior entusiasmo do que esses lances dramáticos tão cediços, que se arranjam com duas palavras enfáticas, e uma entrada imprevista.
>
> Eles sabem que a naturalidade nas obras de imaginação é sublime; que a natureza, obra de Deus, é tão perfeita que torna-se bem difícil ao homem imitá-la. Eles sabem que custa pouco fazer rir com um disparate, ou um incidente cômico; mas que nem todos sabem fazer rir pela força do dito espirituoso, e pela graça da observação delicada. Mas o nosso público, não por sua culpa, sim pela nossa e pela de todos, não está ainda muito bem disposto a favor desta escola;

ele prefere que aquilo que se representa seja fora do natural; e só aplaude quando lhe chocam os nervos, e não o espírito, ou o coração.

À parte o exagero de Alencar – cinco minutos de silêncio, mesmo numa encenação realista, provocariam enorme tédio na platéia –, percebe-se nessa passagem que as diferenças entre as duas estéticas teatrais antagônicas estavam muito bem-estabelecidas na ocasião. O Ginásio, em apenas dois anos e meio de atividades, conseguiu pôr o São Pedro de Alcântara sob a mira dos intelectuais e escritores mais jovens, ansiosos por transformações que extinguissem o anacronismo do teatro brasileiro e reeducassem o gosto do grande público. Esse é o sentido das críticas de Alencar. As palavras com que encerra "A Comédia Brasileira", uma autêntica profissão de fé no realismo teatral, valem por um manifesto: "O tempo das caretas e das exagerações passou. *Inês de Castro*, que já foi uma grande tragédia, hoje é para os homens de gosto uma farsa ridícula". Mais uma vez, o alvo é João Caetano. A respeito dessas palavras, eis o comentário pertinente de Décio de Almeida Prado:

> A referência a João Caetano não podia ser mais direta e cruel. Era todo um repertório, todo um estilo de representação, que começavam a parecer enfáticos e vazios para as gerações literárias mais moças, afeitas ao coloquialismo, ao intimismo, à placidez burguesa e moralizante dos "dramas de casaca"[9].

2.3. MACHADO DE ASSIS: IDÉIAS SOBRE O TEATRO

No início de sua carreira literária, Machado de Assis foi, além de poeta, crítico teatral, dramaturgo, censor do Conservatório Dramático e tradutor de várias peças francesas. O interesse pelo teatro – até mesmo o entusiasmo, poder-se-ia dizer – já está presente num dos primeiros artigos que escreveu, "Idéias Vagas: a Comédia Moderna", quando tinha apenas dezessete anos. Publicado no jornal *Marmota Fluminense*, em julho de 1856, esse texto não desmerece o título. O articulista imberbe faz o elogio da "comédia moderna" – a que se representava no Ginásio –, mas conclama os leitores a irem ao teatro ver as produções de Adolphe Dennery e Anicet Bourgeois, autores de melodramas que nada tinham a ver com o realismo teatral. Apesar desse equí-

---

9. Décio de Almeida Prado, *João Caetano*, São Paulo, Perspectiva, 1972, pp. 130-131.

voco, há, no meio das idéias vagas, algumas outras não desprovidas de fundamento e afinadas com o novo repertório que nessa altura seduzia os jovens intelectuais fluminenses. Machado define o teatro como "o verdadeiro meio de civilizar a sociedade e os povos"[10] – idéia que jamais abandonou – e critica o gosto do público pela farsa movida a "pancadaria", gênero que considerava artisticamente inferior.

Machado acompanhou o movimento dos teatros em 1856, 1857, e em abril de 1858, pouco antes de completar dezenove anos, já discorria sobre o assunto com mais clareza, como comprovam os parágrafos finais do seu primeiro artigo importante de crítica literária – "O Passado, o Presente e o Futuro da Literatura". Preocupado com a inexistência de um teatro nacional digno desse nome, ele viu o excesso de traduções em nossos palcos, por culpa dos empresários, como o principal entrave para o desenvolvimento da arte dramática no Brasil. O público, dizia, não havia negado aplausos a Martins Pena e Macedo, prova de que os autores nacionais podiam ser tão lucrativos quanto os estrangeiros. Não deixa de ser curiosa a solução que apontou para o problema: um imposto sobre traduções dramáticas, cujo efeito, a seu ver, seria a corrida dos empresários às obras nacionais. Machado acreditava que essa medida estimularia o surgimento de novos dramaturgos e, à semelhança de Alencar, apontava o realismo teatral francês como modelo para a "criação" do teatro nacional:

> A escola moderna prestava-se precisamente ao gosto da atualidade. *As Mulheres de Mármore – O Mundo Equívoco – A Dama das Camélias* – agradaram, apesar de traduções. As tentativas do Sr. Alencar tiveram um lisonjeiro sucesso. Que mais querem? A transformação literária e social foi exatamente compreendida pelo povo; e as antigas idéias, os cultos inveterados, vão caindo à proporção que a reforma se realiza. Qual é o homem de gosto que atura no século XIX uma *punhalada* insulsa *tragicamente* administrada, ou os trocadilhos sensaborões da antiga farsa?
> Não divaguemos mais; a questão toda está neste ponto. Removidos os obstáculos que impedem a criação do teatro nacional, as vocações dramáticas devem estudar a escola moderna. Se uma parte do povo ainda está aferrada às antigas idéias, cumpre ao talento educá-la, chamá-la à esfera das idéias novas, das reformas, dos princípios dominantes. É assim que o teatro nascerá e viverá; é assim que se há de construir um edifício de proporções tão colossais e de um futuro tão grandioso[11].

---

10. Jean-Michel Massa, *Dispersos de Machado de Assis*, Rio de Janeiro, MEC/INL, 1965, p. 32.

11. J. M. Machado de Assis, *Obra Completa*, Rio de Janeiro, Aguilar, 1973, v. 3, p. 789.

A adesão de Machado de Assis ao realismo teatral tornou-se mais explícita nas páginas do jornal *O Espelho*, onde militou como crítico teatral entre 11 de setembro de 1859 e 8 de janeiro de 1860. Em seu texto de estréia, comentando o drama *O Asno Morto*, de Théodore Barrière, encenado pelo Ginásio, ele deixou bem clara a sua posição diante das duas estéticas teatrais que existiam na corte: "O *Asno Morto* pertence à escola romântica e foi ousado pisando a cena em que tem reinado a escola realista. Pertenço a esta última por mais sensata, mais natural, e de mais iniciativa moralizadora e civilizadora"[12]. No mesmo texto, as referências ao "desfecho sanguinolento" e "nada conforme com o gosto dramático moderno" do drama *Cobé*, de Joaquim Manuel de Macedo, representado no São Pedro de Alcântara, evidenciavam ainda mais sua inclinação pelo repertório realista.

Dos textos que Machado escreveu para *O Espelho*, o mais importante para a caracterização do seu pensamento dramático naquele momento foi publicado no quarto e quinto números do jornal e não abordava os espetáculos em cartaz. O título "Idéias Sobre o Teatro" definia o objetivo do crítico, desejoso de mostrar-se aos leitores também como "pensador". Seu ponto de partida ainda é a constatação da inexistência de um verdadeiro teatro nacional. Ou seja: as "vocações dramáticas" não estudaram o realismo teatral, conforme havia recomendado, e a reforma iniciada pelo Ginásio atingira apenas uma parcela da sociedade. Além disso, as traduções ainda predominavam em nossos palcos, impedindo que adquirissem um cunho nacional, e as platéias, por falta de iniciativas sérias das direções de empresas dramáticas e até mesmo do governo, apresentavam o paladar viciado, habituadas que estavam ao mau gosto do dramalhão e da farsa. Machado, como Alencar e Quintino Bocaiúva, queria um teatro que não fosse mero passatempo das massas, mas um instrumento de civilização e moralização dos costumes, pois acreditava na função educativa da arte, que devia "caminhar na vanguarda do povo como uma preceptora". Mas como educar o público sem um repertório de peças nacionais que retratassem os costumes da nossa vida social para melhorá-los através da crítica moralizadora? A combinação dos dois preceitos básicos do realismo teatral é a receita que prescreve para modernizar o palco e a platéia no Brasil:

> Uma iniciativa firme e fecunda é o elixir necessário à situação; um dedo que, grupando platéia e tablado, folheie a ambos a grande bíblia da arte moderna com todas as relações sociais, é do que precisamos na atualidade.

12. J. M. Machado de Assis, *Crítica Teatral*, p. 30.

Hoje não há mais pretensões, creio eu, de metodizar uma luta de escola, e estabelecer a concorrência de dois princípios. É claro ou é simples que a arte não pode aberrar das condições atuais da sociedade para perder-se no mundo labiríntico das abstrações. O teatro é para o povo o que o *Coro* era para o antigo teatro grego; uma iniciativa de moral e civilização. Ora, não se pode moralizar fatos de pura abstração em proveito das sociedades; a arte não deve desvairar-se no doido infinito das concepções ideais, mas identificar-se com o fundo das massas; copiar, acompanhar o povo em seus diversos movimentos, nos vários modos da sua atividade.

Copiar a civilização existente e adicionar-lhe uma partícula, é uma das forças mais produtivas com que conta a sociedade em sua marcha de progresso ascendente[13].

Favorável ao teatro utilitário, ao palco transformado em espaço para o debate de questões sociais, Machado, contrário à arte pela arte, recheou seu texto com referências ao teatro como "um canal de iniciação", "um meio de propaganda" ou "um meio de educação pública", aproximando-o da imprensa e da tribuna. Porém, mais insinuante e eficaz do que a palavra escrita ou falada, a palavra dramatizada é que tinha melhores condições de inocular nas veias do povo "o sangue da civilização". Um país sem literatura dramática estaria, portanto, condenado ao atraso moral e ao desconhecimento de si próprio, pois à arte é que cumpria "assinalar como um relevo as aspirações éticas do povo – e aperfeiçoá-las e conduzi-las, para um resultado de futuro grandioso".

Em função dessas idéias, toda a simpatia de Machado, nas críticas de *O Espelho*, voltou-se para o Ginásio, que "iniciou ao público da capital, então sufocado na poeira do romantismo, a nova transformação da arte – que invadia então a esfera social". O São Pedro de Alcântara, ao contrário, quase sempre mereceu críticas, pois muitas vezes descuidava dos figurinos, da decoração, além de encenar "composições-múmias" e não renovar o repertório. Machado chegou a fazer um apelo a João Caetano, para que se tornasse um aliado da reforma iniciada pelo Ginásio. Mas o grande intérprete romântico jamais cedeu às pressões e às críticas que recebeu da jovem intelectualidade. Manteve o seu estilo de interpretação grandioso e grandiloqüente, para o qual, aliás, não faltavam admiradores e imitadores. O ator Barbosa, por exemplo, que provavelmente era seu discípulo, foi três vezes censurado nas críticas de *O Espelho*, por abusar do exagero na voz e nos gestos. "Locução laboriosa, arrastada, com os *rr* de carrinho e as frases pronunciadas gota a gota; gesto grotesco, contorsões de corpo e

13. *Idem*, pp. 10-11.

de fisionomia...", eis um apanhado de seus defeitos – os da velha escola de declamação. Em relação à arte do ator, Machado preferia a naturalidade de um Furtado Coelho ou de um Joaquim Augusto. Mas como já citamos no capítulo anterior os elogios do crítico a esses artistas, vejamos estas considerações sobre os progressos de Jacinto Heller, a propósito de seu desempenho na peça *A Honra de uma Família*:

> O Sr. Heller, no papel de *Chennevières*, revelou muito talento que andava encoberto quando errava lá pelas constelações do romântico. Este moço tem-se desenvolvido muito depois que se uniu ao Ginásio; foi a pedra de toque de uma vocação larga. No drama de domingo, sobretudo, teve momentos belos, cenas perfeitas.
> Há talvez ainda uns laivos de uma educação artística viciosa; a fala ressente-se de uma gravidade própria do romantismo. Mas esse derradeiro crepúsculo de uma aurora maldespontada vai desmaiando: e o Sr. Heller tem-se mostrado digno companheiro de seus novos colegas"[14].

O primeiro conjunto de críticas de Machado não deixa dúvidas: o Ginásio serviu-lhe como uma verdadeira "escola" de teatro. Ali ele desenvolveu o gosto pelo repertório realista, aceitou sua feição utilitária e aplaudiu os artistas que concretizaram a renovação da *mise-en-scène*. Como crítico, porém, percebeu logo que a adesão irrestrita ao realismo teatral poderia atrapalhá-lo no julgamento estético de outras obras teatrais. Assim, ao ingressar no *Diário do Rio de Janeiro*, no início de 1860, demonstrou em seu primeiro texto ter evoluído para uma posição mais conciliadora em relação às escolas literárias. Se antes declarara "pertencer" à escola realista, a 29 de março afirmava que suas opiniões sobre o teatro eram "ecléticas em absoluto" e acrescentava: "Não subscrevo, em sua totalidade, as máximas da escola realista, nem aceito, em toda a sua plenitude, a escola das abstrações românticas; admito e aplaudo o drama como forma absoluta de teatro, mas nem por isso condeno as cenas admiráveis de Corneille e de Racine". Apesar dessas palavras, no mesmo texto Machado refere-se ao teatro como um "grande canal de propaganda". Ou seja: sem abdicar da crença na função civilizadora e moralizadora do teatro, ele procurou colocar-se acima das escolas literárias, para libertar-se de qualquer sectarismo no julgamento das peças teatrais. Para o exercício da crítica, queria critérios estéticos, como esclareceu ao afirmar que o "belo" não era exclusivo de nenhuma forma dramática, mas do trabalho do artista.

14. *Idem*, pp. 43-44.

No *Diário do Rio de Janeiro*, Machado escreveu apenas três críticas, sob o título "Revista Dramática". Mas nesse mesmo jornal foi o folhetinista das séries "Comentários da Semana" – novembro de 1861 a maio de 1862 – e "Ao Acaso" – junho de 1864 a maio de 1865. Ainda nesse período colaborou em dois outros periódicos: *A Semana Ilustrada* – dezembro de 1861 a junho de 1864 – e *O Futuro* – setembro de 1862 a julho de 1863. Rastrear as suas idéias nos artigos específicos sobre autores e peças, nos folhetins ou nos dezesseis pareceres que emitiu para o Conservatório Dramático, entre 1862 e 1864, significa acompanhar a evolução do seu pensamento e da própria história do teatro brasileiro na primeira metade do decênio de 1860. De um modo geral, nesses anos Machado manteve-se fiel aos princípios de imparcialidade e independência em relação às escolas literárias, julgando as peças a partir de critérios estéticos. Um bom exemplo disso é o elogio que fez à obra dramática de Victor Hugo, a propósito da encenação de *Angelo*, em janeiro de 1865: "Depois de tantos anos de existência, a obra dramática de Victor Hugo ainda granjeia o aplauso e a admiração. Não é um mérito da escola, é um mérito do poeta"[15]. Mas essa imparcialidade e independência não diminuíram sua simpatia pelos preceitos básicos do realismo teatral. A preocupação com a moralidade aparece em muitos folhetins – no jornal *A Semana Ilustrada*, são duras as restrições à imoralidade das peças representadas no *Alcazar Lyrique* – e, de modo especial, nos pareceres que emitiu como censor do Conservatório Dramático. O elogio à boa realização formal de *As Leoas Pobres*, de Émile Augier, é precedido destas considerações:

> Sempre que o poeta dramático limita-se à pintura singela do vício e da virtude, de maneira a inspirar, esta a simpatia, aquele o horror, sempre que na reprodução dos seus estudos tiver presente a idéia que o teatro é uma escola de costumes e que há na sala ouvidos castos e modestos que o ouvem, sempre que o poeta tiver feito esta observação, as suas obras sairão irrepreensíveis no ponto de vista da moral[16].

A definição do teatro como "escola de costumes" ou "pedra de toque da civilização" ou "uma tribuna e uma escola", que podemos encontrar em seus folhetins, indica que Machado não se distanciou muito das primeiras idéias que defendeu nas páginas

---

15. J. M. Machado de Assis, *Crônicas*, Rio de Janeiro, Jackson, 1950, v. 21, p. 310.
16. "Pareceres emitidos por Machado de Assis", em *Revista do Livro*, Rio de Janeiro, INL/MEC, *1/2*: 188, jun. 1956.

de *O Espelho*. Em relação à naturalidade ou à reprodução dos costumes da sociedade no palco, nada mais enfática do que esta defesa do princípio realista que o crítico localizou na peça *Os Mineiros da Desgraça*, de Quintino Bocaiúva:

> O poeta dramático tem o dever de copiar a parte da sociedade que escolhe, e ao lado dessa pintura pôr os traços com que julga se deve corrigir o original. O corretivo existe no drama; o autor nada tem que ver com as conseqüências desse corretivo. São eles verossímeis? Dão-se na vida real? Sem dúvida que sim. É quanto basta[17].

Para concluir, outra idéia à qual Machado manteve-se fiel diz respeito à suposta superioridade da alta comédia em relação às formas mais populares do cômico. Num folhetim de novembro de 1864, por exemplo, ele aconselhou o jovem escritor Reis Montenegro a evitar o elemento burlesco em suas composições dramáticas, lembrando que a grandeza de Molière se devia a peças do tipo *O Misantropo* ou *O Avarento*, não às caracterizações de Scapin ou de Pourceaugnac.

Não deixa de ser curioso o conselho, pois o próprio Machado, nessa altura, já havia escrito quatro comédias curtas – *Desencantos*, *O Protocolo*, *O Caminho da Porta*, *Quase Ministro* –, sem o elemento burlesco, certamente, mas modeladas ao gosto dos provérbios de Musset e de Feuillet. Quer dizer, surpreende em suas produções que não tenha tentado escrever à maneira de um Molière ou de um Alexandre Dumas Filho, já que em suas críticas reverencia a alta comédia como o modelo de peça para os autores brasileiros. É provável que, muito jovem, não se achasse ainda com fôlego para a comédia longa, de reflexões sobre o homem e a sociedade. Numa carta que enviou a Quintino Bocaiúva, em 1863, pedindo-lhe o julgamento de *O Protocolo* e *O Caminho da Porta*, que ia publicar num mesmo volume, confessou: "Tenho o teatro por cousa muito séria e as minhas forças por cousa muito insuficiente". Depois acrescentou que a sua ambição era mesmo chegar à alta comédia:

> Caminhar destes simples grupos de cenas – à comédia de maior alcance, onde o estudo dos caracteres seja consciencioso e acurado, onde a observação da sociedade se case ao conhecimento prático das condições do gênero – eis uma ambição própria de ânimo juvenil e que eu tenho a imodéstia de confessar[18].

---

17. J. M. Machado de Assis, *Crítica Teatral*, p. 185.
18. J. M. Machado de Assis, *Teatro*, Rio de Janeiro, Jackson, 1950, v. 28, p. 14.

Tanto a carta de Machado quanto a resposta de Quintino Bocaiúva exprimem os valores teatrais do período. Bocaiúva considerou as duas comédias um "ensaio", uma "experiência", uma "ginástica de estilo" e sentenciou que lhes faltava a base, ou seja, a "idéia". Eram textos de boa qualidade literária, mas para serem lidos, não representados, acrescentou. Por isso recomendava a Machado: "Já fizestes esboços, atira-te à grande pintura"[19]. É evidente que tinha em mente a alta comédia, ou a comédia realista francesa, ao longo da sua resposta.

Machado acabou desistindo do objetivo exposto na carta ao amigo. Se foi excesso de autocrítica ou decepção com os rumos que o teatro tomou no Rio de Janeiro a partir de 1863, quando o gênero alegre começou a ganhar a preferência das platéias e dos empresários teatrais, não se pode determinar. O fato concreto é que posteriormente não escreveu nenhuma alta comédia ou peça inspirada no realismo teatral. Por esse motivo, sua produção dramática não será objeto deste estudo. Machado, aqui, figura apenas como crítico teatral, mas como o mais importante do período, o que melhor documentou a reforma realista implementada pelo Ginásio.

2.4. JOAQUIM MANUEL DE MACEDO: A ÚLTIMA ADESÃO

Nove anos mais velho que José de Alencar, dezenove mais que Machado de Assis, Joaquim Manuel de Macedo, nascido em 1820, não pertencia à geração dos jovens intelectuais que estiveram unidos em torno do Ginásio. Mas, como sabemos, foi com uma comédia de sua autoria, *O Primo da Califórnia*, imitada do francês, que a pequena empresa dramática inaugurou os seus trabalhos em abril de 1855. Nesse mesmo mês, segundo J. Galante de Sousa[20], Macedo substituiu Justiniano José da Rocha no folhetim "A Semana", do *Jornal do Comércio*, onde permaneceu até 5 de setembro de 1859, acompanhando de perto o movimento dos teatros. A fonte do pesquisador foi a edição comemorativa do centenário do jornal, feita em 1927, que informa ainda que o autor de *A Moreninha* escreveu os folhetins das séries "O Labirinto" – 20 de maio a 17 de dezembro de 1860 – e "Crônica da Sema-

---

19. *Idem*, p. 19.
20. J. Galante de Sousa, *Machado de Assis e Outros Estudos*, Rio de Janeiro, Cátedra/MEC, 1979, p. 181.

na" – 13 de janeiro de 1861 a 3 de fevereiro de 1862. Como a leitura desse material nos pareceu imprescindível para o conhecimento das idéias teatrais de Macedo, consultamos as coleções do *Jornal do Comércio* e constatamos dois pequenos equívocos nas informações mencionadas acima. O primeiro folhetim da série "O Labirinto" apareceu a 23 de abril de 1860 e o último da série "Crônica da Semana" a 14 de outubro de 1861. Esclareça-se que todos esses escritos não eram assinados. Daí a dificuldade de se estabelecer os dados corretamente. Por sorte localizamos num pequeno espaço do *Jornal do Comércio* de 15 de outubro o pedido de demissão do folhetinista:

> Sr. Redator – Na *Crônica da Semana*, ontem publicada, foram incluídos sem que eu soubesse um artigo sobre o drama *Culpa e Perdão*, e ainda os dois últimos períodos, com que se termina o folhetim; e como eu fui até ontem o redator da *Crônica da Semana* do *Jornal do Comércio*, e não escrevi nem aquele artigo, nem aqueles períodos, nem estou de acordo com a matéria que eles contêm, entendo que não devo continuar a encarregar-me da redação da *Crônica da Semana*, e peço a V.S. o favor de dar publicidade a esta declaração.
>
> Convencido de que por modo algum houve pensamento de molestar-me com o fato que determina esta minha resolução, agradeço muito a V.S. o obsequioso empenho com que mostrou desejar conservar-me na redação do *Jornal do Comércio*, a que continuo pois a pertencer, exceto na parte da *Crônica da Semana*.
>
> Dr. Joaquim Manuel de Macedo.

Mais à frente voltaremos a esse assunto, pois o enxerto feito à revelia do folhetinista está relacionado com a difusão do realismo teatral em nossos palcos. Por ora interessam-nos as impressões sobre o movimento dos teatros entre 1855 e 1859, registradas nos folhetins intitulados "A Semana".

Como os colegas do *Correio Mercantil* e do *Diário do Rio de Janeiro*, Macedo acompanhou com simpatia e paternalismo os primeiros passos do Ginásio, animando-o em várias oportunidades, dando-lhe conselhos, elogiando-o e criticando-o quando achava necessário. Gostava das comédias de Scribe e admirava o esforço da pequena companhia para estrear a cada semana uma nova produção. As primeiras peças do repertório realista francês também foram saudadas com simpatia, mas não com o entusiasmo que poderia denotar uma adesão incondicional. Na verdade, com exceção de um comentário mais longo sobre *As Mulheres de Mármore*, Macedo não fez qualquer análise das peças de Dumas Filho, Augier, Barrière e Feuillet. Limitou-se a observações superficiais, a breves resumos dos enredos – às vezes nem isso – e a pequenos elogios ou censuras às representações. Sobre *A Dama das Camélias*, por exemplo, não escreveu uma linha sequer. A 10 de fevereiro de 1856, anunciou que ia ver a peça, mas não fez nenhum comentário nos folhetins seguintes. Ou melhor, quarenta dias depois, a 20 de abril, convidou os leitores a assistirem à comédia *O Ramalhete de Violetas*, acrescentando: "Eu gosto mais de violetas do que de camélias; pelo menos aquelas têm um suave perfume de inocência". Parece que Macedo não gostou muito das aventuras de Marguerite Gautier. E em relação a peças como *O Mundo Equívoco* ou *O Genro do Sr. Pereira* é até impossível saber a sua opinião. Ao comentar a primeira, limitou-se a elogiar a montagem e o desempenho de Pedro Joaquim; quanto à segunda, alegou que era bastante conhecida dos leitores e que por isso dispensava-se de analisá-la.

Não é difícil perceber nos folhetins da série "A Semana" que a simpatia de Macedo pelo Ginásio não se traduziu em identificação imediata com o realismo teatral. O peso da formação romântica e as ligações com João Caetano, que havia encenado peças de sua autoria, o levaram certamente a posicionar-se com cautela em relação ao novo repertório. Em contrapartida, são fartos os elogios ao grande intérprete romântico, em quem o folhetinista depositava as esperanças de um futuro brilhante para o teatro brasileiro. No folhetim de 11 de janeiro de 1857, por exemplo, há frases como esta: "Tome a peito o nosso primeiro ator o dar-nos um teatro nacional". Ou: "...seja também um dos poderosos instrumentos que contribuam para o florescimento do teatro nacional". Além disso, há elogios ao "mérito artístico" do ator e esta tomada de posição do folhetinista: "Há quem fale por aí em guerra que se faz ao Sr. João Caetano dos Santos. Eu pela minha parte não acredito nela, e quando a evidência me provasse que a guerra existe, não me alistaria por certo nas falanges inimigas".

Nos folhetins escritos em meados de 1857, Macedo se mostra mais sensível à idéia de que o teatro podia ser uma escola de moralização dos costumes. Mas nem por isso acredita nas possibilidades futuras do Ginásio, um "teatrinho pequenino, apertadinho e miudinho" que, apesar de ser melhor que o São Januário, "não nos pode contudo fazer esperar triunfos para a arte dramática". Esse ponto de vista só será alterado a partir de 1859, provavelmente porque nesse ano as presenças de Furtado Coelho, Joaquim Augusto e Gabriela da Cunha deram um brilho especial aos espetáculos da empresa de Joaquim Heleodoro. Em 1860, Macedo não só oferece a peça *Luxo e Vaidade* para a inauguração da

Sociedade Dramática Nacional, exprimindo desse modo sua adesão ao realismo teatral, como reassume a função de folhetinista do *Jornal do Comércio*, escrevendo textos que definem seu novo modo de encarar o movimento dos teatros no Rio de Janeiro.

O Ginásio, agora, torna-se merecedor de muitos elogios. Furtado Coelho é o ator insubstituível como "galã" das comédias realistas; Joaquim Augusto e Adelaide Amaral são inigualáveis no Rio de Janeiro – postos à parte João Caetano e Ludovina Soares da Costa. Macedo não perde a admiração pelos dois grandes intérpretes românticos, mas ousa preferir Joaquim Augusto a João Caetano no papel de Beaujolais, de *O Pelotiqueiro*, como vimos no capítulo anteiror. A naturalidade é o trunfo do artista do Ginásio, ressaltado pelo folhetinista, como será o de Adelaide Amaral na interpretação do principal papel feminino de *Os Mineiros da Desgraça*, de Quintino Bocaiúva: "A Sra. Adelaide encontrou um papel que executa sem esforço e com naturalidade. No 3º e 1º atos conquistou justos aplausos representando com uma verdade e sentimento, que todos pagaram com palmas e bravos". É o que escreveu no *Jornal do Comércio*, a 26 de julho de 1861.

Macedo não só compreendeu que o realismo teatral exigia a naturalidade dos intérpretes em cena, como defendeu o aprimoramento dos artistas brasileiros para que, "imitando" as personagens, dessem "à ficção a aparência de verdade". Além disso, em várias oportunidades referiu-se ao teatro como "um poderoso elemento de civilização", ressaltando a "influência que exerce sobre os costumes, a educação e a moralidade do povo"[21].

Esses conceitos, pinçados em alguns folhetins, dão uma visão um tanto fragmentária das idéias teatrais de Macedo. Mas, à semelhança de um Alencar, ele também escreveu a sua "profissão de fé" no realismo teatral. A representação de *Os Mineiros da Desgraça* no Ginásio, em julho de 1861, chocou alguns "espíritos demasiadamente melindrosos" com suas críticas veementes a certos vícios da vida social fluminense. O folhetinista fez a defesa do realismo da peça e exprimiu seus conceitos teatrais nestes termos:

> Qual é a missão do poeta ou do escritor dramático?... qual é a missão do teatro?... fazer-nos chorar com a tragédia, ou rir com a comédia, sem que essas lágrimas e esses risos sejam férteis em lições morais e aproveitem à sociedade?... ninguém será capaz de dizer que sim.
>
> O teatro não deve nem pode ser simplesmente um passatempo; é preciso que seja, além do mais que todos sabem, uma escola de moral e de costumes.

21. *Jornal do Comércio*, 19 ago., 10 fev. 1861 e 19 nov. 1860, p. 1.

Amesquinhar-se-iam muito os poetas, os romancistas e os dramaturgos se se reduzissem a representar o papel de alegres e complacentes lisonjeadores dos poderosos de todos os gêneros. Há de sobrar quem lisonjeie e adule aos que mais têm e aos que mais podem: os poetas, os romancistas e os dramaturgos têm de cumprir uma missão grandiosa; devem ser os pregadores de princípios sãos e de todas as verdades em proveito dos homens, em proveito da sociedade, em que pese aos que lucram com a mentira, com os abusos e com a ignorância e a sombra.

O poeta deve ser destemido e franco, deve ir procurar os abusos e os vícios onde eles se abrigam, e feri-los sem hesitação nem piedade [...].

Nas obras dramáticas de cada época deve aparecer a mesma época com as suas feições características, com os seus encantos e os seus senões, com as suas virtudes e os seus vícios: quando não acontece assim, é porque os escritores dramáticos mentem, e não sabem compreender a importância e a grandeza da sua missão moralizadora e civilizadora, e portanto,

Que vão poetizar para os conventos.

Considerai todos a época em que vivemos, considerai as circunstâncias em que se acha a moral no Brasil, considerai a ambição desregrada de riquezas, a usura que se alimenta das exigências desastrosas que impõe, a vaidade que abre precipícios, a deslealdade que agiganta a desconfiança, o ceticismo que assassina todas as crenças, a descrença religiosa que parece ligar-se com as tentativas de um fanatismo anacrônico, considerai enfim a desmoralização profunda que se faz sentir, e dizei se o escritor dramático deve, trêmulo e receoso pegar na pena, trêmulo e receoso escrever suas idéias, cortando pensamentos, medindo palavras, abundando em satisfações e todo meiguice e brandura pedir de joelhos ao vício e ao escândalo, e até às vezes ao crime, perdão do epigrama que lhe escapou por acaso?...

Não: o médico aplica muitas vezes o fogo para cauterizar a úlcera.

Antes de se irritarem contra algumas pungentes verdades que uma ou outra vez, e por infelicidade bem raramente, se manifestam no teatro, irritem-se contra os abusos, os vícios e malversões que provocam tais manifestações.

Falar e escrever sem rebuço, com franqueza e vigor patenteando os males que afetam a sociedade, é já um grande serviço[22].

Aí estão idéias bem semelhantes às que vimos nos textos de Quintino Bocaiúva, Alencar e Machado de Assis. Macedo foi o último escritor de peso, no período, a aderir ao realismo teatral. As palavras transcritas acima são claras e não deixam dúvidas: para ele, o dramaturgo devia reproduzir a realidade social de seu tempo no palco e aperfeiçoar os costumes através da crítica moralizadora dos vícios. Exatamente como queriam os autores franceses representados no Ginásio.

Nos últimos folhetins que escreveu, em agosto, setembro e outubro de 1861, Macedo reivindicou com muita veemência o apoio do governo para a regeneração do teatro nacional e criou sempre uma oportunidade para expor suas novas idéias teatrais.

22. *Jornal do Comércio*, 12 ago. 1861, p. 1.

Esse fato deve ter irritado alguém com certo poder na redação do *Jornal do Comércio*, pois a "Crônica da Semana" de 14 de outubro apareceu com um comentário grosseiro acerca do realismo teatral, que não poderia ter saído da pena de Macedo. A propósito da encenação do drama *Culpa e Perdão*, do português Pedro Carlos de Alcântara Chaves, o articulista anônimo ironizou as "cenas íntimas" da comédia realista, anunciando ainda que estava escrevendo um drama de costumes para iniciar os espectadores nos "mistérios da cozinha". Na pior parte de seu texto, afirmou:

> O público assistirá ao matar e depenar duma galinha, e verá distintamente, no ato de mexer-se o arroz, cair dentro da caçarola um pingo do nariz. Como se não rirão todos! O que é real é agradável: não vejo que ninguém conteste este princípio [...].
>
> O drama está visto que não pode ir à cena senão no Ginásio; o teatro de São Pedro a este respeito está muito mais atrasado.

Macedo não poderia mesmo aceitar essa "invasão" em seu folhetim. A provocação era evidente e vinha de alguém que ocupava uma posição de mando no *Jornal do Comércio*. O pedido de demissão do folhetinista significou, portanto, uma manifestação de sua independência de pensamento e uma clara demonstração de que não abdicava das novas idéias teatrais que abraçara nos últimos dois anos.

3. A Dramaturgia Realista

A formação de um razoável repertório de peças nacionais, quase todas escritas sob a influência dos temas e das formas da dramaturgia realista francesa, foi uma conseqüência natural, poder-se-ia dizer, da renovação teatral levada a cabo pelo Ginásio. Poucos escritores e intelectuais resistiram à tentação de se tornarem tradutores, críticos, dramaturgos ou até censores do Conservatório Dramático – Machado de Assis, por exemplo, foi tudo isso –, nesse período em que o poder de sedução do teatro parece ter sido maior que o do romance ou o da poesia. José de Alencar foi quem escreveu as primeiras peças identificadas com a nova estética teatral. Seguindo seus passos, surgiram, pela ordem de estréia: Quintino Bocaiúva, Joaquim Manuel de Macedo, Aquiles Varejão, Sizenando Barreto Nabuco de Araújo, Valentim José da Silveira Lopes, Pinheiro Guimarães, Francisco Manuel Álvares de Araújo, França Júnior, Constantino do Amaral Tavares e Maria Angélica Ribeiro.

Com maior ou menor intensidade, esses dramaturgos se deixaram influenciar pelas características do realismo teatral, como veremos na análise das peças que escreveram para o Ginásio, para o Teatro das Variedades ou para o Ateneu Dramático. Mas convém esclarecer, desde já, que nem todos conseguiram um bom resultado estético. De um modo geral, não se trata de um repertório de alto nível, embora algumas peças, naturalmente melhores do que outras, tenham feito sucesso de público e de crítica, configurando assim o gosto e as tendências de uma época. Outro aspecto importante a se considerar é que a ruptura com o Romantismo não se fez de forma radical. Muitos dramaturgos escreveram comédias realistas e dramas românticos, demonstrando que conviviam sem problemas com as duas tendências estéticas que dividiam a preferência do público. Alencar, por exemplo, escreveu *O Demônio Familiar* para o Ginásio e *O Jesuíta* para João Caetano. É bem verdade que defendeu no artigo "A Comédia Brasileira" o alinhamento com Alexandre Dumas Filho. Mas ao escrever um drama histórico, demonstrou que não desconhecia as regras românticas e saiu-se muito bem.

Quanto ao repertório que é objeto de estudo deste capítulo, convém observar também que em muitas peças há traços românticos ao lado de traços realistas, como veremos mais à frente. Joaquim Manuel de Macedo, para citar outro exemplo, escreveu duas peças para o Ginásio – *Luxo e Vaidade* e *Lusbela* –, nas quais percebemos que o desejo de alinhar-se com o realismo teatral não significou o abandono de certos recursos românticos. Esse hibridismo denota que o aprendizado da nova tendência estética não se fez da noite para o dia e que em muitos casos as dificuldades não foram superadas. De qualquer forma, o que importa assinalar é que há profundas diferenças entre esse repertório e as peças românticas de Gonçalves Dias, Teixeira e Sousa, Luís Antônio Burgain ou Carlos Antônio Cordeiro. Os dramaturgos ligados ao Ginásio deixaram de lado o drama histórico, o passado, e escreveram com os olhos voltados para o seu tempo, com o objetivo de retratar e corrigir os costumes, acreditando que influíam na própria organização da sociedade. Por isso, o realismo que praticaram era de cunho didático e moralizador.

3.1. JOSÉ DE ALENCAR

Vimos há pouco como Alencar (1829-1877) tinha idéias muito claras a respeito do teatro que desejava para o Brasil. Entusiasmado com a reforma realista, não hesitou em interromper a carreira de romancista, auspiciosamente iniciada com a publicação de *Cinco Minutos* e *O Guarani* no rodapé do *Diário do Rio de Janeiro*, para arriscar-se num terreno até então não explorado pelos nossos intelectuais: o da alta comédia[1].

1. Para a elaboração desta parte sobre a carreira teatral e a obra dramática de Alencar, aproveitamos várias passagens do nosso *José de Alencar e o Teatro* (São Paulo, Perspectiva/EDUSP, 1987), que contém informações e análises mais detalhadas.

A primeira peça que escreveu, *O Rio de Janeiro, Verso e Reverso*, revela, no entanto, um autor ainda temeroso das dificuldades do gênero dramático. Nessa pequena e despretensiosa comédia, que estreou a 27 de outubro de 1857 no Ginásio, Alencar contentou-se em criar uma situação cômica sem os recursos costumeiros da farsa — já rompendo portanto com a tradição iniciada por Martins Pena —, mas também sem lançar mão das características do "daguerreótipo moral". Ou seja: o *Verso e Reverso* é um primeiro ensaio, uma peça polida, que diverte mas não educa. Sua comicidade está toda centrada na recriação caricata de alguns tipos da Rua do Ouvidor e na trajetória do estudante paulista Ernesto, que passa da decepção com o Rio de Janeiro no primeiro ato ao mais puro encantamento no segundo, quando se mostra apaixonado pela prima Júlia.

O próprio Alencar não dava muito valor à "comédia ligeira" com que iniciou a carreira dramática. Preferia *O Demônio Familiar*, uma alta comédia confessadamente escrita à maneira de Dumas Filho, que subiu à cena do Ginásio uma semana depois do *Verso e Reverso*, a 5 de novembro de 1857. Seu apreço por essa peça era tão grande que a dedicou à Imperatriz D. Teresa Cristina, definindo-a como "um quadro da nossa vida doméstica; uma pintura de nossos costumes; um esboço imperfeito das cenas íntimas que se passam no interior das nossas casas; ... a imagem da família"[2].

De fato, *O Demônio Familiar* é tudo isso e mais alguma coisa. Na história do teatro brasileiro, figura como um autêntico divisor de águas, pois marca, a um só tempo, a ruptura com o romantismo teatral e o início de uma dramaturgia voltada para a discussão de problemas sociais. Alencar situou a ação dramática no Rio de Janeiro de seu tempo e a construiu com base em duas questões fundamentais: a da presença do escravo no interior da família brasileira e a das relações entre o amor, o dinheiro e o casamento[3]. De um lado, um problema especificamente nacional; de outro, o aproveitamento de idéias que se discutiam nas peças realistas francesas. Ressalte-se, entretanto, que a caracterização do personagem central, o escravo doméstico Pedro, não dependeu exclusivamente da observação dos costumes brasileiros. Também a ópera *O Barbeiro de Sevilha*, de Rossini, baseada na

---

2. *Diário do Rio de Janeiro*, 4 nov. 1857, p. 4.

3. Nessa mesma linha de análise, Décio de Almeida Prado escreveu um belo ensaio, intitulado "Os Demônios Familiares de Alencar", separata da *Revista do Instituto de Estudos Brasileiros* (15): São Paulo, 1974: pp. 27-57.

comédia homônima de Beaumarchais, ofereceu ao autor um modelo "clássico" de personagem, como se percebe nesta passagem da peça:

PEDRO – Sim. Pedro fez história de negro, enganou senhor. Mas hoje mesmo fica tudo direito.
CARLOTINHA – Que vais tu fazer? Melhor é que estejas sossegado.
PEDRO – Oh! Pedro sabe como há de arranjar este negócio. Nhanhã não se lembra, no teatro lírico, uma peça que se representa e que tem homem chamado Sr. Fígaro, que canta assim:
tra-la-la-la-la-la-la-la-tra!!
Sono un barbieri di qualità!
Fare la barba per carità!...
CARLOTINHA (*rindo-se*) – Ah! *O Barbeiro de Sevilha*!
PEDRO – É isso mesmo. Esse barbeiro, Sr. Fígaro, homem fino mesmo, faz tanta cousa que arranja casamento de sinhá Rosina com nhonhô Lindório. E velho doutor fica chupando no dedo, com aquele frade D. Basílio.
CARLOTINHA – Que queres tu dizer com isto?
PEDRO – Pedro tem manha muita, mais que Sr. Fígaro! Há de arranjar casamento do Sr. moço Eduardo com sinhá Henriqueta. Nhanhã não sabe aquela ária que canta sujeito que fala grosso? (*Cantando*) *La calunnia!...*[4]

Aí está, explicitado pelo próprio personagem, o seu perfil de escravo enredador, que o aproxima de Fígaro e de tantos outros lacaios ou criados da "antiga comédia italiana, francesa e ainda portuguesa", como observou José Veríssimo, sem todavia deixar de considerá-lo uma "criação original" de Alencar, "filha somente da sua observação"[5]. Veríssimo foi perspicaz ao apontar essa dualidade de Pedro, importante para se perceber que o seu parentesco com um tipo de personagem da tradição teatral não anula as características brasileiras que possui. Na polêmica travada com Joaquim Nabuco, em 1875, o próprio Alencar incumbiu-se de esclarecer que se a fantasia envolve as artimanhas de Pedro, sua linguagem é uma "cópia" do modo de falar de um escravo com quem conviveu na adolescência. E mais: que a linguagem pitoresca desse escravo era "falada com pequena diferença por todos os garotos fluminenses de sua idade, brancos ou pretos"[6].

Mas voltemos à citação transcrita mais acima, na qual impressiona o conhecimento que Pedro tem do enredo de *O Barbei-*

4. José de Alencar, *Obra Completa*, v. 4, pp. 100-101. As outras citações de peças de Alencar serão feitas a partir desta edição.
5. José Veríssimo, *História da Literatura Brasileira*, 5ª ed., Rio de Janeiro, José Olympio, 1969, p. 256.
6. Afrânio Coutinho (org.), *A Polêmica Alencar-Nabuco*, Rio de Janeiro, Tempo Brasileiro, 1965, p. 123.

ro de Sevilha, a ponto de atribuir a si mesmo a "manha" de Fígaro e a capacidade de maquinação de D. Basílio. É impossível deixar de levar em conta essa aproximação, que nos dá a chave para se compreender a construção do enredo de *O Demônio Familiar*, composto pelos vários "nós" que o moleque endiabrado ata com suas mentiras. Lembremos que D. Basílio, na ópera de Rossini, filosofa sobre o poder da calúnia, arma terrível e altamente destrutiva. Ora, a calúnia é também a arma de Pedro, com a qual cria todas as confusões da comédia, afastando e aproximando as pessoas umas das outras, movido por um objetivo fútil, o de ser cocheiro, e uma idéia perniciosa, a de querer arranjar casamentos ricos para Eduardo e Carlotinha.

É desse modo que Alencar estabelece as ligações entre o assunto nacional e a questão mais ampla que era discutida pelos dramaturgos franceses, a das relações entre o casamento, o amor e o dinheiro. Seu desejo, afinal, era mostrar "os inconvenientes da domesticidade escrava" e combinar os costumes criados pela escravidão, "elemento local e contemporâneo", com "as aspirações nobres da pureza da família e da regeneração da sociedade"[7].

Não é sem motivo, portanto, que a preocupação com o casamento atravessa *O Demônio Familiar* de ponta a ponta. Toda a ação da comédia está centrada nas intrigas de Pedro, que desmancha três prováveis casamentos – Eduardo-Henriqueta, Alfredo-Carlotinha, Azevedo-Henriqueta – e tenta arranjar outros dois – Eduardo-viúva, Azevedo-Carlotinha. Motivado pelo desejo de ascender socialmente, dentro de sua restrita escala de valores, Pedro acaba defendendo uma concepção de casamento que os dramaturgos realistas não se cansaram de condenar: a do casamento por dinheiro. Eis como ele se justifica perante Eduardo, logo que sua primeira trama é descoberta:

> Pedro tinha arranjado casamento bom; viúva rica, duzentos contos, quatro carros, duas parelhas, sala com tapete [...]. Sinhá Henriqueta é pobre; pai anda muito por baixo; senhor casando com ela não arranja nada [...]. VMcê perdoa; foi para ver senhor rico.

No primeiro ato, quando tenta convencer Carlotinha a aceitar a corte de Alfredo, a valorização do dinheiro aparece mais uma vez: "Mas nhanhã precisa casar! Com um moço rico como Sr. Alfredo". Entretanto, ao perceber que Alfredo não é rico, Pedro cria uma intriga para afastá-lo de Carlotinha. Ao mesmo

---

7. *Idem*, p. 122.

tempo, tenta aproximar a moça do abastado Azevedo. Eduardo definiu o moleque com bastante precisão: um corretor de casamentos, para quem o dinheiro é mais importante que o amor e a amizade.

O casamento de Henriqueta com Azevedo é também a solução que Vasconcelos encontra para os seus problemas econômicos. Sem se abalar com as negativas da filha, convence-a de que não pode recusar o pedido daquele que é seu credor. Na verdade, Vasconcelos encontrara a maneira mais fácil de saldar a sua dívida. Henriqueta percebe que está sendo utilizada como um objeto de troca e se queixa a Eduardo: "Meu pai deve a esse homem, e julgou que não podia recusar-lhe a minha mão, apesar das minhas instâncias. Lutei um mês inteiro, Eduardo, mas lutei só; e uma mulher é sempre fraca, sobretudo quando se exige dela um sacrifício". Ambos têm consciência de que não se trata de um casamento, mas de uma verdadeira transação comercial, um jogo de interesses no qual o lucro de Vasconcelos é bastante visível. Mas Azevedo, que vantagens obtém com essa negociação? Deparamos agora com outra concepção de casamento que desagradava profundamente aos espíritos moralistas de meados do século passado: a que encarecia a conveniência social. Ao comunicar a Eduardo que está prestes a se casar, Azevedo afirma que não ama sua noiva e que vê no casamento apenas duas conveniências:

AZEVEDO – ...a primeira é que um marido como eu está preparado para desempenhar perfeitamente o seu grave papel de carregador do mantelete, do leque ou do binóculo, e de apresentador dos apaixonados de sua mulher [...]. A segunda conveniência, e a principal, é que, rico, independente, com alguma inteligência, quanto basta para esperdiçar em uma conversa banal, resolvi entrar na carreira política.

Como Eduardo não o compreende de imediato, ele explica:

AZEVEDO – ...Uma mulher é indispensável, e uma mulher bonita!... É o meio pelo qual um homem se distingue no *grand monde*! Um círculo de adoradores cerca imediatamente a senhora elegante, espirituosa, que fez a sua aparição nos salões de uma maneira deslumbrante! Os elogios, a admiração, a consideração social acompanharão na sua ascensão esse astro luminoso [...]. Ora, como no matrimônio existe a comunhão de corpo e de bens, os apaixonados da mulher tornam-se amigos do marido, e vice-versa; o triunfo que tem a beleza de uma, lança um reflexo sobre a posição do outro. E assim consegue-se tudo.

Eduardo, o *raisonneur* da peça, incumbe-se evidentemente de fazer a crítica moralizadora das idéias de Azevedo, demonstrando que o casamento deve ter por base o amor, não o dinheiro ou as conveniências sociais. O amor, entenda-se, não como sinônimo da paixão romântica, sempre devastadora, mas como um sentimento calmo, equilibrado, uma afeição nascida nas reuniões de famílias honestas e alimentada pelo convívio decente dos jovens que se preparam para o casamento. Na ótica de Alencar, o amor, encarado desse modo, era sempre uma espécie de garantia da fidelidade conjugal e, conseqüentemente, do equilíbrio da família e da sociedade. Eduardo defende essas idéias e as põe em prática, convidando Alfredo, pretendente à mão de Carlotinha, a freqüentar a sua casa, para que a irmã o conheça de verdade. Eis como ele desromantiza o amor, num diálogo com a mãe:

EDUARDO – ...Ninguém conhece melhor o homem que a ama, do que a própria mulher amada; mas para isso é preciso que o veja de perto, sem o falso brilho, sem as cores enganadoras que a imaginação empresta aos objetos desconhecidos e misteriosos. Numa carta apaixonada, numa entrevista alta noite, um desses nossos elegantes do Rio de Janeiro pode parecer-se com um herói de romance aos olhos de uma menina inexperiente; numa sala, conversando, são, quando muito, moços espirituosos ou frívolos. Não há heróis de casaca e luneta, minha mãe; nem cenas de drama sobre o eterno tema do calor que está fazendo.

A principal função de Eduardo é defender o casamento e a família como instituições civilizadoras. E isso ele faz de vários modos. Em primeiro lugar, refuta com suas falas moralizantes o casamento por dinheiro ou por conveniência; depois, aproxima Alfredo de Carlotinha e, em seguida, resgata Henriqueta das mãos de Azevedo. Por fim, e agora voltamos ao assunto discutido inicialmente, expulsa Pedro de sua casa, dando-lhe uma carta de alforria, quando descobre que o escravo fora o causador de todos os problemas que sua família vinha enfrentando.

O desfecho da peça é um tanto desconcertante e cheio de intenções que mereceram interpretações diversas da crítica. Qual é o significado da liberdade dada ao escravo? Já discutimos demoradamente essa questão em nosso *José de Alencar e o Teatro*, concluindo que se trata de uma condenação do cativeiro, sugerida pelo próprio curso do enredo, mas não defendida como tese por Alencar. Ou seja: *O Demônio Familiar* não chega a ser propaganda contra a escravidão, mas uma crítica contundente a um costume da velha família brasileira. Manter a domesticidade escrava era um anacronismo que uma família moderna como a de Eduardo, médico, um profissional liberal da pequena burguesia emergente no Brasil de então, não podia mais aceitar. A liberdade dada a Pedro, vista por esse ângulo, não deixava de ser uma verdadeira provocação de Alencar à sociedade escravista.

Resta ressaltar, finalmente, as intenções nacionalistas da peça, sugeridas pela presença do assunto nacional e explicitadas pela caracterização satírica do europeizado Azevedo. Com seu desamor às coisas brasileiras e o hábito de introduzir expressões francesas em suas falas, esse personagem encarna os sentimentos antinacionalistas que Alencar exorciza em vários momentos. Como neste diálogo:

AZEVEDO – ...Não há arte em nosso país.
ALFREDO – A arte existe, Sr. Azevedo, o que não existe é o amor dela.
AZEVEDO – Sim, faltam os artistas.
ALFREDO – Faltam os homens que os compreendam; e sobram aqueles que só acreditam e estimam o que vem do estrangeiro.
AZEVEDO (*com desdém*) – Já foi a Paris, Sr. Alfredo?
ALFREDO – Não senhor; desejo, e ao mesmo tempo receio ir.
AZEVEDO – Por que razão?
ALFREDO – Porque tenho medo de, na volta, desprezar o meu país, ao invés de amar nele o que há de bom e procurar corrigir o que é mau.

As palavras de Alfredo traduzem, na verdade, as preocupações de Alencar com a defesa do nacionalismo e, por conseguinte, com a afirmação de uma arte autenticamente nacional. No caso específico do teatro, que mais sofria a concorrência estrangeira, esse diálogo servia também para despertar nos espectadores da época o apreço pelas peças brasileiras.

Esse modo de "captar a benevolência" deu certo. O clima de animação que tomou conta do meio intelectual do Rio de Janeiro durante as primeiras representações de *O Demônio Familiar* foi notável. A peça era mesmo diferente de tudo quanto a dramaturgia brasileira havia produzido até então e seus propósitos renovador e nacionalista não passaram despercebidos dos folhetinistas que se ocupavam da crítica teatral. Sousa Ferreira, no *Diário do Rio de Janeiro* de 8 de novembro de 1857, afirmou categoricamente: "*O Demônio Familiar* é a primeira alta comédia original que aparece na cena brasileira". Em seguida, elogiou a maneira realista pela qual Alencar reproduziu a vida da família e a lição moral do fecho da peça. No *Correio Mercantil*, a 7 de novembro, Francisco Otaviano fez um rápido histórico da nossa dramaturgia e destacou a importância da comédia de Alencar no processo de nacionalização do teatro brasileiro:

Ainda há pouco fiz uma peregrinação pelos nossos teatros em procura do drama nacional. Com grande esforço pude divisá-lo, porém envergonhado e tímido, carregando a esteira de Antonio José ou embrulhando o lençol do Fantasma Branco, fugindo dos gauleses naturalizados à força, e que nem ao menos falavam bem o português. A nossa mocidade, por um vexame que orçava com o mau orgulho, deixara sozinhos na arena os primeiros lutadores que desafiaram o espírito nacional. Isso me consolava: também eu podia passar por orgulhoso e envernizar assim, como muitos outros, a minha inferioridade.

Esse pretexto, porém, não o tenho mais, nem o têm eles. Um jornalista eminente, que não precisava de um florão novo para a sua coroa, veio com a audácia que só inspira o verdadeiro talento arrancar-nos, a uns a indolência, a outros o temor, a todos o pretexto.

Alencar é um exemplo a ser seguido, sugerem as palavras do folhetinista. Viera em socorro do teatro brasileiro, carente de textos, desatualizado e dependente de traduções, para dar um impulso decisivo em direção à criação de um repertório original. Otaviano só tem palavras de admiração para *O Demônio Familiar*. Define-o como "um quadro suave e enternecedor de todas as emoções do lar doméstico" e "um drama onde se exaltam os mais belos sentimentos de família".

Com exceção de Paula Brito, que fez uma série de restrições no jornal *A Marmota*, todos os artigos que apareceram na imprensa foram elogiosos. Diante de várias manifestações a respeito de sua comédia, Alencar julgou oportuno explicar o que tinha em mente quando a escreveu. Publicou então, a 14 de novembro, no *Diário do Rio de Janeiro*, o artigo "A Comédia Brasileira", que era também uma resposta polida aos elogios de Francisco Otaviano e uma defesa contra as críticas de Paula Brito.

O *Verso e Reverso* e *O Demônio Familiar* ainda atraíam o público fluminense ao Ginásio, em meados de dezembro de 1857, quando os jornais começaram a anunciar a estréia de *O Crédito* para o dia 19 do mesmo mês. Nessa peça, Alencar novamente deu mostras de sua filiação estética, inspirando-se em *La Question d'Argent*, de Dumas Filho, para trazer à cena os problemas relativos à especulação, ao enriquecimento ilícito, ao poder de sedução do dinheiro e à monetização dos sentimentos. Mas além do modelo literário, o Rio de Janeiro, crescendo sob o influxo de um capitalismo incipiente, desde que o tráfico de escravos fora interrompido, em 1850, ofereceu também uma série de sugestões ao dramaturgo. A época, afinal, "era caracterizada pela ânsia de enriquecer de repente, por um golpe de audácia"[8], escreveu Joaquim Nabuco. E o próprio Alencar, já nos folhetins "Ao Correr

---

8. Joaquim Nabuco, *Um Estadista do Império*, São Paulo, Instituto Progresso Editorial, 1949, p. 258.

da Pena", criticara veementemente os abusos cometidos por agiotas e especuladores na Praça do Comércio e a febre bolsista que assaltou a cidade na primeira metade do decênio de 1850. Assim, sem ser uma mera reprodução das idéias de *La Question d'Argent*, mas muito influenciada por elas, *O Crédito*, com o mínimo indispensável de cor local, também retrata a corrupção moral das pessoas que colocam o dinheiro acima de valores como o trabalho, a honra, a honestidade e a inteligência.

Alencar, à semelhança de Dumas Filho, contrapõe em sua peça as idéias condenáveis de um especulador aos valores éticos que deviam orientar a organização social burguesa. O "vilão" de *O Crédito* é Macedo, secundado por Oliveira, ambos defensores da "soberania do dinheiro" e preocupados apenas com o objetivo de enriquecer, o único, acreditavam, que o homem de negócios devia ter em mente. O pior dos dois é Macedo, o agiota incorrigível, o especulador que explora toda possibilidade de lucro, mesmo que isso o faça perder a estima e a amizade dos homens de bem. O papel que desempenha na peça não desmente este auto-retrato frio e cínico:

MACEDO – ...Nunca estudei moral, Sr. Pacheco, e por isso não entendo essas distinções filosóficas. Sou um homem prático, um homem de negócios; trato da minha vida sem me ocupar com a dos outros. Podem dizer que sou agiota, especulador, que vivo de jogar na Praça. Pouco me importa! Estou convencido que só há na sociedade dois poderes reais: a lei e o dinheiro. Respeito uma, e ganho o outro. Tudo que dá a riqueza é bom; tudo o que a lei não pune, para mim é justo e honesto. Eis os meus princípios.

O antagonista de Macedo na peça é Rodrigo, personagem principal, *raisonneur* defensor das idéias moralizantes de Alencar em relação aos desmandos da burguesia ávida de dinheiro. A especulação, segundo suas palavras, "é um jogo, um abuso de confiança que a moral condena e que todo homem honesto reprova". Rodrigo condena o enriquecimento ilícito e ensina às outras personagens – e obviamente ao espectador/leitor – que o trabalho e a inteligência são capitais mais valiosos que o dinheiro. A um só tempo, cr tica as manobras dos especuladores e faz a defesa do crédito, instituição que possibilita a ascensão econômica do homem inteligente e honesto, ainda que pobre:

RODRIGO – A missão do crédito é outra; é nivelar os homens pelo trabalho e dar à atividade os meios de criar e produzir. Outrora, para adquirir-se uma fortuna, era preciso consumir toda a existência em privações, juntar-se real a real. A riqueza era o privilégio de poucos; uma herança que o filho recebia de seu pai. A inteligência estava então condenada à pobreza, ganhava apenas o mesquinho salário de seu serviço material, ou vendia-se aos ricos que a exploravam em seu proveito. Um dia, porém, um homem de dinheiro compreendeu que o trabalho e a probidade eram melhor garantia do que a fortuna que o acaso pode destruir um momento. Esse homem chamou os amigos pobres, mas honestos e empreendedores, e confiou-lhes os seus capitais para que eles realizassem as suas idéias. O crédito estava criado. Outros seguiram o exemplo; associaram-se e formaram um banco. Essa pequena instituição, escondida no fundo da loja de um judeu desenvolveu-se, dominou as grandes praças comerciais, e hoje circula o globo. Eis o que é o crédito: é a *regeneração do dinheiro*. O orgulho dos ricos tinha inventado a soberania da riqueza, soberania bastarda e ridícula; o crédito destronizou essa soberania: do ouro que era senhor, fez um escravo, e mandou-lhe que servisse à inteligência, a verdadeira rainha do mundo.

No plano das idéias, Macedo e Rodrigo são os dois pólos em torno dos quais gravitam as outras personagens, apreendidas por um inevitável prisma maniqueísta. O maior adepto do pensamento de Macedo é Oliveira, um moço que se aproxima de Julieta, a principal personagem feminina, com a pretensão de casar-se para pôr as mãos num dote valioso. Olímpia, mulher fútil, sobre quem pesam as desconfianças de que seja amante de Macedo, vive com mais luxo do que permitem as magras posses do marido, um pobre funcionário público. Ambos são calculistas e vêem no casamento da filha Cristina, uma mocinha frívola, com Hipólito, irmão de Julieta, a solução para os problemas financeiros. Nesse grupo de personagens inclui-se também o parasita Guimarães, um moço que não trabalha e que faz de tudo para ser recebido pelas famílias ricas. No pólo oposto, compartilhando as idéias de Rodrigo, estão Pacheco, um rico e honrado negociante, sua mulher e sua filha Julieta, que é, por vezes, a extensão da consciência do *raisonneur*, sobretudo quando dirige críticas ao casamento por dinheiro, num diálogo com Macedo, ou quando expõe seu pensamento em conversas com Cristina e com o próprio Rodrigo. Já Hipólito, apesar de pertencer à família honesta da peça, é um moço sem ideais, que não leva a sério os estudos de medicina e que vai se formar sem saber nada. O dinheiro do pai garante-lhe os prazeres mundanos e uma vida despreocupada, sem dificuldades.

No plano do enredo, os três primeiros atos de *O Crédito* resumem-se a demonstrar o assédio à família de Pacheco daqueles que querem tirar proveito da sua fortuna. As cenas são construídas com a naturalidade que a comédia realista requer, mas as reuniões sociais transformam-se em espaço para a discussão de idéias, já que o confronto entre os dois grupos de personagens é inevitável. A peça, centrada em diálogos com função moralizadora, torna-se um tanto maçante. A retórica de Rodrigo é exagerada, professoral, composta de falas muito longas, de modo que a ação dramática resulta fria e rarefeita, emoldurada pelas discussões mais amplas acerca do crédito, da especulação, da agiotagem e da monetização dos sentimentos. Tem razão R. Magalhães Jr. quando afirma que "Alencar precisou de cinco atos porque se preocupou mais com os discursos moralizantes do que com a trama e as situações dramáticas"[9].

De fato, os dois últimos atos só comprovam o poder de persuasão de Rodrigo, que consegue regenerar todas as personagens desonestas, com exceção de Macedo. Assim, o quadro que se apresenta no final da peça é um primor de decência e moralidade. Olímpia, anteriormente escrava do luxo e da ostentação, torna-se esposa exemplar e passa a viver de acordo com as posses do marido. Ambos concordam que Cristina, também convencida da superioridade das idéias de Rodrigo, se case com Hipólito, mas antes querem pagar o que devem a Pacheco, para que não pairem dúvidas sobre a sinceridade dos sentimentos da filha. Oliveira, que dividira com Macedo uma pretensa sociedade, mostra-se inteiramente arrependido e disposto a resgatar pelo trabalho a sua integridade moral. Seu pior castigo foi apaixonar-se de verdade por Julieta, sem conseguir pagar as letras avalizadas por Pacheco. Desmascarado, sua desonestidade inicial fica consumada e o noivado é desfeito para que Julieta, livre, possa casar-se com Rodrigo. Guimarães, ex-vagabundo, deixa de ser um parasita das famílias ricas e torna-se empregado corretíssimo de Pacheco. E Hipólito, que fora estudante relapso durante vários anos, decide estudar depois de formado médico. Tudo isso ocorre, evidentemente, graças à retórica de Rodrigo, cujas preleções, ao longo da peça, são os fios condutores do enredo.

O Crédito, como se vê, é uma exaustiva reflexão moral sobre o papel do dinheiro na organização social burguesa. Alencar o considera um instrumento de progresso, quando aliado ao trabalho e à inteligência, e apresenta os efeitos maléficos que produz em quem despreza os valores éticos da burguesia. As boas intenções do dramaturgo não impediram, porém, a má resolução da peça no plano da forma. Excesso de retórica, falas longas demais, situações dramáticas de pouco interesse, moralismo exacerbado, eis alguns defeitos que a comprometem de modo irremediável.

9. R. Magalhães Jr., *José de Alencar e sua Época*, 2ª ed., Rio de Janeiro, Civilização Brasileira, 1977, p. 125.

Não foi sem razão, portanto, que não repercutiu junto ao público fluminense como as anteriores, que tiveram cerca de dez representações seguidas cada uma. *O Crédito* não foi além de três, apesar da benevolência dos críticos teatrais, que ressaltaram sobretudo sua finalidade moralizadora. O censor do Conservatório Dramático, Antônio Luís Fernandes da Cunha, por exemplo, emitiu um parecer em que os elogios são abundantes e até exagerados:

> A comédia em cinco atos intitulada *O Crédito* não oferece assunto para a crítica, porque tudo aí é belo, interessante, magnífico; diálogos, caracteres, enredo, tudo está pautado segundo os preceitos da arte, desenvolvido conforme as prescrições do bom gosto literário, e traçado de acordo com as saudáveis modificações introduzidas pela escola moderna [...].
>
> A comédia *O Crédito* é o mimoso fruto de uma sublime inspiração: o talento do escritor deu-lhe as proporções de um livro de moral pura e severa; o gênio do poeta emprestou-lhe as galas, as louçanias de um poema cheio de magia e de encanto[10].

A monotonia do espetáculo, que afastou o público do teatro, evidenciava contudo as falhas da peça. E apenas o folhetinista do *Correio da Tarde*, M. Leite Machado, com o devido respeito ao autor, discordou das opiniões favoráveis que apareceram no *Diário do Rio de Janeiro* e no *Correio Mercantil*, afirmando:

> [...] gosto de uma comédia que se desenvolva com facilidade na intriga e peripécia, porém nada disso encontrei no *Crédito*: as suas cenas são frias e extensas e os diálogos demasiadamente longos ... A comédia do Sr. Dr. Alencar parece-me mais uma composição para ler, do que para ser representada, mais um romance do que uma comédia; é ela uma composição de muito merecimento, mas de pouco efeito cênico[11].

O fracasso de *O Crédito* deixou Alencar bastante magoado. Durante todo o ano de 1857, experimentara apenas o sucesso, como dramaturgo e romancista. Além disso, estudara seriamente a estética teatral realista, a fim de aproveitá-la na construção de uma dramaturgia renovada, que poderia servir de ponto de partida para outros escritores brasileiros, e poucos reconheciam os seus esforços. O desabafo não tardou. Na "Dedicatória" ao Conservatório Dramático de mais uma peça escrita em 1857, *As Asas de um Anjo*, o dramaturgo atribuiu o malogro ao indiferentismo

---

10. *Diário do Rio de Janeiro*, 12 dez. 1857, p. 2.
11. *Correio da Tarde*, 26 dez. 1857, p. 1.

de uma parcela da elite intelectual e à desatualização do público fluminense, acrescentando que desistia de escrever para o teatro.

Mas, além do desabafo, a "Dedicatória" reforça as intenções realistas de Alencar. Segundo afirma, as suas três primeiras peças, apesar das diferenças que mantêm entre si, estão ligadas por um mesmo propósito: o de "pintar" os costumes do Rio de Janeiro de seu tempo, apresentando "quadros antes verdadeiros, do que embelezados pela imaginação ou pelo artifício". Nesse sentido, tencionando ser fiel a um dos pressupostos básicos da estética teatral realista, acrescentou:

> Para esse fim em cada uma das minhas obras tomei um ponto de observação diferente, como faria um pintor, que desejando copiar a natureza em todos os seus acidentes, procurasse diversas perspectivas.
>
> *O Rio de Janeiro, Verso e Reverso* é a comédia da rua; *O Demônio Familiar* é a comédia do interior da casa; *O Crédito* é a comédia da sala. Na primeira procurei desenhar o público; na segunda a família; na terceira a sociedade[12].

Essas palavras deixam transparecer a intenção ambiciosa do dramaturgo: construir um vasto painel da vida na corte por meio de várias peças escritas com base numa ótica realista. *As Asas de um Anjo*, vindo em seguida a *O Crédito*, estava intimamente ligada às anteriores, dizia na "Dedicatória", e obedecia à mesma orientação. Só que desta vez, afastando-se do público, da família e da sociedade, voltava-se, mais arrojado, para um assunto delicado e escorregadio: a prostituição.

No início de 1858, os membros da Mesa do Conservatório Dramático se reuniram para deliberar conjuntamente sobre *As Asas de um Anjo* e emitiram um elogioso parecer, ressaltando o alcance moralizador e a originalidade da peça, bem como a "superioridade" de Alencar em relação a Dumas Filho, Barrière e Thiboust:

> Os autores da *Dama das Camélias* e das *Mulheres de Mármore* descreveram cenas análogas às que o Sr. Dr. Alencar apresenta na sua comédia; mas aqueles deixaram a obra incompleta, porque não trataram de extrair o suco de sua análise, isto é, aceitaram o fato da prostituição da mulher como um ato regular da vida das sociedades, desenvolveram-no segundo o maior ou menor capricho de sua imaginação, e limitaram-se a aceitar a qualidade de pintores, sem visar aos foros de moralista. O Sr. Dr. Alencar foi mais longe: apresentou o fato, descreveu as suas causas e os seus resultados, e no fim de tudo extraiu a moralidade relativa, dando ao arrependimento sincero, à expiação do passado, ao sagrado império da

---

12. *Diário do Rio de Janeiro*, 26 jan. 1858, p. 2.

maternidade, o direito de reabilitar a mulher que, arrastada pelas seduções do vício, escarnecera outrora das leis da virtude[13].

Antes de tudo, convém lembrar que *A Dama das Camélias* e *As Mulheres de Mármore*, apesar de abordarem o mesmo assunto, apresentam pontos de vista conflitantes. Alencar, ao escrever *As Asas de um Anjo*, aproveitou sugestões de ambas as peças: da primeira, a idéia da regeneração da cortesã; da segunda, a preocupação com a moral. É claro que a observação dos censores a respeito da inexistência de intenção moralizadora por parte de Barrière e Thiboust é incorreta.

As discussões acerca da prostituição travadas no teatro francês tiveram enorme repercussão no meio intelectual do Rio de Janeiro a partir do momento em que o Ginásio passou a representar peças que abordavam o assunto. Alencar, que já havia transplantado para a nossa dramaturgia a *Question d'Argent*, assumiu mais uma vez, ao escrever *As Asas de um Anjo*, o papel pioneiro de incorporar um problema da civilizada Europa aos nossos atrasados trópicos. Em sua peça, procurou mostrar que a nossa vida urbana – ou pelo menos a da corte –, à semelhança da parisiense, tinha também as suas mulheres de mármore, os seus anjos decaídos, ameaçando a vida plácida da família burguesa brasileira e contaminando inclusive os lares mais humildes. Ocorre, porém, que Alencar não se limitou a apresentar essa visão negativa da cortesã.

Sua formação era romântica, não esqueçamos, e isso o levou a considerar também a figura da cortesã boa de coração, capaz de se regenerar e de ter sentimentos puros. Quer dizer, *As Asas de um Anjo* aproveita as idéias conflitantes do realismo e romantismo teatral acerca da prostituição e de seu papel na vida social. Desde o prólogo até o final do quarto ato, a peça estrutura-se com base no confronto entre essas idéias, defendidas e *vividas* por determinadas personagens. Apenas o epílogo foge a essa regra, pois, como veremos, é o momento em que o confronto cede lugar a uma tentativa de conciliação de opostos.

Podemos afirmar, sem perigo de erro, que Carolina concentra em si quase que todo o lado romântico da peça. Já no prólogo, por exemplo, ela prefere a "linguagem do amor e da sedução" de Ribeiro à "linguagem da amizade e da razão" de Luís. Apaixona-a muito mais o sonho com uma existência brilhante, a aventu-

---

13. *Idem*, p. 2.

ra, do que o cotidiano rasteiro que o pai quer impor-lhe ao pretender que se case com o primo a quem não ama. Alencar atenua a opção de Carolina, fazendo-a desmaiar nos braços de Ribeiro, que a carrega para fora de casa aproveitando-se do afastamento de Luís. Mas isso é irrelevante. O que importa ressaltar é que ela aceita ser seduzida e acredita estar apaixonada pelo sedutor. Ao seguir os impulsos do coração, porém, ela renega os valores morais da sua família, levando-a à dissolução: o pai se torna um bêbado inveterado e a mãe se afoga na tristeza e no desamparo.

Há várias outras passagens que evidenciam os traços românticos de Carolina. Uma das mais significativas ocorre no momento em que ela opta pela vida de cortesã, repudiando a oferta de casamento de Ribeiro, sedutor arrependido e apaixonado. Luís insiste para que ela aceite, argumentando: "É a honra, é a virtude, é a felicidade que ele lhe restitui". Ou ainda: "Reflita, Carolina; aceite a reparação que o senhor lhe oferece, faça de um homem arrependido, de uma moça desgraçada e de uma menina órfã uma família". Mas Carolina já não ama Ribeiro. E, convicta de que a felicidade está no amor, não nas formalidades burguesas, despreza as possíveis vantagens que o casamento e a família lhe trariam.

Carolina é sonhadora, rebelde, aventureira. Luís, ao contrário, é moço trabalhador, equilibrado, honesto, que não se deixa arrastar pelas paixões. Desde o prólogo até o final do terceiro ato, essas duas personagens encarnam duas visões de mundo conflitantes, que são expostas ao espectador/leitor de uma maneira parcial, para que ele se incline para aquela compatível com os valores da sociedade burguesa. Isso fica bem claro quando comparamos a trajetória de Luís com a de Carolina. Enquanto ele sobe na escala social por meio do trabalho, ganhando a admiração dos amigos, ela percorre o caminho inverso, desprezada pela sociedade e pelo homem a quem ama, rumo à degradação total.

No terceiro ato, ganha relevo uma personagem que foi criada com a função explícita de fazer a defesa dos valores éticos burgueses, bem como a de rebater as críticas de Carolina à sociedade. Trata-se de Meneses, versão brasileria de Desgenais, jornalista como o *raisonneur* de *As Mulheres de Mármore*. Boa parte do terceiro ato é uma batalha verbal entre ele e a heroína, sendo que o seguinte diálogo, que também tem a participação de Araújo, merece transcrição:

CAROLINA – ...Essa sociedade de que o senhor me fala, eu a desprezo.
ARAÚJO – Porque a repele!

CAROLINA – Porque vale menos do que aquelas que ela repele do seu seio. Nós, ao menos, não trazemos uma máscara; se amamos um homem, lhe pertencemos; se não amamos ninguém, e corremos atrás do prazer, não temos vergonha de o confessar. Entretanto as que se dizem honestas cobrem com o nome de seu marido e com o respeito do mundo os escândalos de sua vida. Muitas casam por dinheiro com o homem a quem não amam; e dão sua mão a um, tendo dado a outro sua alma! E é isso o que chamam virtude? É essa sociedade que se julga com direito de desprezar aquelas que não iludem a ninguém, e não fingem sentimentos hipócritas?
ARAÚJO – Têm o mérito da impudência!
CAROLINA – Temos o mérito da franqueza. Que importa que esses senhores que passam por sisudos e graves nos condenem e nos chamem perdidas?... O que são eles?... Uns profanam a sua inteligência, vendem a sua probidade, e fazem um mercado mais vil e mais infame do que o nosso, porque não têm o amor nem a necessidade por desculpa; porque calculam friamente. Outros são nossos cúmplices, e vão, com os lábios ainda úmidos dos nossos beijos, manchar a fronte casta de sua filha, e as carícias de sua esposa. Oh! não falemos em sociedade, nem em virtude!... Todos valemos o mesmo! Todos somos feitos de lama e amassados com o mesmo sangue e as mesmas lágrimas.
MENESES – Não te iludas, Carolina! Esse turbilhão que se agita nas grandes cidades; que enche o baile, o teatro, os espetáculos; que só trata do seu prazer, ou do seu interesse; não é a sociedade. É o povo, é a praça pública. A verdadeira sociedade, da qual devemos aspirar à estima, é a união das famílias honestas. Aí se respeita a virtude e não se profana o sentimento; aí não se conhecem outros títulos que não sejam a amizade e a simpatia. Corteja-se na rua um indivíduo de honra duvidosa; tolera-se numa sala; mas fecha-se-lhe o interior da casa.

O que importa observar nesse diálogo é o discurso mascarador de Meneses em relação aos dados da realidade social descrita por Carolina. Ela, com palavras duras, desvenda algumas contradições da sociedade que conhece por dentro, como o casamento por dinheiro e o falso moralismo. Todavia, essas contradições não são vistas pelo *raisonneur* como decorrentes de uma conjuntura social, mas como simples procedimentos de indivíduos desajustados que se afastaram da "verdadeira sociedade", ao deixarem de lado valores como a castidade, o trabalho e a família. Alencar recorre novamente – já fizera isso em *O Crédito* – a uma visão maniqueísta do real, a fim de idealizar uma sociedade burguesa assentada na "união das famílias honestas". Seu propósito, sem dúvida alguma, é fazer com que o espectador/leitor aproveite as lições morais que lhe são passadas, para aprender, comparando o comportamento dos bons e maus burgueses, quais os valores que devem nortear a sua existência. Todo o quarto ato, por exemplo, não faz mais do que expor a situação miserável em que se encontra Carolina, algum tempo depois de ter sido roubada por Vieirinha e adoecido. Nesse momento difícil da sua vida ela sofre ainda a humilhação de ver aqueles a quem abandonou e arruinou – Ribeiro e Pinheiro, respectivamente – oferecerem-lhe ajuda. Ao seu lado estão também Luís, Meneses e Araújo, senhores respeitáveis, estendendo-lhe a mão amiga. A figura prostrada de Carolina, de certa forma, é o próprio espírito rebelde e aventureiro dos românticos derrotado pela concepção burguesa de uma existência tranqüila, equilibrada, assentada em determinados valores sociais, tal como apregoava o realismo teatral.

Quanto ao tema específico da regeneração da cortesã, é no quarto ato que Alencar o introduz, numa discussão travada entre Carolina, Luís e Meneses. Tudo se inicia com a indignação da heroína ao tomar conhecimento de que Vieirinha, o vilão da peça, vai se casar com uma moça de boa família. Afinal, pergunta ela, se a sociedade perdoa a um homem que errou, por que não faz o mesmo com a mulher? Segue-se então este diálogo:

CAROLINA – ...Pois a mulher que se perde é mais culpada do que o homem que furta e rouba?
MENESES – Não, decerto!
CAROLINA – Entretanto, ele tem um lugar nessa sociedade, pode possuir família! E a nós, negam-nos até o direito de amar! A nossa afeição é uma injúria! Se alguma se arrependesse, se procurasse reabilitar-se, seria repelida; ninguém a animaria com uma palavra; ninguém lhe estenderia a mão...
MENESES – Talvez seja uma injustiça, Carolina; mas não sabes a causa? É o grande respeito, a espécie de culto, que o homem civilizado consagra à mulher. Entre os povos bárbaros ela é apenas escrava ou amante; o seu valor está na beleza. Para nós, é a tríplice imagem da maternidade, do amor e da inocência. Estamos habituados a venerar nela a virtude na sua forma mais perfeita. Por isso na mulher a menor falta mancha também o corpo, enquanto que no homem mancha apenas a alma. A alma purifica-se porque é espírito, o corpo não!... Eis por que o arrependimento apaga a nódoa do homem, e nunca a da mulher; eis por que a sociedade recebe o homem que se regenera, e repele sempre aquela que traz em sua pessoa os traços indeléveis do seu erro.
CAROLINA – É um triste privilégio!...
MENESES – Compensado pelo orgulho de haver inspirado ao homem as coisas mais sublimes que ele tem criado.
LUÍS – Penso diversamente, Sr. Meneses. Por mais injusto que seja o mundo, há sempre nele perdão e esquecimento para aqueles que se arrependem sinceramente; onde não o há é na consciência.

Essa discussão estabelece o confronto entre as posições divergentes do teatro romântico e realista no que diz respeito ao debatido tema da regeneração da cortesã. Meneses defende o ponto de vista da sociedade burguesa ao não admitir a possibilidade de reintegração social da mulher decaída. Em contrapartida,

Luís e Carolina questionam o rígido código moral defendido pelo *raisonneur*. Essa discussão e a repentina e inexplicável mudança de pensamento do rapaz – tão moralista nos atos anteriores – preparam o terreno para a solução que é dada, no epílogo da peça, à questão da regeneração.

A trajetória de Carolina, como cortesã, encerrou-se na cena final do quarto ato. Era impossível descer mais, na escala da degradação. Assim, vamos encontrá-la, dois anos depois, no epílogo, completamente mudada, penitenciando o mau passo que deu, abstendo-se de prazeres e diversões. Ainda apaixonada por Luís, sofre com sublime resignação, pois não consegue se esquecer da vida desregrada que levou e se crê indigna da afeição do rapaz. É claro que estamos diante de uma personagem caracterizada de acordo com padrões românticos. Faltam apenas o perdão do amado para os seus erros e a recompensa pelo arrependimento, para que a regeneração se concretize. Acontece que, exatamente nesse ponto, Alencar introduziu a sua inovação: ao invés de seguir todo o caminho traçado por Victor Hugo, em *Marion Delorme*, e Dumas Filho, em *A Dama das Camélias*, avançou até a metade, isto é, aceitou a idéia da regeneração da cortesã, mas restrita à esfera do espírito, considerando a mancha no corpo da mulher irremovível. Dentro dessa linha de pensamento, imaginou então um casamento absurdo entre Luís e Carolina, no qual, por imposição do rapaz, não se permitiriam o contato sexual. Como ele mesmo diz a ela, seriam cônjuges perante o mundo e irmãos perante Deus. É evidente que Alencar quer nos fazer ver nesse desfecho uma lição moral. Eis como ele equaciona o problema:

> Victor Hugo poetizou a perdição na sua *Marion Delorme*; A. Dumas Filho enobreceu-a n'*A Dama das Camélias*; eu moralizei-a n'*As Asas de um Anjo*; o amor que é a poesia de Marion, e a regeneração de Margarida, é o martírio de Carolina; eis a única diferença, não falando do que diz respeito à arte, que existe entre aqueles três tipos[14].

O casamento de Carolina com Luís, nos termos em que se realiza, é uma verdadeira punição para a heroína, na medida em que lhe impõe, por razões que ela não ignora, o sacrifício do amor físico, reservando-lhe assim um futuro de expiação e lágrimas, uma vida repleta de remorsos e visões do passado. A diferença em relação ao que ocorre em *Marion Delorme* e *A Dama das Camélias* é clara: tanto Marion como Marguerite são perdoa-

14. José de Alencar, *Obra Completa*, v. 4, p. 928.

das e amadas por Didier e Armand, respectivamente, ao passo que Luís perdoa apenas a alma de Carolina, repelindo o seu corpo. Amor pela metade, portanto, que pode inclusive ser compreendido como a própria negação da tese romântica da reabilitação da cortesã. Para Machado de Assis, trata-se exatamente disso:

> É evidente que a comédia *As Asas de um Anjo* não conclui pela afirmativa de tese tão celebrada [...] O epílogo da peça é o casamento de Carolina; mas quem vê aí sua reabilitação moral? Casamento quase clandestino, celebrado para proteger uma menina, filha dos erros de uma união sem as doçuras de amor nem a dignidade de família, é isso acaso um ato de regeneração?[15]

Machado não deixa de ter certa razão em sua análise, uma vez que a intenção de Luís era dar a Carolina a oportunidade de regenerar-se pela maternidade, não pelo amor. Mas, em contrapartida, não podemos negar uma evidência: no epílogo da peça ela se encontra completamente regenerada, ainda que por força de um amor sofrido, insatisfeito, que é o seu próprio castigo. Assim, acreditamos que Alencar, ao traçar o triste destino da sua heroína, tinha em mente conciliar a idéia romântica da regeneração da mulher perdida com a moralidade do teatro realista. O problema é que ele falhou exatamente aí, nessa tentativa de ser original, de conciliar o inconciliável, que fica a meio caminho tanto da visão romântica da prostituição quanto da realista burguesa: por um lado, deparamos com uma regeneração não reconhecida em sua totalidade, visto que a Carolina é negada a felicidade no amor; por outro, temos uma moralidade burguesa discutível, que faria um Augier tremer de indignação, pois a punição que a nossa cortesã recebe é o casamento.

A tentativa de conciliação de idéias conflitantes no desfecho de *As Asas de um Anjo* não impede, porém, que a filiemos ao realismo teatral francês. A descrição dos costumes e as preocupações moralizadoras estão sempre em primeiro plano. Por outro lado, ainda que vejamos uma falha de construção no desfecho, é forçoso reconhecer a coragem de Alencar ao abordar um assunto tão espinhoso, criando cenas de impacto e colocando nas falas de Carolina uma indignação virulenta contra os falsos moralistas de seu tempo. O preço que pagou por isso, no entanto, foi muito alto. Depois da estréia, ocorrida a 30 de maio de 1858, o Ginásio só pôde representar a peça mais duas vezes. A polícia interveio e, ironicamente, tirou-a de cena por considerá-la imoral. A proi-

---

15. J. M. Machado de Assis, *Crítica Teatral*, p. 240.

bição deixou Alencar profundamente irritado. Sua reação, imediata, foi um longo artigo publicado no *Diário do Rio de Janeiro*, a 23 de junho, no qual criticou a ordem policial e procurou demonstrar que seu texto era moralizador:

> Será imoral uma obra que mostra o vício castigado pelo próprio vício; que tomando por base um fato infelizmente muito freqüente na sociedade, deduz dele conseqüências terríveis que servem de punição não só aos seus autores principais, como àqueles que concorreram indiretamente para a sua realização?
> A lição que se dá aos pais de família sobre a necessidade de cuidarem da educação moral de seus filhos; a punição do sedutor que acabando por amar a mulher que ele seduziu, vê-se abandonado por ela; o castigo do moço pródigo, que depois de sacrificar toda a sua fortuna a uma amante, encontra nela o desprezo e o escárnio quando se trata de salvá-lo da desonra; a miséria que serve de termo à vida desregrada de uma pobre menina, impelida pela imaginação enferma, que lhe dourava o vício; o horror da filha que, vendo seu pai ébrio estender-lhe os braços lascivos, contempla o profundo abismo de abjeção e vergonha a que se arrojou; e finalmente o suplício de Tântalo de um amor partilhado e não satisfeito, de um amor cheio de remorsos e recordações pungentes, a acusação eterna, constante da consciência; tudo isto será imoral?
> E entretanto é esta a ação da minha comédia; são aquelas as teses que me propus desenvolver no meio de um quadro de costumes brasileiros[16].

Como se vê, *As Asas de um Anjo*, mais que uma peça teatral, pretende ser um compêndio de lições edificantes à sociedade. Para Alencar, pais e mães, rapazes e moças, todos podiam se valer dos ensinamentos que contêm as várias cenas da comédia, utilizando-os na vida prática. As acusações de imoralidade, dizia, foram feitas por alguns espectadores escrupulosos que, embora vivendo em uma cidade cujos teatros exibiam "todos os horrores da escola romântica e todas as verdades do que chamam escola realista", não suportaram encarar uma das "chagas" da sua própria sociedade:

> Assistindo a *A Dama das Camélias*, ou *As Mulheres de Mármore*, cada um se figura que Margarida Gautier e Marco são apenas duas moças loureiras, e acha espírito em tudo quanto elas fazem ou dizem; assistindo a *Asas de um Anjo*, o espectador encontra a realidade diante de seus olhos, e espanta-se sem razão de ver no teatro, sobre a cena, o que vê todos os dias à luz do sol, no meio da rua, nos passeios e espetáculos.

A proibição da polícia repercutiu enormemente no meio intelectual da corte, uma vez que atingiu a figura de um redator-chefe de jornal – o *Diário do Rio de Janeiro* –, romancista e dramatur-

---

16. José de Alencar, *Obra Completa*, v. 4, p. 926.

go consagrado, membro inclusive do corpo de censores do Conservatório Dramático. Desencadeou-se, pois, um amplo debate na imprensa, através de vários artigos nos quais o ato policial e *As Asas de um Anjo* foram largamente comentados. Intelectuais como Francisco Otaviano, Quintino Bocaiúva, Sousa Ferreira e Constantino do Amaral Tavares protestaram com veemência contra a intervenção policial e prestaram solidariedade ao escritor censurado.

Com essa segunda decepção, Alencar quase desistiu de escrever para o teatro. Em março de 1860, porém, experimentando uma forma diferente das comédias realistas anteriores, pôs em cena um drama com inequívocos traços românticos, abordando pela segunda vez o problema da escravidão: *Mãe*. O sucesso foi extraordinário e o animou a escrever um segundo drama, agora de cunho histórico, *O Jesuíta*, por encomenda de João Caetano. O ator pretendia representá-lo a 7 de setembro de 1861, mas desistiu de fazê-lo, provavelmente porque o papel principal não lhe agradou.

Alencar amargou mais esse revés e voltou ao "daguerreótipo moral" na peça seguinte, *O que é o Casamento?*, encenada no Ateneu Dramático a 10 de outubro de 1862. Ainda agastado com João Caetano, deu-lhe o troco numa cena criada especialmente para ironizá-lo. A certa altura, o personagem Henrique, enciumado porque pensa que a esposa o enganou, reage como marido traído, provocando o riso da moça e este comentário:

CLARINHA – Oh! Reconheço que a situação é grave... gravíssima! (*Ri-se*) Perdão! não é culpa minha! Posso conservar-me séria, vendo-o com esses ares de João Caetano no *Otelo*?

A comparação é ferina. Alencar ridiculariza o principal papel da carreira de João Caetano, uma interpretação, conta Joaquim Manuel de Macedo, que impressionava "pela exageração dos impulsos apaixonados, pelos gritos ou rugidos selvagens e desentoados"[17]. Ora, o riso incontido de Clarinha dirigia-se sobretudo ao estilo romântico de interpretação, cujas "caretas e exagerações" não eram mais levadas a sério pela nova geração de dramaturgos.

Com *O que é o Casamento?* Alencar reingressa, por conseguinte, na esfera do realismo teatral, trazendo mais uma vez para o palco a sociedade polida, a família aburguesada, as discussões moralizadoras, as lições edificantes. O ponto de partida da peça é

---

17. *Apud* Décio de Almeida Prado, *João Caetano*, p. 28.

a definição de casamento dada pelo protagonista Augusto Miranda, trinta e seis anos, casado com Isabel, pai de uma menina, político em franca ascensão. Logo na primeira cena, fazendo as vezes do *raisonneur*, ele explica ao amigo Alves o que é o casamento:

MIRANDA – ...O casamento, Alves, é o que foi entre nós há algum tempo a maçonaria, de que se contavam horrores, e que no fundo não passava de uma sociedade inocente, que oferecia boa palestra, boas ceias. Há dois prejuízos muito vulgares: uns supõem que o casamento é a perpetuidade do amor, a troca sem fim de carícias e protestos; e assustam-se com razão diante da perspectiva de uma ternura de todos os dias e de todas as horas [...]. O outro prejuízo é daqueles que supõem o casamento uma guerra doméstica, uma luta constante de caracteres antipáticos, de hábitos e de idéias. Esses, como os outros mas por motivo diferente, tremem pela sua tranqüilidade. Entretanto a realidade está entre os dois extremos. O casamento não é nem a poética transfusão de duas almas em uma só carne, a perpetuidade do amor, o arrulho eterno de dois corações; nem também a guerra doméstica, a luta em família. É a paz, firmada sobre a estima e o respeito mútuo; é o repouso das paixões, e a força que nasce da união.

As preleções sobre as vantagens do casamento e da vida em família estão presentes em todas as comédias realistas de Alencar, que desromantiza o amor e o redefine em termos de "amor conjugal", isto é, de um sentimento sem as características da paixão romântica.

A idéia central de *O que é o Casamento?* é mostrar que a verdadeira felicidade, para o homem e para a mulher, está no casamento, no aconchego do lar. Mas como fazer isso, se o *conflito*, elemento básico e determinante da ação dramática, inexiste na paz doméstica? Alencar encontrou um caminho curioso: colocou em cena a "guerra doméstica", isto é, *o que não deve ser* o casamento. Desse modo, a resposta para o título da peça não está na ação dramática propriamente dita, mas nas reflexões moralizadoras de Augusto e Isabel, inseridas em vários diálogos que travam com outros personagens. Em cena, o que temos são dois casamentos em crise, nos quais predominam suspeitas de adultério, desconfianças, desprezos, humilhações e ameaças.

O primeiro casamento com problemas é justamente o de Augusto e Isabel. Preocupado com a carreira política, ele passa muito tempo fora de casa, relegando a um segundo plano a vida em família. A esposa se queixa, delicadamente, mas seu pai, Siqueira, é mais contundente em suas críticas: "Atualmente uma moça deixa a família, separa-se dos pais, casa com um homem a quem ama para ter um companheiro de sua vida; e o que ela encontra no casamento é a solidão e a viuvez de todas as afeições?"

A defesa da família é a grande preocupação de Alencar, nessa peça em que as lições edificantes e as sentenças moralizadoras são obviamente dirigidas a uma classe social ainda em processo de formação, mas já suficientemente numerosa para sustentar os poucos teatros do Rio de Janeiro. Desse modo, as falhas de Augusto como marido, apontadas por Siqueira e presentes na própria ação dramática, são evidenciadas para que solteiros e casados aprendam a evitá-las, já que elas podem acarretar danos irreparáveis aos casamento. É essa a idéia que está por trás da cena final do primeiro ato: Augusto chega em casa depois de uma reunião com políticos e ouve as últimas palavras de Isabel dirigidas a alguém que saltou pela janela de seu quarto. Existe maior castigo do que o adultério para o marido que descuidou da felicidade conjugal? O espectador/leitor certamente se lembrará de que a esposa insistiu com ele para que ficasse em casa naquela noite. Isso impediria não o adultério, que não houve, mas a imprudência de Henrique – sobrinho de Augusto – que, apaixonado por Isabel, veio despedir-se dela, dar-lhe o último e desesperado adeus, antes de partir para sempre do Rio de Janeiro. O diálogo que se segue é tenso e nervoso. Talvez até demais para uma comédia realista. Augusto quer o nome de quem fugiu pela janela, mas Isabel se recusa a dizê-lo, porque a revelação o magoaria muito. Uma rosa jogada no chão o faz acreditar que Sales, um *dandy* que freqüentava a casa, era o amante. Indignado, ele carrega duas pistolas, mas a filhinha que acorda com o barulho da discussão e bate na porta, chamando-o, impede a tragédia: "Minha filha! Ah! é preciso viver para ela... e para o mundo! Quanto a vós... morreremos um para o outro".

Não é preciso dizer que nos atos seguintes a vida de Augusto e Isabel, sob o mesmo teto, é um enorme martírio para ambos. Afinal, sem a confiança recíproca e a mútua estima, o que é o casamento? A ação dramática da peça responde: para a esposa que o marido acredita infiel, um dia-a-dia de sofrimentos e humilhações; para o marido que se crê desonrado, uma existência aviltada e vergonhosa. Assim, quando os vínculos morais que unem os cônjuges são rompidos, o casamento cai por terra, a paz doméstica é destruída. O segundo ato, cuja ação se passa cerca de um ano depois da cena final do ato anterior, mostra exatamente isso. E com o acréscimo de mais um casal em crise em cena: Henrique e Clarinha. Com a intenção de enfatizar as lições moralizadoras, Alencar mostra os erros de dois jovens que não souberam compreender o casamento, para comentá-los e corrigi-los por meio de intervenções de Augusto e Isabel. Todo o segundo ato, aliás, parece estar construído em função de dois diálogos instrutivos para o espectador/leitor: um, entre Isabel e sua prima Clarinha; outro, entre Augusto e Henrique. No primeiro, Alencar procura definir o papel da mulher no casamento, numa perspectiva visceralmente burguesa. A conversa começa com uma pergunta aparentemente banal de Isabel: "Tu amas teu marido, Clarinha?". E em seguida ela explica à prima que a esposa deve amar o *marido*, não o *homem* com quem se casou:

> ISABEL – Como amamos nós o homem que escolhemos e com quem nos casamos? Como moças que não conhecem o mundo, e apenas sabem da vida os sonhos doirados. É um bonito romance que fazemos, todo cheio de emoções, de sorrisos, e de flores. Foi assim que eu amei Augusto e que tu amaste Henrique.
> CLARINHA – E ainda não mudei.
> ISABEL – Estás bem certa disso?... O casamento mata esse primeiro amor que dura alguns meses, o primeiro ano quando muito. Desaparece a ilusão: o marido não é mais um herói de um bonito romance, torna-se um homem como qualquer outro, e às vezes mais ridículo, porque o vemos de perto. Então sente-se n'alma um vácuo imenso que é preciso encher.

Isabel acrescenta que ao sentir sua paixão por Augusto diminuir, após o primeiro ano de vida conjugal, ficou desesperada. O problema é que não havia até então compreendido o casamento. Quando isso se deu, encontrou a verdadeira felicidade. Passou a amar o *marido*, a gostar dos afazeres domésticos, a tornar "doce e cômoda" a vida do companheiro. Quer dizer, a descoberta da família é a descoberta da verdadeira felicidade. No casamento, a mulher representa não o papel de amante apaixonada, mas o de esposa e mãe. O amor-paixão, sentimento instável e irracional, cede lugar à postura equilibrada diante da vida, à estima, ao respeito mútuo.

Apesar dessa visão de mundo um tanto desromantizada, Alencar não chegou ao extremo de considerar o casamento um negócio. Ao contrário, sempre defendeu o casamento por amor, o que o levou conseqüentemente a reconhcer o direito de rapazes e moças de escolherem os futuros companheiros. Preocupado com a formação de uma consciência burguesa no Brasil de seu tempo, definiu não apenas o papel da mulher no casamento, mas também o do homem. Eis o que Augusto diz a Henrique:

> MIRANDA – ...devemo-nos todos à pátria e à humanidade. Mas, acredita-me, a primeira ocupação e a mais séria do homem é a sua felicidade doméstica.

Não há neste mundo mais sagrado sacerdócio do que seja o do pai de família; ele assemelha-se ao Criador, não somente quando reproduz a criatura, mas quando desses anjos (*entra Rita com Iaiá*) que Deus lhe envia, ele prepara as futuras mães e os futuros cidadãos. É só depois de cumprida esta santa missão, que temos o direito de dar a outros misteres as sobras da nossa alma.

O pai de família, equilibrado, ponderado, cônscio das suas responsabilidades para com os seus e a sociedade, eis o perfil do herói do teatro burguês, que substitui o jovem rebelde e apaixonado do teatro romântico. Há uma certa dose de autocrítica nas palavras de Augusto, que se acredita parcialmente culpado da ruína do seu casamento, por ter se dedicado mais à política do que à felicidade doméstica. Ao ver que Henrique está incorrendo em erro semelhante – o rapaz passa a maior parte do seu tempo no meio do mato, caçando, mas sonha com a carreira política –, ele o adverte e o recrimina com severidade: "...Não confessaste que, ao lado de tua mulher, sentes um vácuo n'alma; e tão grande que passas dias longe de casa, pelos matos a caçar? Queres ocupá-lo com a política! Isto é, queres encher o coração de cascalho". Augusto aprendeu, com o próprio sofrimento, a reconhecer o valor inestimável da felicidade conjugal.

Se nos dois primeiros atos de *O que é o Casamento?* as idéias são mais importantes que a ação, nos dois últimos dá-se o contrário. A peça deixa de ser um feixe de lições e reflexões, torna-se mais movimentada e caminha rumo à solução dos dois conflitos que foram criados. A partir do terceiro ato cresce a figura de Clarinha, disposta a pôr um fim na carreira de caçador de Henrique, para que ele inicie a de marido. Com bastante perspicácia, ela simula ser uma esposa adúltera, deixando ao alcance dele um bilhete que recebeu de Sales. Repete-se a situação do final do primeiro ato: o castigo para o marido que não soube cultivar a felicidade doméstica é a infidelidade da mulher, a ruína do casamento. Henrique cai na cilada de Clarinha, sente ciúmes, descontrola-se, carrega uma espingarda e dirige-se ao local onde supostamente os amantes deveriam se encontrar. Junto dele está Augusto, tentando impedir a tragédia, lembrando ao rapaz que ele também é culpado, por ter dedicado mais tempo à caça que ao lar. Obviamente nada de grave acontece e na manhã seguinte Clarinha esclarece tudo a Henrique, lembrando-lhe que Sales só se aproximou dela porque a via sozinha e infeliz.

O adultério é o fantasma que ronda os lares abandonados pelos maridos, ensina a peça. Henrique aprendeu rapidamente a lição, reconciliando-se rapidamente com a esposa. Resolvido o primeiro conflito, inclusive com cenas espirituosas, era preciso acabar com o sofrimento do casal protagonista para que a comédia tivesse um final feliz. Parece-nos, porém, que Alencar não se saiu bem nessa tarefa, pois deixou que o conflito se resolvesse por obra do acaso: atrás de uma porta, Augusto ouve a conversa entre Isabel e Henrique, na qual vem à tona tudo o que aconteceu na noite em que ele quase cometeu uma desgraça. Segundo Machado de Assis, essa é a única falha da peça, que considera "das mais dramáticas e das mais bem-concebidas do nosso teatro"[18].

No palco, *O que é o Casamento?* foi bem-recebida pelo público e elogiada pela redação do *Diário do Rio de Janeiro* a 10 de outubro de 1862: "Observação profunda de paixões e de costumes, naturalidade, interesse de ação, dedução lógica dos acontecimentos, facilidade e mimo de diálogo, tais são os méritos que à primeira vista aparecem na comédia". Mas no *Jornal do Comércio* um dos redatores criticou o "modelo" de casamento que a peça apresentava, interpretando o que vira no palco como uma resposta à interrogação do título. Alencar não gostou de ver suas idéias distorcidas e respondeu prontamente:

[...] esses dois casamentos, filhos ambos do amor e da estima recíproca, porém logo perturbados pela proverbial indiferença conjugal, que é a primeira causa de tantas desgraças, esses dois casamentos são pedras de toques ou lições, não modelos. De modelos o que há na obra são os sentimentos de Isabel e Miranda, depois da provança por que passaram[19].

Com *O que é o Casamento?*, Alencar praticamente encerrou sua contribuição à renovação teatral que, nessa altura, já contava com outros dramaturgos. Não teve nenhuma repercussão a última peça que escreveu, em 1865, quando aliás já estava afastado do movimento teatral. *A Expiação*, publicada em 1868 e nunca encenada, é uma continuação de *As Asas de um Anjo* que nada acrescenta à carreira dramática do escritor. Nessa peça, o ponto de partida da ação dramática é a quebra da promessa que Luís e Carolina fizeram aos pés do altar, qual seja, a de que não manteriam relações sexuais em sua vida conjugal. Como se repetem as mesmas discussões moralizadoras sobre o tema da regeneração da cortesã, sem nada de novo, dispensamo-nos de comentá-la. Para este trabalho, interessam as produções de Alencar que foram representadas e que provocaram algum tipo de reação

---

18. J. M. Machado de Assis, *Crítica Teatral*, p. 252.
19. *Jornal do Comércio*, 13 out. 1862, p. 2.

no público ou na imprensa. Essas é que tiveram um papel preponderante no processo de renovação teatral, demonstrando, com suas qualidades e defeitos, que a existência da dramaturgia brasileira só dependia de um esforço de criação e de uma vontade intelectual.

3.2. QUINTINO BOCAIÚVA

A estréia de Quintino Bocaiúva (1836-1912) como dramaturgo ocorreu no Teatro das Variedades, a 28 de julho de 1860, com o drama em sete quadros *Onfália*, escrito especialmente para a companhia dramática de Furtado Coelho. Antes disso, ele havia feito uma "imitação" do drama *O Trovador*, do dramaturgo espanhol Garcia Gutierrez, e a tradução da comédia em um ato *Amemos o nosso Próximo*. Ambas estrearam no Teatro São Januário, a 3 de maio de 1857, a segunda sem o nome do autor, como era comum na época. Durante os anos de 1857 e 1858, Quintino Bocaiúva colaborou bastante com a Imperial Academia de Música e Ópera Nacional, traduzindo o libreto da *Norma*, de Bellini, e mais de uma dezena de zarzuelas espanholas. Esse envolvimento com o teatro deu-lhe coragem, certamente, para aventurar-se numa empresa mais arriscada: escrever suas próprias peças.

O título do drama *Onfália*, inspirado na mitologia grega, remete o espectador/leitor à fábula da rainha da Lídia, Ônfale, que era tão bela quanto depravada. Consta que Hércules, passando em seus domínios, apaixonou-se perdidamente por ela e sujeitou-se a todo tipo de humilhação para ficar a seu lado. Parece também que Ônfale, para ocultar os seus desregramentos, assassinou os vários amantes que teve depois de Hércules.

Quintino Bocaiúva situou a ação dramática da peça no Rio de Janeiro de seu tempo, fazendo-a girar em torno de uma viúva rica e sem escrúpulos morais, a Baronesa Lucília, que arrasta para a morte um jovem inexperiente, Jorge, escravo de uma paixão incontrolável e doentia. A platéia fluminense já havia visto esse enredo antes, mas não com tipos brasileiros. *As Mulheres de Mármore* e *Dalila* eram peças conhecidas e protagonizadas pela cortesã Marco e pela princesa Léonora, mulheres que igualmente seduzem e levam à morte seus jovens amantes. Quintino Bocaiúva dialogou à vontade com essas peças de Barrière e Feuillet. Há uma discussão entre Jorge e Lucília, por exemplo, na qual ele a chama de "mulher de mármore"[20]. Em outra passagem, o examante refere-se a ela como "estátua de mármore". Observe-se também a equivalência entre o título mitológico *Onfália* e o título bíblico *Dalila*: ambos dizem respeito ao tema da mulher que rouba as forças do homem.

Mas o objetivo de Quintino Bocaiúva não foi o de simplesmente criar a figura da mulher fatal. A Baronesa Lucília é vista como parte de um grupo social que aparece em cena corrompido pela prostituição moral, pelo dinheiro fácil, pelo jogo e pelo ócio. É o *demi-monde* fluminense que o autor procura retratar, como aliás sugere este diálogo:

VISCONDE – Tem assistido às representações do *Mundo Equívoco*, Baronesa?
BARONESA – Por quê? Quer ter a pretensão de parecer-se com o Oliveiros?
VISCONDE – Não, mas queria perguntar-lhe quem é o novo Raymundo Nangeac.

Já sabemos que *O Mundo Equívoco* é o título brasileiro de *Le Demi-monde*, de Dumas Filho, peça que retrata um meio social muito particular, no qual as mulheres, geralmente elegantes e sem problemas financeiros, estão sempre à espera de uma oportunidade para voltar à sociedade regular. O diálogo transcrito acima, entre Lucília e seu amante, o Visconde, ocorre exatamente após uma cena em que ela confessa ver no casamento com Jorge um caminho para a regeneração. Era o mesmo desejo da Baronesa Suzanne d'Ange em relação ao jovem Raymond de Nanjac, na peça de Dumas Filho, frustrado pela intervenção de Olivier de Jalin – Oliveiros, na tradução brasileira.

Para criar a sua *Onfália*, Quintino Bocaiúva parece ter aproveitado um pouco de cada peça francesa que leu ou viu encenada. De certo modo, quase todos os dramaturgos brasileiros do período fizeram a mesma coisa, na tentativa de nacionalizar os tipos, os temas e as formas do realismo teatral. Se por um lado isso lhes tira a originalidade, por outro revela um louvável esforço de atualização estética, uma legítima vontade de buscar o nivelamento com as literaturas mais adiantadas.

Quintino Bocaiúva, não se pode esquecer, tinha em alta conta a função educativa e moralizadora do teatro. Ao pôr em cena os desregramentos de Lucília e a derrocada de Jorge, procurou criar

20. Não conseguimos localizar nenhuma edição de *Onfália*. Em seu *Dicionário Bibliográfico Brasileiro*, Sacramento Blake só menciona a data da encenação, o que significa que provavelmente a peça não foi publicada. Para esta análise, lemos o manuscrito pertencente à Biblioteca Nacional do Rio de Janeiro.

situações dramáticas que lhe dessem a possibilidade de passar várias lições edificantes aos espectadores. Já no primeiro quadro, por exemplo, há um diálogo entre Jorge e o Dr. Eduardo, o *raisonneur* da peça e porta-voz do autor, que serve tanto para traçar o caráter das personagens quanto para a defesa de valores como a família e o casamento, numa ótica visivelmente burguesa. Enquanto Jorge é caracterizado como um jovem emocionalmente imaturo, tomado pela paixão romântica e decidido a se casar com Lucília, Eduardo, encarnando o bom senso do homem equilibrado, tenta convencê-lo de que o casamento não pode ser guiado "pelo fogo-fátuo de uma paixão tão violenta quanto há de ser passageira, tão frenética quanto há de ser malograda". Sugere ao rapaz que espere pelo "amadurecimento da razão", que fique ao lado da mãe e da irmã, pois é na pureza da família que se encontra "a verdadeira felicidade da vida".

O desdobramento dessa situação inicial tem um caráter evidentemente demonstrativo. Jorge não dá ouvidos a Eduardo e mergulha no *demi-monde*, iludido por uma paixão que não era correspondida. O casamento com Lucília é um desastre completo, um dia-a-dia de humilhações e sofrimentos que exaurem sua frágil alma romântica. Para Quintino Bocaiúva, essa trajetória devia servir de advertência aos jovens de seu tempo, como aliás afirma o *raisonneur* neste diálogo:

VISCONDE – Aquela mulher matou-o!
EDUARDO – Não foi ela, foi o seu erro. A mulher foi a circunstância, a causa, sua loucura. Oxalá! que o exemplo sirva para benefício dos inexpertos.

Sem romper necessariamente com a "quarta parede", Eduardo fala ao Visconde e ao espectador ao mesmo tempo. Essa é, afinal, a função do *raisonneur*, personagem sempre presente nos dramas e comédias realistas. Como porta-voz do autor, as idéias que defende no palco têm sempre duas direções: a personagem com quem dialoga e o público. Quanto a Jorge, pode-se dizer que ele representa o Romantismo no interior do drama realista. Patético do começo ao fim, com sua linguagem inflamada e seu sentimentalismo exagerado, abandona a família e contra todas as evidências desposa uma mulher sem princípios morais, que sob o manto respeitável da viuvez tivera vários amantes. Coerente com o amor-paixão que o consome, morre para significar que esse tipo de amor não era o mais indicado para os jovens que assistiam à peça no Rio de Janeiro de 1860. Ressalte-se que sua morte ocorre propositadamente fora da cena, não para comover o espectador, mas para servir de exemplo, como afirmou Eduardo.

A preocupação com a moralidade levou Quintino Bocaiúva a discutir ainda outro tema que o teatro realista francês abordou com alguma freqüência: o da reabilitação da cortesã ou da mulher do *demi-monde*. O Romantismo havia permitido à cortesã purificar-se com o amor e reconquistar a dignidade perdida com o arrependimento. Mas os autores burgueses do realismo teatral, ao contrário, procuraram demonstrar que a mulher decaída não merecia perdão, que sua afronta à sociedade era sempre maior do que qualquer arrependimento. Nessa mesma linha, em *Onfália*, uma demonstração clara dos malefícios que esse tipo de mulher causa à sociedade, Lucília não tem direito ao perdão. No último quadro, quando se avizinha a morte de Jorge, ela jura estar arrependida do que foi e quer vê-lo, mas Eduardo impede-a em nome da moral. Para ele, só Deus poderia perdoá-la. Jamais os homens: "Deus perdoa porque só ele pode extrair a harmonia das desarmonias do universo; a sociedade não porque o seu indulto seria a entronização da anarquia, a apoteose do vício".

A retórica é um defeito de *Onfália* e da maioria das peças da época, francesas ou brasileiras, que subiram à cena para apresentar e discutir problemas sociais. A crença na força persuasiva e redentora do teatro era tanta que os dramaturgos se transformaram em pregadores, crentes de que estavam contribuindo para o aprimoramento moral da sociedade.

A última lição edificante em *Onfália*, que suscita comentários, diz respeito ao caráter e à trajetória do Visconde. Até o quarto quadro, ele é o rapaz dissoluto, amante de Lucília, capaz de ameaçá-la com chantagens para não perdê-la para Jorge. Cínico, espirituoso, rico, gasta sua juventude nas reuniões sociais em que nada acontece, a não ser o jogo. Nas palavras do *raisonneur*, é "um dos bons exemplos desgraçados que demonstram quanto uma boa educação é superior a uma boa fortuna". Mas o Visconde, ao contrário de Jorge, consegue reencontrar o caminho das virtudes burguesas. Sob a influência das perorações de Eduardo e animado pelo amor sincero e puro que lhe desperta Eulália, irmã de Jorge, ele faz sua autocrítica ao longo do quinto quadro, inteiramente dedicado a demonstrar sua regeneração. Depois de ter experimentado todos os prazeres mundanos, percebeu "que esta vida ruidosa e aventureira causa uma febre que esteriliza a alma e origina uma enfermidade de que só se convalesce o espírito na calma do lar doméstico, ao abrigo da sombra protetora que nos presta a religião da família e a tranqüilidade do coração". O amigo dos velhos tempos que o ouve fica pasmo. Mas nessa altura o Visconde já é o segundo *raisonneur* da peça. Na seqüência do diálogo, ele se incumbe de defender a moral, a pureza, os bons sentimentos, o casamento, a família, e de criticar a corrupção dos costumes, a mentira, o casamento por dinheiro e a paixão desenfreada – ou romântica – que leva à loucura e à perdição.

A regeneração do Visconde dá a medida da moralidade burguesa. Seu casamento com Eulália é aceito por todos, Eduardo inclusive, sem que seu passado dissoluto o prejudique. Verdade seja dita: nesse tipo de peça a reabilitação perante a sociedade só é permitida aos homens, jamais às mulheres. A discriminação, porém, não parece ser exclusiva dos dramaturgos, uma vez que procuram retratar os costumes e valores da própria sociedade em que vivem.

Fiel ao modelo da comédia realista francesa, Quintino Bocaiúva buscou realizar a síntese da moralidade com a naturalidade em *Onfália*. Do ponto de vista teatral, são bem-realizadas as cenas que evocam o *demi-monde* fluminense, sobretudo no segundo e terceiro quadros, quando várias personagens estão no palco ao mesmo tempo. As marcações instruem para que todos se movimentem com naturalidade e que conversem em grupos. Há, portanto, um jogo de cena com ações simultâneas e alternâncias nos diálogos à medida que as personagens vêm ao proscênio ou se dirigem ao fundo, que torna bastante convincente o retrato da vida social elegante, com seus homens e mulheres espirituosos, cínicos, entregues aos prazeres dessas reuniões. Mas o melhor exemplo da preocupação de Quintino Bocaiúva com a naturalidade é um pequeno diálogo de Eduardo com Lucília, no qual ele tenta fazê-la acreditar que Jorge resistirá à sua sedução e ao seu dinheiro:

EDUARDO – ...Veja a baronesa os tempos extraordinários em que vivemos! Há um pobre que recusa a fortuna que se oferece mas que o desonra!
BARONESA – Não precisa elevar-se até a ênfase da epopéia!
EDUARDO – Pelo contrário, baronesa, esforço-me por aproximar-me à naturalidade própria da comédia que representamos.

Sem dúvida trata-se de um bom exemplo de metateatro, e bem adequado às novas idéias teatrais que chegavam ao Brasil. A recusa do exagero romântico tornou-se uma palavra de ordem entre os jovens dramaturgos brasileiros, como se percebe nos textos críticos da época. Ocorre, porém, que a prática nem sempre segue a teoria. Apesar do domínio da noção de naturalidade, Quintino Bocaiúva escorregou ao finalizar os quadros quarto e sexto com frases um tanto bombásticas. Alencar, no artigo "A Comédia Brasileira", já havia criticado os finais de atos românticos, sempre caracterizados por uma frase de efeito ou por um lance de intensidade dramática. Em *Onfália*, no desfecho do quarto quadro, a mãe de Jorge desmaia ao vê-lo aos pés de Lucília prometendo eterno amor. Quando todos vão acudi-la, Eduardo detém Lucília, dizendo-lhe: "Respeito à desgraça, baronesa! É uma mãe que desmaia sobre o túmulo de seu filho".

O aprendizado das novas formas é mesmo muito difícil. Mas *Onfália*, ainda que não seja uma obra-prima, é uma peça vigorosa, de largo fôlego, com boas e más cenas e escrita de acordo com os padrões estéticos vigentes nos meados do século XIX. Trata-se, enfim de uma peça de época, porque o autor quis interferir no debate social de seu tempo, trazendo ao palco os costumes de uma parcela da sociedade fluminense. O esquecimento em que jaz, hoje, em forma manuscrita, contrasta vivamente com o sucesso que fez no passado, interpretada por Furtado Coelho, no papel do Visconde, e por Eugênia Câmara, no papel de Lucília. Ambos viajaram por quase todo o Brasil, em 1861 e 1862, e fizeram de *Onfália* uma das peças mais aplaudidas de seu repertório, ao lado da *Dalila* de Feuillet.

Em seguida, Quintino Bocaiúva escreveu *Os Mineiros da Desgraça*, drama em quatro atos que estreou a 19 de julho de 1861 no Ginásio. Como, a essa altura, outros dramaturgos brasileiros já estavam participando do processo de renovação teatral, inspirados pelo novo repertório francês, ele introduziu este diálogo bastante revelador em sua peça:

MAURÍCIO – ...Há de ter ouvido acusar o nosso teatro de ser mais francês do que nacional, não é exato?
PAULO – Muitas vezes.
MAURÍCIO – E como não há de sê-lo, se francesa é a nossa sociedade, franceses os nossos vícios, franceses os nossos estudos, os nossos costumes, o trajo, as modas, a conversação, enfim tudo? Ah! meu amigo, se a França nos desse em espírito o que nos manda em quinquilharias, éramos uma grande nação! Mas como só lhe tomamos, e por bom preço, o que ela tem de mais insignificante, de pior, chamam-nos, com razão, um povo de macacos[21].

21. Quintino Bocaiúva, *Os Mineiros da Desgraça*, Rio de Janeiro, Tip. do *Diário do Rio de Janeiro*, 1862, p. 48.

É claro que essas palavras não escondem o grau de dependência do teatro brasileiro em relação ao teatro francês. Mas por que não aceitar o argumento de que na ocasião a nossa sociedade incorporou à sua fisionomia um bom número de valores, idéias, costumes franceses? Como lamenta Maurício, o *raisonneur* da peça, "nós temos igualmente o nosso mundo equívoco". Ou seja, a cópia do modelo dramático francês é até positiva, por ser coisa do espírito. O que se deve condenar é a importação de quinquilharias e a imitação dos defeitos morais, pois disso resulta a formação de uma sociedade fútil e falsa, desprovida dos valores éticos que dignificam a existência humana. Mais uma vez, portanto, Quintino Bocaiúva, objetivando moralizar, retrata o *demi-monde* fluminense, só que agora para trazer ao proscênio a figura abjeta do usurário, reduplicada nas personagens Venâncio e Vidal. São eles os mineiros da desgraça do título, pois ilustram com seus negócios escusos o mal que causam às famílias honestas e à sociedade em geral.

A peça tem uma nítida divisão em duas partes. Os dois primeiros atos, bem mais curtos que os demais, servem praticamente de prólogo para o que Quintino Bocaiúva pretende de fato mostrar. A ação, restrita a poucas personagens, é rápida, apesar de uma ou outra lição moral embutida nos diálogos. João Vieira, pequeno negociante, sua filha Elvira e Paulo, seu guarda-livros, são os defensores do trabalho, da honestidade, da honra, enquanto os usurários são os seus algozes. O ponto de partida da peça é a falência iminente de João Vieira, impossibilitado de pagar as dívidas contraídas com Venâncio. O primeiro ato mostra os métodos do usurário, sua ganância e insensibilidade diante da aflição de um homem honrado, porém malsucedido nos negócios. Quem o salva da ruína é Vidal, simulando ser um homem de bem para aproximar-se de Elvira, por quem se interessa. Já no segundo ato, entretanto, suas verdadeiras intenções são reveladas ao espectador. Como Paulo e Elvira se amam, Vidal, com mentiras bem-articuladas, consegue separá-los e fazer João Vieira despedir o rapaz.

Se nos dois primeiros atos Quintino Bocaiúva fixa o caráter dos usurários, mostrando-os como seres ignóbeis, no terceiro e quarto é que os objetivos moralizadores da peça são verdadeiramente alcançados. Qual é o lugar que os usurários ocupam na sociedade? Eis o que vai mostrar o terceiro ato, através de um daguerreótipo abrangente do *demi-monde* fluminense e dos comentários cáusticos do *raisonneur* Maurício.

A ação se passa na casa de Venâncio, agora um rico comendador, mas sempre usurário, muitos anos depois dos acontecimentos do segundo ato. E um baile justifica a presença de várias personagens que o autor faz desfilar em cena, num claro processo de desvendamento dos defeitos morais da sociedade. Ernesto é o jovem afrancesado, fútil e preguiçoso, que já não sabe como pagar o que deve a Vidal; Jorge, seu amigo, só fala banalidades e tem um ideal: tornar-se capitalista para comprar os belos móveis que vê na casa de Venâncio; Olímpia é a mulher adúltera, apaixonada por Ernesto; e Maria é quase uma alcoviteira, querendo jogar uma amiga mal casada nos braços de um homem que nem conhece direito. Duas cenas reforçam o caráter dos usurários: Vidal convence Olímpia a pagar a dívida de Ernesto com uma pulseira valiosa, enquanto o rapaz, sem saber disso, é explorado por Venâncio ao aceitar mais um empréstimo. Para completar esse quadro, há ainda a figura de um político corrupto que dá empregos aos seus apaniguados.

Todas essas personagens ilustram com suas ações e pensamentos expostos nos diálogos o lado podre da sociedade que Quintino Bocaiúva condena, o "mundo equívoco" que seu porta-voz, o *raisonneur* Maurício, assim descreve:

> Mundo flutuante, que acompanha a sociedade, que se transforma, que se engrandece à custa do que rouba ou recruta em todas as classes úteis. Esses banqueiros fraudulentos, esses rebatedores sem alma, as mulheres sem pudor e as crianças sem virgindade, os sedutores de profissão, os empregados ociosos e concussionários, os juízes prevaricadores, todas essas exceções monstruosas que envergonham a probidade social, que desonram aos companheiros do ofício e que entristecem o coração nacional, tudo isso faz parte desse mundo híbrido e repulsivo. Não há lugar vedado a essa classe de parasitas; eles têm uma representação em todos os lugares, no governo, nas câmaras, nas igrejas, nos salões, nos teatros. Adorados por uns, escarnecidos por outros, detestados por alguns, esses aleijões sociais pavoneiam-se altivos, e, pode-se dizer, que têm a primazia das venturas efêmeras.

Como em *Onfália*, a retórica toma conta de *Os Mineiros da Desgraça*, nos momentos em que o *raisonneur* resolve espicaçar o *demi-monde*. Nesse tipo de peça, diga-se de passagem, as ações das personagens nunca são suficientes para exprimir todo o pensamento dos autores. Daí o recurso a essas intromissões que prejudicam o ritmo dramático, por serem muitas vezes longas e enfadonhas, mas que fazem parte do gênero.

O interlocutor de Maurício ao longo do terceiro ato é Paulo. O diálogo entre eles, recheado de sentenças moralizadoras, serve também para dar andamento ao enredo, na medida em que são trazidos à tona os desdobramentos dos fatos ocorridos no final do segundo ato. Elvira casou-se com Vidal e, obviamente, é muito infeliz. Paulo foi viver em Portugal e agora está de volta para punir o usurário. Tem provas que o incriminam como passador de notas falsas e vai entregá-las à polícia.

Como se vê, o enredo é simples demais, quase um pretexto para a exposição de idéias, de opiniões sobre a organização social, de defesa da honestidade, do trabalho, da honra, de um estilo de vida, enfim, regido pelos bons sentimentos. O quarto ato, evidentemente, não foge à regra. A punição dos usurários, no desfecho, só ocorre depois de várias cenas criadas para torná-los mais desprezíveis, justificando assim outras intervenções moralizadoras. Quintino Bocaiúva, jornalista, não perde inclusive a oportunidade de passar ao espectador suas idéias sobre a imprensa, num diálogo travado entre Maurício e os usurários. Vidal pretendia contratá-lo para criar um jornal que servisse aos seus interesses, mas desiste diante das idéias do *raisonneur*, que, entre outras coisas, lhe diz:

> A imprensa é uma cousa santa! O jornalista é ou deve ser um homem de bem. Sua missão é nobre; sua responsabilidade imensa! Nas mãos de um cavalheiro, a imprensa chama-se uma espada; nas de um bandido chama-se um punhal. Um defende a justiça, o direito, o progresso, a segurança pública, a honra nacional. O outro especula, assassina para roubar, fere para vingar-se, combate por um lucro, arruína a pátria e desmoraliza tudo, corrompe para vencer, abate para fazer-se grande entre as ruínas. Eu sou pela imprensa honesta, por aquela que respeita a sua consciência e os seus deveres; a que engrandece a virtude e debela o crime, a que se bate com desinteresse e põe sua glória no serviço da justiça e da religião.

Apesar da retórica dessa fala, o diálogo entre os três é um tanto espirituoso, pois, hipocritamente, Venâncio e Vidal concordam com tudo o que diz Maurício, que expõe seu "programa" para um jornal, concluindo que a imprensa deve lutar pela moralização da sociedade, contra "esses agiotas infames, usurários sem alma, avarentos sem pudor, que não contentes de roubarem aos pobres, fazem-se moedeiros falsos e roubam também ao Estado, dilapidando a fortuna pública".

Quanto ao enredo, a prisão de Venâncio e Vidal, no desfecho, coroa o intuito moralizador da peça. Os usurários são castigados porque "não há impunidades eternas" e porque "a moral é a lei suprema das sociedades modernas".

Comparada a *Onfália*, *Os Mineiros da Desgraça* é uma peça

que realiza mais satisfatoriamente o ideal da comédia realista – o que não significa que seja melhor. Enquanto na primeira há marcas do Romantismo nos finais dos quadros quarto e sexto, no caráter, na linguagem e na trajetória de Jorge, na segunda não há nenhuma personagem, diálogo ou cena que não esteja de acordo com a nova tendência teatral. É certo que ambas compartilham do mesmo defeito: o abuso da retórica, por força do propósito moralizador. Mas em relação à naturalidade e ao efeito realista, é forçoso reconhecer a maior coerência interna de *Os Mineiros da Desgraça*. No *Diário do Rio de Janeiro* de 28 de julho de 1861, Henrique César Muzzio observou que "Vidal e Venâncio são dois tipos de que se acotovelam as cópias diariamente nas ruas da cidade". E Machado de Assis, num folhetim bastante elogioso, afirmou que o drama tocou no íntimo do público, "porque se lhe falou a verdade, e, como diz o mestre da sátira moderna: *rien n'est beau que le vrai*"[22].

O sucesso de *Os Mineiros da Desgraça* foi muito grande. Os principais folhetinistas do Rio de Janeiro elogiaram suas características de alta comédia, o desenho das personagens, o propósito moralizador, a linguagem elegante, e registraram as reações favoráveis dos espectadores, que lotaram o Ginásio em dez ou onze récitas seguidas. Vejamos o depoimento de Joaquim Manuel de Macedo, estampado no *Jornal do Comércio*, a 29 de julho:

> Muitos dos belos pensamentos de que está cheio o drama provocaram ferventes sinais de aprovação da platéia, e sobretudo as frases animadas sobre a imprensa honesta e a imprensa venal, e as palavras fulminandoras [sic] contra os usurários que espoliando órfãos e viúvas se fazem ricos, poderosos e arrogantes, mereceram ardentes aplausos.

Estimulado pelo sucesso, Quintino Bocaiúva escreveu uma terceira peça seguindo o modelo do "daguerreótipo moral": *A Família*. Em maio de 1862, o Ateneu Dramático divulgou um "Prospecto" no qual anunciou que ia encená-la, juntamente com outras produções nacionais, mas não o fez. Segundo informações da *Revista de Teatro* da SBAT, que a reeditou em seu número 294, de novembro e dezembro de 1956, sua primeira representação ocorreu apenas em 1868, dois anos após ter sido publicada pela Tipografia Perseverança.

O título da peça não deixa dúvidas quanto ao objetivo do autor, que não é outro senão fazer o elogio da família e das virtudes

---

22. J. M. Machado de Assis, *Crítica Teatral*, p. 185.

burguesas que devem dar-lhe sustentação. Quer dizer, as situações dramáticas, o enredo e as personagens foram criados em função das idéias e, particularmente, do propósito moralizador.

A Família lembra, em certos aspectos, *O que é o Casamento?*, de Alencar, na medida em que Quintino Bocaiúva também trabalha a oposição entre o que deve e o que não deve ser a família. Há, porém, uma diferença fundamental entre as duas peças: na de Alencar o movimento dramático se dá no sentido de um desequilíbrio inicial para um equilíbrio final, ao passo que na de Quintino Bocaiúva ocorre exatamente o inverso.

Nos três primeiros atos de *A Família*, deparamos com verdadeiros "quadros" da vida doméstica, nos quais predominam os bons sentimentos, a confiança recíproca entre marido e mulher, a índole honesta dos filhos, de modo que as cenas, construídas com naturalidade, desenham o retrato de uma família feliz. Pedro e Clemência, os pais, vivem de acordo com padrões morais rígidos e são, por vezes, porta-vozes do autor em alguns diálogos que servem apenas para evidenciar uma lição edificante. Como esta:

PEDRO – ...O futuro das mulheres, Clemência, é o casamento. Se uma moça tem a fortuna de encontrar um bom marido, está feliz. Pobres que sejam, mas que se amem! O amor não é esse sentimento extravagante em que os libertinos e os levianos modernos transformaram essa lei sublime da natureza. Ele deve ser a base do matrimônio, o elo insolúvel da família que se perpetua nas gerações. Deus não deu ao homem sentimentos inúteis. Todas as paixões humanas fecundam-se pela virtude[23].

A defesa do casamento e do amor conjugal, em conceitos idênticos aos que vimos em *O que é o Casamento?*, aparece em outros diálogos, porque Pedro e Clemência têm um filho e uma filha em idade de se casar. Jorge gosta de Amélia, amiga de sua irmã Laura, que não esconde a inclinação por Ernesto, amigo de seu irmão. Os três primeiros atos giram em torno dos dois arranjos matrimoniais, num clima afável, sem qualquer tipo de conflito. A única coisa que escapa do trivial é a trajetória de Ernesto, jovem médico formado em Paris, recém-chegado ao Rio de Janeiro, de onde fora levado, quando bebê, por uma família francesa que o adotou. Pedro e Clemência lastimam sua orfandade e o tratam como filho. Jorge o considera um irmão.

Esse equilíbrio nas relações entre as personagens, fundamental para a peça apresentar o retrato de uma família perfeita, do

23. Quintino Bocaiúva, "A Família", em *Revista de Teatro*, Rio de Janeiro, SBAT, *294*: 8, nov.-dez. 1956.

ponto de vista das virtudes burguesas – todos são honestos, honrados e apreciam a inteligência e o trabalho – começa a sofrer um abalo no final do terceiro ato, quando Ernesto conta sua história a Clemência. O diálogo entre eles apresenta uma curiosidade: enquanto o rapaz insiste em revelar o seu passado, ela procura dissuadi-lo de fazer isso e parece não querer ouvi-lo. Mas ele lhe conta toda a sua triste história e, lamentando sobretudo ter sido abandonado pela mãe, mostra-lhe um velho papel que contém a data em que o casal francês o achou e o nome da rua onde moravam antes de partirem para a França. Clemência reage com um grito, fica estática e afirma ter conhecido sua mãe. Nesse momento o diálogo é interrompido pela chegada de Pedro, que, entre outras coisas, diz que é preciso apressar o casamento da filha. Clemência, "agitada", segundo a rubrica, retruca: "Não é possível, meu amigo, Laura não está preparada... falta-lhe tudo".

Se até o final do terceiro ato *A Família* segue os preceitos da comédia realista, a cena entre Clemência e Ernesto é o início de uma guinada que a transforma num lamentável melodrama. Preocupado em construir um enredo para oferecer lições morais aos espectadores, Quintino Bocaiúva apelou, nos dois últimos atos, ao artificialismo de uma situação dramática centrada numa incrível e folhetinesca coincidência: Ernesto era o fruto de um "erro" da mocidade de Clemência, anterior ao seu casamento com Pedro. As cenas de mau gosto que se seguem a essa revelação evidenciam o desmoronamento da família que perdeu o seu "alicerce". Os diálogos entre Pedro e Clemência são tensos, carregados, ela querendo a morte, ele esbravejando como um *raisonneur* feroz contra as mulheres que se esquecem de que "a mãe de família não é só o alicerce do lar doméstico, mas a base da sociedade inteira". Ou de que "quando Deus concede a uma mulher o sagrado privilégio de ser mãe, quer que ela, por sua pureza, eleve a sua condição ao paralelo da virgindade".

No plano do enredo, a "queda" de Clemência é compensada pela "grandeza" do marido. Ele assume a responsabilidade da desgraça perante os filhos, dizendo ser pai de Ernesto, e exige o silêncio da esposa, argumentando novamente como moralista: "É necessário que a sociedade não possa crer na possibilidade dessas misérias para que tenha fé nos seus destinos e se reconheça guiada pela mão da Providência".

A Família, como se vê, é uma peça sem qualidades. *Onfália* e *Os Mineiros da Desgraça* têm defeitos, claro, mas apresentam um melhor equilíbrio entre enredo e propósito moralizador. Invertendo os termos de Alencar – conforme se lê no artigo "A Comédia Brasileira" – pode-se dizer que Quintino Bocaiúva preferiu ser "dramático" a ser "natural". Ou seja: que se deixou levar pela vontade de causar impacto, esquecendo-se de uma das características do realismo teatral, a naturalidade, e exagerando desmesuradamente a outra, a moralidade. Ressalte-se, porém, que o tipo de conflito criado em *A Família*, com a revelação surpreendente do passado de Clemência e a coincidência do reencontro com o filho abandonado, não era incomum no teatro da época, mesmo em autores "modernos" como Barrière e Feuillet. O enredo de *O Romance de um Moço Pobre*, do segundo, se o leitor se lembra, tira partido dos "erros" do passado do velho Laroque, revelados pela coincidência de empregar como administrador de suas terras um descendente da família que havia prejudicado muitos anos antes. Como Feuillet, Quintino Bocaiúva misturou idéias e procedimentos dramáticos do realismo teatral e do velho dramalhão.

3.3. JOAQUIM MANUEL DE MACEDO

Em 1866, numa rigorosa análise da obra dramática de Joaquim Manuel de Macedo (1820-1882), Machado de Assis afirmou, a certa altura, que o autor de *A Moreninha* "não professa escola alguma; é realista ou romântico, sem preferência, conforme se lhe oferece a ocasião"[24]. Na verdade, a produção dramática do escritor é mais variada do que sugere a observação de Machado. Nas quinze peças de seu *Teatro Completo*[25], há comédias farsescas curtas e longas, dramas românticos, uma burleta, um drama sacro, e pelo menos uma comédia e um drama escritos sob a inspiração do realismo teatral francês: *Luxo e Vaidade* e *Lusbela*. E são apenas esses dois textos que nos interessam, por refletirem concretamente o esforço de Macedo para se adequar à estética teatral dominante no Ginásio.

A primeira traz já no título os vícios que são vergastados pelo *raisonneur*, conforme a praxe nesse tipo de peça. Em cena, uma família que vive acima de suas condições financeiras e que se pretende nobre aprende, à beira da ruína e do opróbrio, que o luxo e

---

24. J. M. Machado de Assis, *Crítica Teatral*, p. 257.
25. Cf. Joaquim Manuel de Macedo, *Teatro Completo*, Rio de Janeiro, SNT, 1979-1982, 3 v.

a ostentação são inimigos dos bons sentimentos, da honestidade, das amizades sinceras, e sinônimos de miséria moral. Toda a ação dramática apresenta, portanto, um caráter demonstrativo, reforçado pelas constantes intervenções do *raisonneur*, que em *Luxo e Vaidade* ocupa um lugar proeminente, de personagem que comenta o que vê e que age para provocar mudanças no comportamento das outras personagens.

A família em questão é formada por Maurício, funcionário público; Hortênsia, sua esposa; e a filha Leonina, de vinte e dois anos de idade. O modo de vida e valores dos três são expostos no primeiro ato, com cores tão negativas que parecem moralmente irrecuperáveis. Maurício é um homem fraco, que se deixa dominar pelos caprichos da esposa, endividando-se desmesuradamente para comprar vestidos, jóias, e oferecer jantares, festas, tudo para conviver com a alta sociedade fluminense. Hortênsia, mulher fútil, julga-se fidalga e não abre mão de certos luxos, como o de ter um criado francês e uma professora inglesa para Leonina. O caráter do casal completa-se em dois diálogos bastante reveladores: num deles, ambos admitem ter deixado de receber em casa um irmão de Maurício, por ser um simples marceneiro; no outro, Hortênsia responde cinicamente ao marido preocupado com as dívidas que o casamento da filha com o comendador Pereira os salvará da ruína, pois "a riqueza do genro esconderá a pobreza do sogro". Com pais como esses, Leonina não poderia ser diferente: é arrogante, orgulhosa, e seu único sonho é um casamento que a transforme em uma condessa ou pelo menos em uma baronesa.

O círculo de amizades de Maurício e Hortênsia compõe-se de seis personagens que possuem os mesmos defeitos morais. Numa cena que os caracteriza por inteiro, mostram-se indignados ao saberem pelo comendador Pereira que a filha de um barão descendente de uma casa nobre de Portugal casou-se com um negociante de retalhos. É Hortênsia quem arremata: "Não pode haver nobreza, onde os nobres se aviltam misturando-se com a canalha".

Macedo carrega um pouco nas tintas e apresenta essa "brilhante sociedade" cheia de preconceitos, escrava do luxo e da vaidade, como diz o título, para corrigi-la através das sentenças moralizadoras de um *raisonneur* muito especial: o velho Anastácio, rico fazendeiro em Minas Gerais, irmão de Maurício, que visita a corte depois de dezoito anos de ausência. É curioso como Macedo aproveita um tema da farsa de costumes e lhe dá outro tratamento. Anastácio está longe de ser um roceiro ridículo e demonstra conhecer muito bem os mecanismos sociais da corte. Espécie de Desgenais matuto, mas com algum estudo e cultor das virtudes burguesas, suas intervenções são simplesmente devastadoras. Eis o que diz, por exemplo, a Leonina, ao encontrá-la pela primeira vez:

> ANASTÁCIO – A menina toca alguma coisa o seu piano; canta um pouco mal a sua ária italiana; tem de cor algumas frases do francês; desenha um nariz que parece uma orelha; dança e valsa noites inteiras nos bailes; passeia e conversa sem vexame com os rapazes, e presume por isso que tem uma educação completa. Engano, menina! a verdadeira educação de uma moça é aquela que, antes de tudo, deve torná-la uma boa mãe de família; a outra, a educação fictícia, aquela que recebeu, e que muitas recebem, pode dar em último resultado excelentes e divertidas namoradas, porém, esposas extremosas e mães dignas deste nome sagrado, palavra de honra que não, minha senhora!

Anastácio é ainda mais duro com Maurício e Hortênsia. O gosto de pregar sermões, confessado por ele mesmo, leva-o a condenar com veemência o modo de vida do casal: "...destas despesas loucas e superiores aos recursos de quem as faz, transpira uma prova de demência ou de imoralidade. Quem despende mais do que ganha, ou cai na miséria ou no crime".

Antes que o leitor se pergunte por que Maurício e Hortênsia aturam os sermões de Anastácio, ela esclarece: se ele não fosse o padrinho de Leonina e se não esperassem que a instituísse como herdeira... Decididamente, dos três membros da família, Hortênsia é o pior caráter. Maurício reconhece seus erros, dá razão a Anastácio, mas tarde demais, pois já não tem como pagar as dívidas.

O primeiro ato deixa armada, pois, a primeira linha do enredo da peça, centrada nas dificuldades financeiras da família, cuja salvação seria o casamento de Leonina com o comendador Pereira. Anastácio, porém, surge como elemento complicador da trama, na medida em que suas perorações transformam, da noite para o dia, literalmente, o caráter da mocinha. Ela toma consciência de que não é fidalga ao conhecer Felisberto, o tio marceneiro, que o padrinho traz a sua casa, e, no segundo ato, mais humilde, reconhece que representava um papel ridículo na sociedade, pois ostentava um orgulho descabido. Além disso, Leonina admite ainda gostar de Henrique, um rapaz com quem iniciara um namoro no Clube Fluminense, mas de quem se afastara ao saber que era pintor e pobre. Por coincidência – o que seria do teatro sem esse artifício? –, Henrique é seu primo-irmão, filho de Felisberto. A segunda linha do enredo, construída a partir do segundo ato, envolve, pois o jovem casal, que lutará contra os planos de Hortênsia, a fim de derrotar a idéia do casamento por dinheiro e tornar vitorioso o casamento por amor.

Já havia, nos dois conflitos mencionados acima, matéria suficiente para o desenvolvimento da ação dramática. Macedo, porém, quis dar um certo relevo a algumas personagens secundárias e envolveu-as numa trama um tanto folhetinesca. Fabiana, que vinte e cinco anos antes fora preterida por Maurício, que preferiu casar-se com Hortênsia, ainda quer vingar-se. Junto com a filha invejosa, Felipa, e um *dandy* desocupado, Frederico, planejam raptar Leonina para comprometê-la aos olhos da sociedade e impedir seu casamento com o rico comendador. Como os três personagens freqüentam a casa de Maurício e Hortênsia, de quem são "amigos", não é difícil perceber que a intenção do autor é torná-los representativos de certos tipos sociais que pretende criticar. Mas pior que o ranço folhetinesco é a solução encontrada para salvar Leonina. Henrique ouve os planos do rapto atrás de uns bambus – a cena se passa no Jardim Botânico –, onde aliás permanece quase todo o segundo ato, escondido, e apresenta-se a Felipa para ajudá-la, alegando que também quer se vingar da prima que o desprezou por ser pobre.

Macedo usa abusivamente alguns recursos do velho teatro para conseguir movimentar a ação dramática. O aparte, o monólogo e o esconderijo são artifícios que ele aproveitara em peças como *O Fantasma Branco* e *O Primo da Califórnia*, mas que não combinam com a comédia realista exatamente por serem anti-realistas. Apesar disso, ao longo de *Luxo e Vaidade*, e sobretudo no segundo ato, esses recursos, algumas vezes combinados, facilitam as soluções buscadas pelo autor. Como fazer Henrique saber que Leonina gosta dele? Lá está o rapaz atrás dos bambus ouvindo a mocinha abrir-se com o padrinho. A cena é um tanto ridícula, pois duas vezes ele faz barulho e Anastácio, em apartes, pede-lhe que fique quieto, enquanto conversa com Leonina. Se Macedo leu o artigo "A Comédia Brasileira", de Alencar, no qual tais procedimentos são condenados, ou não prestou atenção ou se esqueceu completamente de seguir os preceitos traçados pelo autor de *O Demônio Familiar*. Desse modo, *Luxo e Vaidade* revela um aprendizado incompleto do realismo teatral, no que diz respeito ao plano da forma dramática. Quanto ao conteúdo e ao propósito moralizador, porém, Macedo seguiu à risca os mestres franceses, embora tenha exagerado na retórica de Anastácio, tornando-o um *raisonneur* por vezes insuportável. Machado de Assis, irritado com essa personagem, esbravejou em sua análise: a peça "não tem movimento dramático; tem movimento oratório"[26].

Não nos parece que seja exatamente assim. No terceiro e quarto atos as duas linhas do enredo evoluem para as soluções finais do quinto ato com evidente movimento dramático. De um lado, temos a tentativa frustrada do rapto, com a intervenção de Henrique e Anastácio, que salvam Leonina e a levam para um local seguro. As cenas lembram inclusive o drama de capa e espada, com máscaras, punhais e luta no escuro. De outro, temos o desespero crescente de Maurício, que cometeu o crime de vender escravos hipotecados e que poderá ir para a cadeia se não conseguir pagar as dívidas. A seu lado, Hortênsia joga a última cartada e convence Leonina, desesperada ao ver a situação do pai, a casar-se com o comendador Pereira. Isso, evidentemente, antes da cena do rapto, quando, afinal, Henrique e Anastácio salvam a mocinha de dois problemas, ou seja, das mãos criminosas de Fabiana e de um casamento que não desejava.

O quinto ato é uma espécie de acerto de contas entre Anastácio, Maurício e Hortênsia. Como a peça pretende dar lições morais, a situação do casal é aterradora: os criados se despedem, os falsos amigos não emprestam dinheiro, os credores estão batendo à porta e a ameaça de prisão atormenta Maurício, que ensaia o suicídio, sendo salvo porém por Anastácio. Deste último são as seguintes palavras, dirigidas a Hortênsia, resumindo os objetivos do autor e definindo o alcance moralizador de *Luxo e Vaidade*:

ANASTÁCIO – Acima dos meus parentes está a nação que pode colher benéficos resultados da lição que oferece a sua desgraça. A sociedade acha-se corrompida pelo luxo e pela vaidade, e um quadro vivo das conseqüências desastrosas dessas duas paixões talvez lhe seja de prudente aviso. Em Maurício verá o homem de medíocre fortuna e especialmente o empregado público, que a ostentação e o fausto de alguns anos determinam a miséria de todo o resto da vida; nas suas lágrimas de esposa e de mãe, as mães e as esposas verão os horrores a que as pode levar o abuso do amor de um marido extremoso e cego e a falsa educação dada às filhas. A sua triste pobreza proclama a necessidade da economia. A própria desonra de meu irmão ensina que desvairado pela paixão do luxo, um homem honesto é capaz de arrojar-se até o crime. As suas pretensões de nobreza, enfim, dizem ao mundo que o ouropel não é ouro, que a máscara não é o rosto, e que nobre, verdadeiramente nobre é só o que é virtuoso e probo, o que é grande e generoso, o que é digno de Deus e da pátria. Sofra pois, sofra! e de joelhos agradeça a Deus a punição que recebe.

26. J. M. Machado de Assis, *Crítica Teatral*, p. 257.

A punição não chega a ser a pobreza e a vergonha que se avizinham, mas o reconhecimento dos erros do passado. Anastácio, nessa altura, já salvou o casal da ruína, pagando as suas dívidas. Mas isso, evidentemente, ele só revela na cena final. Como *raisonneur*, sua função é exorcizar os vícios que atrapalham a construção de uma sociedade assentada sobre as virtudes burguesas. Assim, deixa que uma última humilhação caia sobre Maurício e Hortênsia, que vêem o honrado e pobre Felisberto oferecer-lhes as economias para salvá-los. Só depois disso é que há lugar para o completo arrependimento e a regeneração das duas personagens.

Apesar dos defeitos de construção da trama e do exagero retórico, *Luxo e Vaidade* apresenta certos tipos sociais e valores que a tornam um retrato com alguns traços realistas. Peça híbrida, como boa parte das que foram escritas no período e representadas no Ginásio, agradou aos seus contemporâneos justamente por refletir a sociedade fluminense, como apontaram vários críticos. Moreira de Azevedo, n'*A Marmota*, a 16 de outubro de 1860, afirmou que *Luxo e Vaidade* "é uma cópia exata do que se passa entre nós, e os tipos desse drama existem realmente na nossa sociedade". Além disso, elogiou o caráter moralizador da peça e as lições proveitosas que serviam para todos os espectadores. Termos semelhantes foram usados por Paula Brito, também n'*A Marmota*, e pelo cronista "Carlos" da *Revista Popular*, que observou:

> A ação da comédia, desde que ela começa, até que finda, é cheia de naturalidade; corre plácida e suavemente sem tropeçar nos lances cediços e conhecidos, que já não surpreendem o espectador, nem o fazem cair das nuvens do impossível. É uma série não interrompida de cenas familiares, de cenas a que todos os dias se presta a nossa sociedade[27].

Talvez seja o caso de assinalar que a montagem de *Luxo e Vaidade* foi feita por Furtado Coelho, na inauguração da Sociedade Dramática Nacional, a 23 de setembro de 1860. Artista avesso aos procedimentos românticos, é provável que tenha amenizado a cena do rapto e realçado a descrição dos costumes, pois todas as críticas falam ou da "naturalidade" ou do "realismo" da peça. No folhetim do *Diário do Rio de Janeiro* de 2 de outubro – o jornal, rasurado, não nos permite saber o nome do folhetinista – há inclusive a afirmação de que "o seu *realismo* pareceu a alguns exagerado por verdadeiro demais", já que o autor teria copiado os personagens da sociedade.

---

27. *Revista Popular*, Rio de Janeiro, out.-dez. 1860, tomo VIII, p. 127.

Elogiada na imprensa, *Luxo e Vaidade* teve ainda a aclamação do público e foi um dos maiores sucessos do Ginásio: vinte representações seguidas, entre 23 de setembro e 25 de outubro de 1860. Nos dois meses seguintes, mais sete, e pelo menos outras seis em janeiro e fevereiro de 1861. Isso prova uma coisa: o *raisonneur*, que hoje nos parece tão cansativo, era uma convenção teatral que naqueles tempos tinha plena aceitação dos espectadores.

Com *Lusbela*, drama em um prólogo e quatro atos, representado também no Ginásio, a 28 de setembro de 1862, Macedo trouxe à cena a figura da mulher decaída, tão comum nas peças francesas e, nessa altura, em algumas peças brasileiras. Sua personagem, Damiana, surge no primeiro ato com alguns traços de Marguerite Gautier, como o arrependimento pela vida dissoluta e o amor sincero a um rapaz e, à semelhança da Carolina de *As Asas de um Anjo*, odeia a sociedade que despreza a mulher seduzida sem condenar o sedutor.

Mas ao abordar o problema da prostituição e o tema específico da regeneração da prostituta, Macedo esqueceu-se de que o retrato dos costumes e o debate de uma questão social exigem a simplificação do enredo. Em sua peça, apenas o primeiro ato apresenta algumas características da comédia realista, isto é, cenas que reproduzem o universo da prostituição elegante com objetividade, diálogos que exprimem uma conversação natural e discussão de idéias. O prólogo, que tem certa autonomia, é um pequeno melodrama. E os outros atos uma sucessão ininterrupta de acontecimentos que formam um enredo trepidante, de características inequivocamente românticas. Sem descer a detalhes, um anônimo crítico da época observou n'*A Semana Ilustrada*, a 12 de outubro de 1862, que *Lusbela* não pertencia nem ao Romantismo nem ao Realismo, porque conservava um "meio termo" entre as duas escolas literárias:

> Nas condições do teatro moderno, entre um *realismo* frio, prosaico, antiartístico, porque repele, violentamente o ideal, primeiro elemento de perfeição das obras de arte, e o *romantismo* descabelado, que amontoa horror sobre horror, unicamente para dar convulsões aos espectadores, escolher um meio termo, que tome de uma e de outra escola o que ambas podem oferecer ao verdadeiro artista, parece-nos um excelente alvitre.

A verdade é que Macedo esquivou-se de discutir amplamente o problema da prostituição. Sua peça não tem sequer um *raisonneur* para extrair a moralidade da trajetória de Damiana, iniciada no prólogo, quando era uma moça pobre e honesta que se deixou seduzir por um moço rico que a abandonou à própria sorte. Amaldiçoada pela avó e expulsa de casa pelo pai, ela reaparece nove anos depois, no primeiro ato, como uma prostituta que ficou conhecida no *demi-monde* fluminense pelo nome de Rosa Lusbela. Explica uma personagem que a alcunha lhe foi dada por alguém que a viu aplaudir freneticamente no Teatro São Pedro de Alcântara as artimanhas do demônio Lusbel, no "mistério" *Gabriel e Lusbel ou Os Milagres de Santo Antônio*. Esses aplausos definiam obviamente o caráter de Damiana, ao tempo em que era uma prostituta tão má quanto a personagem que na peça do português Braz Martins tenta em vão conquistar a alma de Frei Antônio. Lusbel, derrotado na luta contra Gabriel, o anjo bom, era, enfim, o anjo mau. E por isso dizia um dos freqüentadores da casa de Damiana que não havia para ela "alcunha mais apropriada", acrescentando:

CÉSAR – ...Rosa é um verdadeiro Lusbel: apareceu-nos há oito anos, de súbito como um raio, e sem que alguém soubesse donde viera, como todos os diabos dos castelos antigos, e, há oito anos, uma eternidade na vida louca, conserva ela em mãos o cetro da petulância, da orgia, da libertinagem, da ruína, e da fascinação. Abismo de ouro, devora e consome todos os tesouros: coração de mármore e olhos sem lágrimas, sacrifica sem piedade no altar da dissipação a fortuna dos seus adoradores; símbolo de capricho, de loucura e de impudência, contradiz todas as vontades, repele todas as afeições, festeja todos os ódios, insulta todas as conveniências, e na rua, nos teatros, nos hotéis, nos banquetes ostenta a sua devassidão, ri às gargalhadas da moral e da sociedade, e apesar disso, ou antes por isso mesmo, não há dia em que não conquiste novos escravos, que vêm jungir-se ao seu carro triunfal de vênus impura.

Se a peça apresentasse de fato essa "mulher de mármore" e explorasse as conseqüências de sua devassidão, o autor teria seguido o modelo do realismo teatral. Mas não é isso que ocorre. No início do primeiro ato, Damiana aparece transformada pelo amor que sente por Leonel – "...desde dois meses eu creio que pouco a pouco vou-me tornando boa por um milagre de amor" – e acredita inclusive que poderá ser perdoada e alcançar a felicidade. Se Macedo tivesse enveredado então por esse outro caminho, centrando a peça na regeneração da personagem, o resultado seria uma abordagem romântica do problema da prostituição. Mas também não é o que se dá, por uma razão muito simples: Leonel não ama Damiana e, ao aparecer em cena sem nenhum traço de Armand Duval, revela-lhe que ama uma moça cândida e pura. Impossibilitada de ser Marguerite Gautier, Damiana quer voltar a ser Marco e atrai a noiva de Leonel a sua casa, sob o pretexto de encomendar algumas costuras, para tentar destruir a sua pureza e pervertê-la. O censor designado pelo Conservatório Dramático, Antônio Ferreira Pinto, criticou o excesso de realismo da cena em que ambas se encontram nestes termos:

> Pelo lado estético também pouco ou nada lucra a escola realista com a pintura descarnada do vício. Pela minha parte confesso, que trêmulo, horrorizado, desvio os olhos, tapo os ouvidos quando ouço a Lusbela à vista da inocente e formosa Cristina dizer com a mais indecente e asquerosa ferocidade: "destruirei a suave pureza do seu olhar, acendendo-lhe nos olhos a *lascívia*[28].

Não tem muito sentido o zelo do censor, pois na seqüência Macedo apela para uma dessas coincidências que alimentaram o velho teatro: Damiana descobre, no diálogo com Cristina, que está diante da própria irmã. Desse modo, no primeiro ato são apresentadas e abortadas as duas principais possibilidades de abordagem do problema da prostituição. Damiana não terá a oportunidade de regenerar-se por amor, já que Leonel não a ama, e nem poderá ser má, para não prejudicar a irmã. Não é sem razão, portanto, que a partir do final do primeiro ato *Lusbela* se transforme num drama de enredo movimentadíssimo, no qual o fato de Damiana ser prostituta acaba sendo secundário. Esquivando-se de tomar uma posição romântica ou realista, Macedo leva a peça para outra direção, envolvendo a personagem central numa trama folhetinesca, tornando-a cúmplice de um passador de dinheiro falso.

As *ficelles* do enredo são tantas, o ritmo da ação, restrita no tempo, é tão ofegante que não há mais lugar na peça para qualquer tipo de reflexão moral ou de descrição dos costumes. O que importa, para Macedo, é fazer sua "bola de neve" rolar e crescer até o desfecho, quando Damiana morre assassinada pelo falsário Graciano. Quer dizer, o desenlace não é motivado por nenhuma das questões suscitadas no prólogo ou no primeiro ato. Graciano mata Damiana porque pensa que ela o denunciou à polícia. Fazendo a peça girar em torno de um cofre com dinheiro falso, a partir do segundo ato, e evitando assim discutir mais largamente o problema da prostituição, Macedo realizou um trabalho desigual. Se no primeiro ato são convincentes as cenas que evocam o

---

28. O parecer encontra-se depositado na Seção de Manuscritos da Biblioteca Nacional do Rio de Janeiro e traz a data de 11 de outubro de 1861.

universo da prostituição elegante, inclusive com bom aproveitamento da comicidade de espírito em alguns diálogos, no restante da peça fica muito evidente a dívida do autor para com o melodrama. Todo o prólogo, por exemplo, é muito exagerado, e mais ainda a cena em que a avó de Damiana a amaldiçoa e cai morta. Do mesmo modo, é simplesmente horrível e de mau gosto o delírio do pai da protagonista no terceiro ato, um mero artifício para fazê-lo queimar as notas falsas.

Quintino Bocaiúva, comentando a encenação de *Lusbela*, no *Diário do Rio de Janeiro* de 4 de outubro de 1862, elogiou o pensamento e o estilo, mas criticou os exageros: "Há abuso da emoção do espectador e abuso do maravilhoso dramático". As restrições dirigem-se obviamente ao enredo, que se sobrepõe à própria idéia central da peça, a de demonstrar que os preconceitos da sociedade contra a mulher decaída não atingem o sedutor. Esse é o tema da discussão travada entre Damiana e Leonel, no primeiro ato, quando ela toma consciência de que sua regeneração seria impossível. E é também por causa desses preconceitos que ela pensa em suicidar-se, pois percebe que somente com a sua morte estaria aberto o caminho para o casamento de Cristina com Leonel. O dramaturgo Aquiles Varejão, em folhetim publicado no *Diário do Rio de Janeiro*, a 9 de outubro, observou que o desfecho do drama foi precipitado e que "o suicídio seria mais natural". Mas o leitor de *Lusbela* perceberá que Damiana não teve chance alguma de suicidar-se devido ao ritmo frenético do enredo.

Macedo, como se vê, não assimilou o realismo teatral com a mesma facilidade de Alencar ou Quintino Bocaiúva. Se como folhetinista do *Jornal do Comércio* sua adesão parece indiscutível, como dramaturgo realizou duas tentativas que não deram muito certo. Os traços realistas do primeiro ato de *Lusbela* não autorizam o analista a filiá-la ao realismo teatral, embora o ponto de partida do dramaturgo tenham sido as peças francesas que abordaram o problema da prostituição. O resultado final é que interessa. E este deixa a desejar. O abuso do "maravilhoso dramático", para usar a expressão de Quintino Bocaiúva, dá o tom do drama, que parece ter sido escrito para produzir efeito e aturdir o espectador – como observou Machado de Assis[29] – e não para expor e debater uma questão social.

Mas com todos os seus defeitos *Lusbela* teve uma boa aceitação da platéia do Ginásio, em cerca de dez representações seguidas. Se não repetiu o sucesso extraordinário de *Luxo e Vaida-*

29. J. M. Machado de Assis, *Crítica Teatral*, p. 268.

de, não decepcionou. Além disso, apesar de sofrer algumas restrições, mereceu elogios de vários jornais do Rio de Janeiro, uma demonstração do prestígio de Macedo, nesse período um dos autores brasileiros mais representados no Ginásio. Além de *Luxo e Vaidade* e *Lusbela*, também foram bem-sucedidas as montagens das comédias *O Novo Otelo*, em dezembro de 1860, e *A Torre em Concurso*, em setembro de 1861.

3.4. AQUILES VAREJÃO

No período de que nos ocupamos, três peças de Aquiles Varejão (1834-1900) subiram à cena no Ginásio: *A Época*, a 30 de dezembro de 1860; *A Resignação*, a 24 de novembro de 1861; e *O Cativeiro Moral*, a 8 de dezembro de 1864. Como, salvo engano, nenhuma delas foi publicada, só poderemos comentá-las a partir das críticas dos jornais. Uma análise mais criteriosa dos procedimentos dramáticos do autor será feita com base em *A Vida Íntima*, peça da qual não temos notícia de representação ou edição e que localizamos na Seção de Manuscritos da Biblioteca Nacional do Rio de Janeiro.

A estréia de Aquiles Varejão com *A Época* foi de um modo geral bem-recebida pela crítica e pelo público. Joaquim Manuel de Macedo, no *Jornal do Comércio* de 13 de janeiro de 1861, elogiou o talento e a capacidade de observação do autor, acrescentando que ele "tratou de daguerreotipar nossa atual sociedade, e de castigar seus prejuízos". Também n'*A Semana Ilustrada*, a 3 de fevereiro, os aspectos realistas da peça foram evidenciados. O cronista, anônimo, referiu-se ao diálogo "natural" e aos "tipos reais, que se encontram em todos os salões", arrematando: "A verdade dos vícios e virtudes de nossa sociedade aparece estampada em todas as personagens: é um espelho enfim da vida entre nós".

Mas de que trata, afinal, *A Época*? Vejamos o resumo de seu enredo, feito pelo cronista "Carlos", da *Revista Popular*:

<blockquote>
Uma família, composta de pai, madrasta e dois filhos, vive na opulência: Carolina, a madrasta, tem pronunciada queda para o esbanjamento, não pensa senão em diamantes, bailes e teatros, só freqüenta fidalgos e ricaços, e olha com asco para todos aqueles, cuja fortuna é medíocre ou nula; Carlos, o filho pródigo, deixa-se arrastar pelas más companhias, entrega-se a todos os vícios desde o jogo até o roubo, e dissipa com sofreguidão a riqueza, à força de trabalho adquirida por seu pai; este negociante honrado, porém homem fraco, consente que sua segunda mulher o impila para o abismo, e não tem ânimo, sequer, para retirar o fi-
</blockquote>

lho das bordas do precipício, que o vai tragar, nem tampouco para opor um paradeiro aos maus tratos que Júlia, menina dotada de excelente coração, sofre da impertinente madrasta.

Júlia não desgosta de Moreira, futuro doutor em medicina, e crê na possibilidade de ser sua esposa; o estudante, porém, é pobre e não lhe vale ser honrado: as intrigas de Carolina o afastam da infortunada menina, que luta com a perfídia, e presta-se, contrariada, a desvanecer o temor da megera, para quem um casamento na família corresponde à diminuição da sua riqueza.

Antes de desfazer-se esse enredo, sobrevém a crise financeira; o comerciante suspende os seus pagamentos, está perdido e foge para os Estados Unidos; Carolina desvia-se do caminho da honra, prostitui-se, e torna-se o joguete das loucuras a que se entrega a mulher devassa; Júlia, balda de recursos, e repelida por aqueles que em tempos mais felizes a bajulavam e sugavam sem pejo o seu patrimônio, vai trabalhar como costureira em uma casa de modas, onde mais tarde encontra Moreira, que já se acha formado em medicina, e de novo lhe oferece um abrigo no consórcio.

Há na comédia dois outros tipos, que são amplamente desenvolvidos: o do parasita Mattos, e o do velho general Oliveira. O primeiro pratica todas as torpezas, de que é capaz essa raça roedora, e o segundo, entusiasta do *seu tempo*, nada vê de bom na atualidade, e para fazer sobressair as belezas de outrora, não poupa a quem quer que seja a narração das suas façanhas e as bravatas do século passado[30].

Pelo resumo do enredo e pelas características das personagens, percebe-se que *A Época* é uma peça afinada com o repertório realista do Ginásio. O título refere-se obviamente à atualidade do Rio de Janeiro, apreendida pelo contraste entre tipos que se deixam corromper pelo dinheiro e os outros, honestos, que cultivam as virtudes burguesas. Segundo o cronista da *Revista Popular*, Aquiles Varejão esboçou alguns "quadros da vida real" e escreveu uma comédia bonita, com linguagem elegante e três ou quatro personagens bem-delineadas. Mas era preciso, a seu ver, aumentar ainda mais a moralidade da peça, punindo com maior determinação os vilões.

Outras manifestações simpáticas à comédia *A Época* apareceram no *Diário do Rio de Janeiro* e n'*A Marmota*. E é bem provável que a ampla cobertura da imprensa tenha sido um fator decisivo para que a peça de estréia do dramaturgo alcançasse o número expressivo de oito representações seguidas, um resultado que certamente o estimulou a escrever o drama *A Resignação*. Parece, porém, que essa segunda produção não agradou tanto quanto a primeira. No *Diário do Rio de Janeiro*, Machado de Assis notou "incerteza e incorreção nos traços das suas personagens"[31] e foi parcimonioso nos elogios. Sousa Ferreira, no *Correio*

---

30. *Revista Popular*, Rio de Janeiro, jan.-mar. 1860, tomo IX, p. 126.
31. J. M. Machado de Assis, *Crônicas*, v. 20, p. 91.

Mercantil de 26 de novembro de 1861, considerou dignas de aplauso "a beleza da forma e a pintura delicada de alguns nobres sentimentos", mas afirmou que se tratava de "um trabalho evidentemente feito com rapidez". O público, seguindo a crítica, foi suficiente para apenas cinco récitas. Vejamos agora o resumo do seu enredo, feito pela "Gazetilha" do *Jornal do Comércio*, também a 26 de novembro:

> Principia o drama por uma conversa entre o negociante Amaral e o fazendeiro barão do Rio do Peixe sobre estradas de ferro e telégrafos elétricos, acabando este por pedir àquele a mão de sua filha Amélia. Amaral deixa à filha a liberdade de aceitar ou recusar. Logo em seguida fazemos conhecimento com a mencionada Amélia e sua irmã Luíza, bem como com o engenheiro Moura, mancebo de exemplar comportamento e amante daquela.
>
> Custódio, o mendigo, declara a Amélia, em gratidão do pão que recebe, que Moura, moço dissoluto e libertino, é indigno dela e compromete-se a fornecer as provas. O cadete Leopoldo, também filho do Amaral, e de quem já tínhamos más informações, entra então e deixa perceber que é ele quem paga o mendigo para assim falar. Retirado este, faz Leopoldo a Amélia uma declaração amorosa, cena aflitiva, pouco depois atenuada por ouvirmos aquele dizer a esta que os dois não são irmãos. Amélia queixa-se a Amaral de ter Leopoldo dito que ela não era filha dele e o velho assegura-a da falsidade de semelhante asserção.
>
> O 2º ato leva-nos à casa do mendigo, cujo caráter odioso, vil e avarento se revela em toda a sua torpeza. Carlota e Teresa são suas filhas; uma trabalhadora e resignada, outra altaneira, inimiga do trabalho e dada à leitura de novelas, mas ambas virtuosas. Combina-se entre o mendigo e o cadete uma cena em que Moura pareça culpado aos olhos de Amélia. O mendigo recomenda às filhas que tratem bem dois mancebos que hão de vir, e sai. Vem o cadete acompanhado de Moura, que se sente incomodado por lhe parecer que naquela casa se respira uma atmosfera de virtude, o que faz supor que se assim não fora, ele se acharia muito à vontade, cousa diametralmente oposta ao seu caráter. Prepara-se a cena, e Moura, para fortificar-se contra qualquer tentação do demônio, põe diante de si em cima da mesa uma cruz de prata, dádiva de Amélia.
>
> Ouvindo bater à porta, quer ele esconder-se; o cadete indica-lhe a cozinha, para onde as duas moças haviam ido aquentar uma galinha, e Moura que para lá vai, esquecendo-lhe a cruz. Conduzida pelo mendigo entra Amélia, que alta noite saíra de casa ocultamente, e a primeira coisa que avista é a sua cruz, de que se apodera. O mendigo ainda a obriga a ver, pelo buraco da fechadura, Moura entre as duas moças, e ela retira-se convencida da infidelidade do amante.
>
> O 3º ato passa-se como o 1º em casa de Amaral. O barão pede a Amélia a sua mão, que ela lhe nega, fazendo algumas reflexões muito sensatas, dar ocasião às quais, parece ter sido o único fim daquela personagem enxertada no drama, em cuja ação nem direta nem indiretamente toma parte. O cadete, que roubara um companheiro no quartel, vem como para refugiar-se em casa do pai; mas este, dando-lhe uma carteira, ordena-lhe que fuja para onde nunca mais o veja, e Leopoldo é o primeiro que SE RESIGNA e desaparece, sem que saibamos mais dele, nem se torne a fazer menção do seu amor a Amélia ou se explique mesmo o modo por que descobrira o segredo do nascimento desta.
>
> Moura vem a seu turno pedir a mão de Amélia a Amaral, que então lhe re-

vela que ela não é sua filha, mas uma enjeitada encontrada nas escadas de uma igreja. Moura assim mesmo a quer, mas Amélia, que tudo ouvira do quarto próximo, declara que no dia seguinte irá para um convento, e quanto ao mancebo, que ainda que ela fora filha legítima, se oporia à união entre ambos um obstáculo — a cruz de prata — que então mostra. O mendigo que nesta ocasião entra e se envolve na conversa, sem que a sua aparição a ninguém cause estranheza, confessa, mas só a Amaral, que Amélia é sua filha. Amaral pede a Amélia que não o abandone e esta resigna-se a acompanhá-lo até à morte, para depois se recolher ao convento. Amaral resigna-se a suportar o resto de seus amargurados dias, Moura a ficar sem noiva, e o mendigo a viver com os seus remorsos. Assim fica todo o mundo resignado.

Esclareçamos, antes de tudo, que a palavra "amante" é utilizada no texto como sinônimo de "namorado" ou algo equivalente. Quanto ao drama, parece mesmo que Aquiles Varejão errou a mão. O enredo, resumido pelo redator da "Gazetilha", não suscita interesse e apresenta pelo menos duas soluções fáceis: a cruz de prata para incriminar Moura e modo pelo qual Amélia vem a saber que não é filha de Amaral. Fora isso, é impossível julgá-lo mais adequadamente. Sem ser um drama descabelado, *A Resignação* não parece realizar plenamente o modelo do "daguerreótipo moral", embora, segundo as críticas da época, apresente a defesa de sentimentos nobres.

Sobre *O Cativeiro Moral*, nada podemos afirmar. A peça saiu de cartaz depois de três representações e a imprensa só lhe dedicou poucas linhas, insuficientes para que conheçamos o seu enredo. Passemos, pois, diretamente a *A Vida Íntima*, um drama em três atos cujo assunto está em seu próprio título.

Embora o manuscrito não traga nenhuma data, é possível arriscar a hipótese de que a peça tenha sido escrita na mesma época das outras que foram representadas no Ginásio. Com a ação dramática restrita ao âmbito da família, à semelhança de *O que é o Casamento?* ou *A Família*, o objetivo do autor foi criar um quadro da vida doméstica e exaltar o amor que o filho deve dedicar à mãe.

O enredo de *A Vida Íntima*, extremamente simples e até ingênuo, gira em torno desse amor filial ou, melhor dizendo, de um equívoco de Carlos, o filho obcecado pela mãe, Leonor. Desconfiado de que seu amigo Júlio está interessado nela — não percebe que o rapaz gosta de sua irmã, Lúcia —, fica desesperado com a idéia de que a mãe viúva venha a casar-se novamente. Quase no final do segundo ato, Júlio está conversando com Leonor, abrindo-lhe seu coração, dizendo-lhe que ama Lúcia e que pretende casar-se com ela, quando Carlos chega e pára à porta, de onde ouve, sem ser visto, as últimas palavras do diálogo:

JÚLIO – (*levantando-se e pegando na mão de Leonor*) Obrigado, obrigado. O seu consentimento para esta união torna-me o homem mais ditoso desta vida. Nas suas mãos está o meu futuro. Creia que amo-a muito e muito (*beija-lhe a mão*). Adeus.
LEONOR – (*levantando-se*) Apareça logo à noite; já faz quase parte da família.

Para Carlos, as desconfianças tornaram-se certezas. O ato termina com o rapaz soluçando nos braços do velho tio, o médico Silveira, que entrara em seguida. No início do terceiro ato, ficamos sabendo que Carlos adoeceu e que permaneceu quase um mês de cama, com febre. Agora já está melhor e se abre novamente com o tio, dizendo que sofre muito. É claro que nesse tempo a mãe não lhe contou sobre a possibilidade do casamento de Lúcia com Júlio, que esperava uma promoção no emprego para pedir a mão da moça ao seu irmão. Pois exatamente nesse dia em que se passa o terceiro ato o rapaz conseguiu a promoção e chega para conversar com Carlos. Começa dizendo, timidamente, que foi promovido, que pensa em casar-se, que tem um segredo a revelar a Carlos, tudo isso sem mencionar o nome de Lúcia. As reticências aumentam a angústia de Carlos, que o destrata e o manda embora. Ofendido, Júlio acaba dizendo que podia oferecer um bom casamento a Lúcia. Carlos cai em si – "O amor filial me havia cegado" –, pede desculpas e o aceita como cunhado. Para coroar o final feliz, chega Silveira e dá outra boa nova: Carlos, que havia apresentado um drama ao concurso do Conservatório Dramático um mês antes, ganhou o primeiro prêmio.

Pela amostra, Aquiles Varejão foi um dramaturgo de poucos recursos. No plano do enredo, *A Vida Íntima* revela pobreza de invenção, com seu conflito central armado apenas no final do segundo ato e assentado sobre um simples qüiproquó. Por outro lado, a peça deixa transparecer o esforço do escritor para veicular suas idéias a respeito do amor, do casamento, da família, da sociedade, em termos que o aproximam dos dramaturgos realistas. Todo o primeiro ato não faz mais do que expor a felicidade doméstica, a vida em família, com personagens que têm como valores o trabalho e a honestidade. Os diálogos são até monótonos, com falas deste tipo: "Como são doces os desvelos da família! Que encantos, que beleza se encontra nesta vida íntima, que só nos é dado gozar, onde qualquer estranho é um intruso". Há perfeita harmonia entre a ação das personagens e suas palavras. Carlos, Lúcia e Leonor são felizes e não escondem isso. Quando a mãe diz ao filho que ele é jovem, que precisa casar-se, ouve-o dizer: "Para que me hei de casar, quando tenho mãe tão meiga, e irmã tão amorosa?".

Há certo exagero de Aquiles Varejão na descrição dessa felicidade doméstica. Exagero no sentido de que faz a peça roçar pela pieguice, com personagens tão bons. Felizmente entram outros assuntos nos diálogos, alguns importantes para caracterizar as idéias do autor em relação ao Romantismo e ao teatro. Eis o que Carlos diz à sua irmã sobre o suicídio por amor:

CARLOS – Acreditas que um homem de senso seja capaz de matar-se por mulher alguma? Os Chattertons e os Werthers já lá vão, meu anjo... Ninguém hoje imitá-los-ia. Chatterton foi um cismático, um visionário, um louco, se quiseres, e Werther não passa de um sonho da imaginação ardente de Goethe.

Para Carlos, por vezes o *raisonneur* da peça, a paixão romântica desapareceu com o Romantismo. Nos novos tempos, a razão ensina os homens a cultivarem o amor da família, que é "o verdadeiro sentimento do coração humano". Como dramaturgo, Carlos já teve duas peças encenadas e bem-sucedidas. O gênero que cultiva é exatamente a comédia realista, de crítica à sociedade corrupta e à hipocrisia. Num diálogo com a irmã, revela que está escrevendo uma peça chamada *As Mediocridades*. Ela observa: "Sempre mordaz, sempre disposto a ferir a sociedade em que vivemos". É com essa peça, aliás, que ele ganha o Concurso do Conservatório Dramático, no qual se inscrevera para praticar uma boa ação: o dinheiro do prêmio seria o dote de Lúcia. Carlos deixa claro que jamais participaria do concurso se não fosse para ajudar a irmã. A seu ver, os verdadeiros prêmios para os escritores são "os aplausos dos homens de consciência" e "a proteção dos governos ilustrados". O desapego em relação ao dinheiro e a valorização do trabalho são idéias que herdou do pai, um homem que havia batalhado pela liberdade, como militar, e em cujo peito, "enfeitado por medalhas de campanha", o coração "pulsava unicamente por sua família e por sua pátria".

As virtudes burguesas são as verdadeiras protagonistas de *A Vida Íntima*. São elas que determinam as ações dessa família de classe média, retratada em seu cotidiano mais singelo. Pouco dramática, no sentido de que os conflitos praticamente não existem, uma vez que Carlos não expõe à mãe a razão de sua doença e depois tudo se resolve no diálogo com Júlio, a peça não pretende mesmo conquistar o espectador/leitor pelo enredo, mas pela força dos argumentos e das idéias. Identificado com o realismo teatral francês, Aquiles Varejão trabalhou um dos seus temas mais recorrentes: o elogio da família. Reconheça-se, também, que a naturalidade na construção das cenas e dos diálogos é bastante satisfatória. Apenas o final do segundo ato é um pouco carregado, com as reações nervosas de Carlos à possibilidade de um segundo casamento da mãe. Por último, vale ressaltar que a peça não apresenta apartes ou monólogos, o que representa um esforço voltado para uma escritura dramática mais realista. E, nesse sentido, Aquiles Varejão foi coerente com as críticas que desferiu a *Lusbela*, peça em que Macedo usa abusivamente esses recursos:

[...] mas repugna tanto com o meu gosto ouvir uma personagem, ou falando para os espectadores, ou destratando a outrem, a quem aliás, em *voz alta*, venera e respeita, que prefiro passar por possuidor de um paladar insosso, a aceitar esses senões, que a escola *realista* vai banindo[32].

3.5. SIZENANDO BARRETO NABUCO DE ARAÚJO

Sizenando Nabuco (1842-1892), irmão mais velho de Joaquim Nabuco, tinha apenas dezenove anos quando o Ginásio representou *O Cínico*, drama em três atos, a 10 de março de 1861. Aluno da Faculdade de Direito de São Paulo, escreveu sobre a realidade que conhecia melhor: o modo de vida dos estudantes.

Todo o primeiro ato é uma espécie de "crônica da vida acadêmica, com seus episódios de sofrimento e gozo"[33], observou Pessanha Póvoa. Com a ação dramática ambientada numa república de estudantes, a galeria de tipos que o autor nos apresenta é diversificada e reflete certos hábitos da mocidade que deixava seus lugares de origem para estudar em São Paulo. Assim, há o estudante pobre, André, que luta com dificuldades para sobreviver e que acaba endividando-se com um agiota. Por outro lado, há os estudantes ricos, os irmãos Pedro e Luís, que são verdadeiros devassos, amigos do baralho, da bebida e de mulheres. Além desses, há outras personagens que não são destacadas e Júlio, outro estudante viciado no jogo e endividado. Quer dizer, na república é André o único que verdadeiramente estuda. Porta-voz do

---

32. *Diário do Rio de Janeiro*, 9 out. 1862, p. 1.
33. Pessanha Póvoa, *Anos Acadêmicos: São Paulo – 1860-1864*, São Paulo, Conselho Estadual de Cultura, 1964, p. 25.

autor, ele comenta, na primeira cena, quando os vê jogar e beber: "E merecem o nome de – Acadêmicos – esses meus vizinhos. Ali as noites e os dias se passam na crápula e na devassidão... Ah! meu Deus... que mocidade perdida"[34]. Ou ainda: "Que barulho infernal! São os filhos de famílias importantes... o ouro que seus pais ganham à custa de suor e trabalho". Para não desmenti-lo, nessa cena os estudantes fazem "guerra aos livros", chamam o estudo de "patacoada acadêmica" e Luís, definindo bem suas preferências, afirma: "...aprecio mais um cálice de conhaque do que o melhor capítulo de *Economia Política*... prefiro um copo do espumante champagne à carunchosa *Prática Forense*".

As cenas são movimentadas, divertidas, e para completar o retrato desse universo tão particular são introduzidos os estudantes "chatos": Moraes e Fagundes. O primeiro é o escritor medíocre, sempre com uma lista de subscrições no bolso para arrancar algum dinheiro dos colegas. O pretexto, obviamente, é a publicação das suas obras. Ninguém o suporta, mas ele insiste em ler seus poemas, cenas de dramas, trechos de romances, tudo de extremo mau gosto e baixo nível, como deixam transparecer algumas amostras. Fagundes, por sua vez, também quer tirar dinheiro dos colegas, com subscrições para coisas tão distintas como a compra de um presente para uma artista ou uma ação caridosa que ele não define qual será.

O diálogo é ágil e sem retórica. Frases curtas, elípticas, dão o tom desse primeiro ato, no qual aparecem ainda a prostituta Alexandrina, amante de Pedro, o agiota Neves e Jorge, amigo de Júlio. As cenas reforçam o quadro de costumes da vida estudantil, evidenciando o convívio com a prostituição, a usura e o jogo. Alexandrina foi buscar dinheiro para comprar vestidos; Neves foi cobrar dívidas de André e Pedro, com todo o cinismo de um agiota, e Jorge, por sua vez, foi conversar com Júlio para convencê-lo a abandonar o vício do jogo de cartas.

Feita a pintura dos costumes, com críticas moralizadoras, mas não tão sentenciosas como já vimos em outras peças, Sizenando Nabuco tratou de armar o enredo e de dar uma direção a *O Cínico*. Do universo dos estudantes, escolheu Luís para protagonizar a história de sedução e cinismo que sustenta a peça. Já no final do primeiro ato, a construção do caráter ignóbil da personagem ganha contornos definidos com o golpe que ele aplica em Jorge, motivado por uma intenção espúria: a de afastar o ra-

---

34. Sizenando Barreto Nabuco de Araújo, *O Cínico*, São Paulo, Tip. Literária, 1861, p. 5.

paz de casa para seduzir sua irmã, Amélia. Estudante relapso, Luís revela sua índole criminosa ao colocar dinheiro de Pedro no bolso do paletó de Jorge, incriminando-o, e ao afirmar: "...ele não dormirá em casa e a irmã será minha... Haverá cousa mais poética do que a Margarida Gautier do nosso *Dumas filho*; ele a idealizou, eu a realizarei".

Luís sabe que o destino de Amélia, após seduzi-la e abandoná-la, é a prostituição. E, mesmo assim, executa seu plano com frieza. A principal cena do segundo ato é a sedução, na qual o diálogo entre ambos revela o cinismo de Luís, que promete a reparação da fuga com o casamento, e a fragilidade de Amélia, apaixonada de verdade pelo rapaz, mas presa aos valores morais e à família. Vence, por fim, no espírito da moça, a força da paixão, sentimento cego que na ótica dos dramaturgos realistas sempre provoca a infelicidade. A cena entre Luís e Amélia lembra o prólogo de *As Asas de um Anjo*, quando Carolina também cede à linguagem da sedução de Ribeiro e abandona a família. As semelhanças são tão grandes que as duas personagens femininas desmaiam e são carregadas pelos sedutores. E em ambas as peças as vítimas são mocinhas ingênuas, de famílias pobres e honestas que cultuam as virtudes e a moral burguesa. Em *O Cínico* é grande o sofrimento dos pais ao saberem da prisão de Jorge, acusado do roubo do dinheiro de Pedro. Quando, no mesmo dia, percebem que a filha os abandonou, a dor é maior ainda e toda a família se desestrutura, sobrevindo a morte da mãe.

O terceiro ato passa-se num hotel do Rio de Janeiro, depois de algum tempo. Luís, saciado, pretende completar a sua obra, ou seja, abandonar Amélia. Os diálogos que nas cenas iniciais mantém com ela e com André têm a função de traçar definitivamente o seu caráter cínico. Surdo aos apelos do colega acadêmico, que representa o bom senso e as idéias morais, afirma que não lhe importa o que venha a acontecer com a moça. Arrogante, define as palavras de André como "lições inúteis de moral". Com Amélia é rude e lhe diz secamente que a abandona. Diante do desespero e das lágrimas da moça, ri e lhe diz que André será seu protetor. Sizenando Nabuco exagera nos traços com que desenha o caráter de Luís. Sua ruindade e intransigência são tão marcantes que sua regeneração, no desfecho, não convence. Sem uma base psicológica, ele se assemelha a um vilão de melodrama desprovido de qualidades morais.

Na seqüência do enredo, evidenciam-se também as falhas de construção da peça e as limitações do jovem dramaturgo. Que destino dar à moça seduzida? Como punir o sedutor? As soluções não dispensam uma tentativa frustrada de suicídio e uma regeneração inverossímil, porque mal preparada. Diante de Jorge, que quer matá-lo para vingar a honra ultrajada da irmã, Luís vê Amélia interpor-se entre ambos, afirmando ter tomado veneno e em seguida desmaiando de emoção. Aflito, como sugere a rubrica, o sedutor chama por um médico, abraça-a e, regenerado, diz: "...o teu gemido... foi como o grito da consciência que me acordou... perdoa-me".

A necessidade de dar uma solução moral para o conflito levou Sizenando Nabuco a um desfecho nada convincente. Esclareça-se, antes de tudo, que André substituiu o veneno por pó de arroz, salvando a vida de Amélia. Quanto à regeneração de Luís e à descoberta de seu amor repentino pela moça, nada mais artificial e sem fundamento. Num rompante que violenta a psicologia do personagem, o autor praticamente destrói o caráter que havia construído nas cenas anteriores. Tudo para que as últimas palavras da peça, ditas por André, resumam o seu objetivo moralizador: "A morte de uma mulher pode regenerar o coração de um cínico... mas nem sempre assim acontece...".

É curioso observar que Sizenando escreveu dois desfechos para *O Cínico*. O que acabamos de comentar é o do texto impresso. Na representação do Ginásio, Jorge atira em Luís, que minutos antes de morrer arrepende-se de tudo o que fizera e se casa *in extremis* com Amélia. Quer dizer, o que importava para o autor era regenerar o personagem para dar ao desfecho um alcance moralizador.

Outras falhas de construção desse "drama da escola realista", como o definiu Macedo Soares no prefácio ao volume editado em 1861, são o desaparecimento de Júlio após o primeiro ato e a presença de André ao lado de Luís, no terceiro. Ao traçar o quadro de costumes da vida acadêmica, o autor tratou com interesse a figura de Júlio, viciado no jogo de cartas, de modo a despertar no espectador/leitor o interesse pelo seu destino. Pois no segundo e terceiro atos o personagem não aparece mais, expulso da cena sem qualquer explicação. Já no início do terceiro ato, não há uma razão clara para que André esteja num hotel do Rio de Janeiro, junto com o estudante devasso que ele tanto critica nas cenas iniciais da peça. Ainda que ele dê lições morais e salve a vida de Amélia, era preciso justificar a sua presença ali, para dar um mínimo de lógica ao enredo.

Com todos esses defeitos, não admira que *O Cínico* não tenha feito sucesso. O Ginásio o tirou de cena depois de quatro representações e os folhetinistas praticamente o ignoraram. Apenas no *Diário do Rio de Janeiro* e no *Jornal do Comércio* é que foram publicadas algumas palavras simpáticas de estímulo ao dramaturgo iniciante, mas sem muitos elogios.

A 3 de janeiro de 1863, a platéia fluminense aplaudiu uma nova produção de Sizenando Nabuco, desta vez no Ateneu Dramático: *A Túnica de Nessus*, um drama que não podemos julgar, por jamais ter sido impresso. Uma nota anônima, publicada no *Diário do Rio de Janeiro*, dois dias depois da estréia, permite-nos ter uma noção do seu enredo:

As conseqüências funestas de uma educação viciosa e de um exagerado desejo de ostentação, quis apresentar em seu drama o Sr. Nabuco de Araújo.

Adélia, mulher do pintor Máximo, com quem se aliara, talvez por amor, enfastia-se depois de algum tempo do marido, e principalmente de seus hábitos modestos e de sua paixão pela arte.

O demônio da dissipação entra-lhe pela alma e a desvaira; depressa esgotam-se os recursos do casal; Adélia ouve com benevolência as propostas amorosas de um visconde; não hesita diante da indigência que a ameaça e deixa o teto conjugal levando nos braços o fruto de sua união com Máximo.

A segunda fase da vida de Adélia é uma série de sofrimentos entremeados com as alegrias fictícias e as loucuras de uma vida desregrada. A filha está enferma; a mãe folga em um banquete; mas Inês vai morrer, Adélia corre a ela, não pode salvá-la.

Aparece um padre chamado a prestar os socorros da religião à menina enferma; é Máximo; Inês morre, e Máximo retira-se sem dar a Adélia o perdão que ela implora entre lágrimas.

A peça termina com uma gargalhada de Adélia que enlouquece diante da severidade de Máximo e da morte de sua filha.

Como se vê, mais uma peça contra o dinheiro, o luxo e a ostentação. Adélia parece ter algo da Hortênsia de *Luxo e Vaidade* e da Olímpia de *O Crédito*. Mas, ao contrário das outras, não se regenera e enlouquece. Tudo indica que o enredo de *A Túnica de Nessus* mistura as cenas típicas da comédia realista, no início, com outras do dramalhão, do meio para o final. Não podemos, porém, avançar muito nessas considerações. O melhor a fazer é confiar no julgamento de Machado de Assis, que dedicou um longo folhetim à peça no jornal *O Futuro*, apontando seus "defeitos" e "belezas". Segundo suas palavras, o primeiro problema de *A Túnica de Nessus* está na ação, "que não é suficiente para as proporções da peça, nem caminha sempre pela razão lógica das coisas". Além disso, há algumas incongruências na trajetória da personagem central, Adélia. Por fim, o estilo de Sizenando Nabuco "peça por demasiadamente lírico". Quanto às qualidades da peça, Machado elogia várias cenas e completa:

> Do que tenho dito, deve concluir-se uma cousa: que ao autor da *Túnica de Nessus* falta certo conhecimento da ciência dramática, mas que lhe sobejam elementos que, postos em ação e dirigidos convenientemente, dar-lhe-ão eminente posição entre os nossos poetas dramáticos.
> A intuição dos efeitos, a imaginação viva, a paixão abundante, tais são os seus meios atuais; a observação e a perseverança se encarregarão de aplicá-los discretamente, desenvolvê-los, completá-los[35].

3. 6. VALENTIM JOSÉ DA SILVEIRA LOPES

Escritor português naturalizado brasileiro, Silveira Lopes (1830 - ?) teve duas peças encenadas pelo Ginásio: *Sete de Setembro* e *Amor e Dinheiro*. A primeira estreou a 7 de setembro de 1861 e, sem ser propriamente uma comédia realista, é uma autêntica peça de idéias a favor do trabalho, do pensamento liberal, e contra a escravidão. Autor menor, sem muito fôlego para a criação de situações dramáticas mais densas ou de discussões ricas em relação ao problema abordado, Silveira Lopes contentou-se em escrever um pequeno drama em dois atos, no qual as ações dos personagens apenas ilustram uma idéia previamente traçada: a de que a escravidão é incompatível com a sociedade moderna, assentada na união do trabalho com a ciência.

Ao contrário da maioria das peças brasileiras representadas no Ginásio, *Sete de Setembro* não se passa na corte, mas no interior da província do Rio de Janeiro. O primeiro ato põe em cena uma família pobre de lavradores, formada por Raimundo, o pai; Carlos, o filho; e Maria, uma moça que Raimundo criou como filha e que havia sido abandonada à sua porta, quando bebê. As primeiras cenas descrevem os costumes dessa família, ou seja, o trabalho no campo para os homens e os afazeres domésticos para a mocinha. Nos diálogos, as personagens se dão a conhecer e somos informados de que Maria e Carlos vão se casar. Ele, segundo o pai, é "amigo do trabalho, probo, honesto. Tem sido bom filho e há de ser por força um ótimo marido, e um excelente pai"[36]. Ela, por sua vez, apesar da origem desconhecida, foi educada com "honrados sentimentos" e "nobre desinteresse". É quanto basta,

---

35. Machado de Assis, *Crônicas*, v. 20, pp. 347-348.
36. Valentim José da Silveira Lopes, *Sete de Setembro*, Rio de Janeiro, Tip. e Livraria de B. X. Pinto de Sousa, 1861, p. 16.

lhe diz Raimundo: "Se descendes de pobres, eu e Carlos não queremos mais riquezas do que as tuas qualidades; se és filha de ricos, rico é também Carlos porque é honrado e trabalhador". Quanto a Raimundo, sua principal característica é a recusa da escravidão como instrumento de riqueza. Eis um diálogo revelador:

RAIMUNDO – Sabes que os meus únicos bens são este pequeno *sítio*, e alguns animais. Podia ter escravos! sim, podia ter uma grande fazenda e muitas léguas de matos sem serventia, porém o velho Raimundo pensou sempre de modo avesso a isso. Ah! conheço que não nasci para este mundo.
MARIA – Por que, meu pai?
RAIMUNDO – Porque nunca fui ambicioso!... nunca pretendi fazer a minha casa à custa do suor alheio; chamam-me tolo, chamam, sim, porque eu bem sei que todos pensam de um modo diferente; mas pelo menos se não tenho riquezas para deixar a meu filho e fazer-te feliz, tenho a alma livre de remorsos. Foram só os meus braços que me deram estes bens. Fui eu que derrubei; eu que plantei; eu finalmente que fiz tudo quanto vês, e já nada é meu, mas teu e de meu filho.

Personagem que abomina "as vaidades do mundo" e o dinheiro que não é ganho com o trabalho, Raimundo parece-se muitas vezes com os *raisonneurs* das peças francesas e brasileiras que já comentamos. Como Carlos e Maria defendem os mesmos valores, o retrato da família possui equilíbrio e harmonia. Para alterar essa ordem inicial das coisas e instaurar um conflito, surgem dois guardas e um oficial de justiça para levar Maria embora. Uma denúncia havia revelado sua origem: era filha de uma escrava e, portanto, "escrava também".

O segundo ato se passa na casa de Jacinto, um rico fazendeiro, obviamente proprietário de Maria. Desde a primeira cena, o que surpreende o espectador/leitor são os desvelos desse personagem para com a sua escrava e os lamentos pelo fato de viver numa sociedade escravocrata. Ele se comove com a tristeza de Maria e maldiz a denúncia que o fez reaver a escrava, dezoito anos depois de seu nascimento. Trata-se evidentemente de uma criação infeliz, de um personagem absolutamente não-convincente, por meio do qual o autor condena a organização escravista da sociedade. Soam falsas, porém, falas como esta:

JACINTO – Eu não tenho um peito de fera; eu também sou homem, mas desde menino que me fizeram ver nestes miseráveis o meu patrimônio; desde a mocidade que me ensinaram a zelar neles a minha propriedade! – Hoje, libertar a todos, fora eu constituir-me cativo da miséria! Estou velho, o que tenho é de meu filho, não posso deserdá-lo. Se ele, que já nasceu noutra época, que tem diante dos olhos outro horizonte mais vasto e mais prometedor do que eu tive, quiser obrar de outro modo, pode fazê-lo. Quanto a mim terei inda coração para chorar as desgraças dos que, como essa pobre *rapariga*, são cativos, mas olhos não, que a sociedade me proibiria com um sorriso de escárnio.

A condenação do cativeiro é mais digna nas falas de Raimundo, que afronta a pobreza e dispensa a regalia que lhe oferece a sociedade. Jacinto, porém, tem um filho, Artur, que acaba de chegar da Europa, formado em Direito. Adepto das idéias liberais, esse moço representa na peça o pensamento antiescravista ilustrado, o homem brasileiro de uma futura sociedade alicerçada na solidez do trabalho e da ciência. É ele quem liberta Maria, entregando-a para Carlos e Raimundo, que foram comprá-la de Jacinto, com o dinheiro da venda da pequena propriedade. Artur, ao saber de toda a história, age com grandeza, para satisfação de seu pai. A cena se passa ao mesmo tempo em que soam, ao longe, tiros de artilharia comemorando o 7 de setembro. Juntando o dia da liberdade da pátria com o gesto de Artur em relação a Maria, Silveira Lopes propõe o fim da escravidão no Brasil e a verdadeira liberdade para todos os brasileiros. Carlos, estendendo a mão a Arthur, lhe diz: "Aperte esta mão, mancebo, é a mão do homem do trabalho, que se ufana de apertar a mão ao homem da ciência". Unidos pela "virtude", ainda segundo o personagem, trabalho e ciência criarão os rumos de uma nova sociedade para o país.

Pela defesa das virtudes burguesas e de idéias liberais, *Sete de Setembro* é uma peça afinada com o espírito do Ginásio, ainda que, no plano da forma, não represente nenhum avanço. Há apartes e monólogos demais e, se não há cenas do dramalhão, falta-lhe uma certa ousadia na elaboração do enredo. Silveira Lopes não explora, por exemplo, a possibilidade de um encontro entre Maria e sua mãe, que não sabemos se está viva ou morta. A ação dramática poderia ganhar certa complexidade e deixar de ser apenas um meio para ilustrar a defesa das idéias.

Quanto a sua aceitação pela platéia fluminense, pouco podemos dizer. A peça saiu de cartaz depois de três representações e na imprensa localizamos apenas duas matérias, ambas favoráveis. No jornal *A Marmota*, a 6 de setembro de 1861, um articulista anônimo resumiu seu enredo e a elogiou como "um trabalho de grande mérito, não só pelo grandioso da concepção, como pela beleza da forma, e ainda mais pelo fundo altamente moral que encerra". Mas o maior entusiasmo partiu de L.-A. – provavelmente Leonel de Alencar, irmão de José de Alencar –, nas págïnas da *Revista Popular*. Depois de elogiar os diálogos, a ação e os personagens, ele mostrou por que gostou da peça, ao mencionar o papel de Artur: "Louvamos a maneira como o Sr. Silveira Lopes apresentou-nos o homem moderno, o homem do século em que vivemos, o homem enfim do progresso e do coração liberal"[37]. Dois meses depois da representação, Machado de Assis, no *Diário do Rio de Janeiro* noticiou a publicação de *Sete de Setembro* numa nota crítica, sem entusiasmo, e sem mencionar o problema da escravidão, observando que "postos de parte certos pontos de composição, contra os quais se oferecem muito boas razões, mas que não constituem defeitos capitais, contém essa peça beleza de estilo e de arte digna de menção"[38].

A segunda produção de Silveira Lopes encenada pelo Ginásio, *Amor e Dinheiro*, estreou a 8 de março de 1862 e, como a anterior, não foi além de três representações. Pelo que pudemos ler nos jornais da época, esse drama em quatro atos apresenta algumas características da comédia realista, como a defesa das virtudes burguesas e preocupações moralizantes, mas no plano do enredo não descarta os clichês do dramalhão. É o que se percebe neste resumo feito pela "Gazetilha" do *Jornal do Comércio* de 10 de março:

A história é esta: Cecília, a enjeitada, vendo-se a braços com a miséria por morte do benfeitor que lhe servira de pai, oferece-se ao negociante Augusto Pires para servir de aia ou mestra à sua filha: Pires não a aceita, mas o fazendeiro José Vaz que viera de passeio à cidade está disposto a recebê-la em casa, quando por informações de Luís de Moura, que a amara outrora, mas a abandonara depois para efetuar um casamento rico, se vê obrigado a repeli-la contra vontade.

Luís de Moura, sentindo remorder-lhe a consciência, quer pôr Cecília ao abrigo da necessidade, mas sem desposá-la; ela indignada e desesperada atira-se da janela abaixo. Não morre: é recolhida em casa de José Vaz, mas fica doida. Para ver se a cura por meio de uma sensação forte, apresenta-lhe o Dr. Alberto o retrato da mãe, que encontrara num cofre, que ela sem o conhecer ainda lhe entregara, não se tendo atrevido, fato sofrivelmente incrível, a abri-lo depois da morte do benfeitor, porque este em vida nunca lho mostrara. A enjeitada recobra efetivamente a razão, e ao mesmo tempo Augusto Pires, à vista do retrato, reconhece-a por filha. Luís de Moura, que está presente, pede-lhe perdão dos passados agravos, e não sabemos bem se fica de casar com ela, porque o autor, como receando terminar o seu drama à moda antiga pelo casamento, embrulhou o final num véu, através do qual cumpre adivinhar muita coisa.

Como observou a redação do *Diário do Rio de Janeiro*, também a 10 de março, o objetivo do autor foi "fazer a apologia

---

37. *Revista Popular*, Rio de Janeiro, jul.-dez. 1862, tomo XV, p. 223.
38. J. M. Machado de Assis, *Crônicas*, v. 20, p. 84.

da mulher que resiste, mesmo na miséria, às tentadoras seduções do vício, e que triunfa por fim, a despeito de todas as peripécias e contratempos". Infelizmente não sabemos exatamente como a peça termina, pois o redator do *Jornal do Comércio* não foi claro em suas palavras finais. De qualquer modo, a acreditar no *Diário do Rio de Janeiro*, os diálogos de *Amor e Dinheiro* são escritos com naturalidade e a peça dá uma "lição de elevada moral" aos espectadores.

3.7. PINHEIRO GUIMARÃES

A peça brasileira mais bem-sucedida na cena do Ginásio, em 1861, foi *História de uma Moça Rica*, de Francisco Pinheiro Guimarães (1832-1877), que estreou a 4 de outubro e alcançou um total de vinte e duas representações durante os três últimos meses do ano. Como veremos mais adiante, os principais folhetinistas e intelectuais do Rio de Janeiro se manifestaram sobre essa peça que, na esteira de *As Asas de um Anjo* e *Onfália*, trazia mais uma vez para o palco a figura da prostituta e o tema controvertido da sua regeneração. Além disso, ambicionando debater outras questões sociais que alimentavam as comédias realistas ou que diziam respeito à realidade brasileira, Pinheiro Guimarães criou personagens obcecados por dinheiro, criticou o casamento realizado por interesse e abordou certos problemas relativos à escravidão doméstica.

A própria estrutura da peça permite que essa variedade de assuntos possa ser tratada num só enredo. Cada um dos quatro atos tem uma relativa autonomia, na medida em que uma grande distância temporal os separa entre si, impedindo aquele tipo de continuidade da ação dramática que amarra tudo em torno de uma questão central, apresentada e desenvolvida com fortes nexos causais. Observe o leitor que o segundo ato se passa quatro anos depois do primeiro; o terceiro, seis anos depois do segundo; e o quarto, sete anos depois do terceiro. Observe, também, que os dois primeiros atos se passam em Pernambuco, o terceiro no Rio de Janeiro e o último num lugar longe da corte, provavelmente interior de Minas Gerais. Tudo isso torna *História de uma Moça Rica* uma peça de estrutura "aberta", na qual os atos são verdadeiros "quadros" articulados entre si por uma linha de enredo obviamente necessária, que é a trajetória da personagem central, Amélia, apanhada em quatro momentos da sua existência: forçada pelo pai a casar-se com o caça-dotes Magalhães, ela não suporta as humilhações do marido e o abandona para cair nos braços de um amante, tornar-se prostituta e regenerar-se no desfecho.

Estruturada dessa maneira, a peça realiza satisfatoriamente as intenções realistas do autor, que em cada ato aborda um ou dois problemas da sociedade brasileira e os retrata com objetividade, para extrair então as lições morais que julga pertinentes. No primeiro ato, Pinheiro Guimarães faz a ação dramática girar em torno das relações entre o amor, o casamento e o dinheiro. Sem evitar o maniqueísmo, que é próprio desse tipo de peça, os personagens são divididos em dois grupos. De um lado, estão Henrique, um jovem honesto, pobre, tabalhador; sua prima Amélia, filha de um rico negociante; e o Dr. Roberto, o *raisonneur*. De outro, especuladores e caça-dotes como a Baronesa de Periripe, seu filho Artur, Antunes e Magalhães, bem como o próprio pai de Amélia, Vieira, um homem que só pensa em dinheiro.

O conflito, previsível, ocorre quando Vieira expulsa Henrique de sua casa e proíbe a filha de vê-lo, pois queria para ela um casamento rico. Mas o que é marcante nesse primeiro ato são as cenas que retratam o comércio que se estabelece em torno de Amélia. A Baronesa e seu filho, por exemplo, travam um diálogo em que a mocinha é comparada às terras férteis da Itália, conquistadas por Napoleão. Também Artur deveria efetuar sua conquista, pois já não há como sustentar as aparências de riqueza. Os escravos estão hipotecados, as jóias são falsas e o luxo corroeu a herança deixada pelo marido. Para essa nobreza falida, o casamento por dinheiro é a solução. A mãe dá conselhos ao filho, que lembram em parte o conto "Teoria do Medalhão", de Machado de Assis. O cinismo, a desonestidade, o interesse e o culto às aparências mostram suas faces, em falas como esta:

BARONESA – Ouve-me ainda. És bonito rapaz; de Paris te vieste vestindo primorosamente; ninguém como tu amarra uma gravata, ninguém entra melhor em uma sala. És atrevido; é uma boa qualidade... Mas cuidado!... As tuas conquistas fáceis de Paris exageraram essa virtude, e quase a transformaram em defeito. Respeita os prejuízos do velho... Olha... desde já põe fora este charuto: não te perdoaria ele se te visse fumando na minha presença. É rabugento, pé de boi, mas procura descobrir-lhe os fracos, o que te será fácil, pois não os oculta. Adula as suas manias, aprova as idéias bolorentas que tem e, sobretudo, promete-me seguir à risca os meus conselhos[39].

---

39. Pinheiro Guimarães, "História de uma Moça Rica", em *Na Esfera do Pensamento Brasileiro*, Rio de Janeiro, 1937, pp. 501-502.

O especulador Antunes e seu protegido Magalhães também vêem o casamento com Amélia como um negócio bastante lucrativo. Foi o primeiro quem armou uma jogada para enganar Vieira, convencendo-o de que o "amigo" era um bom partido. Para isso, estipulou o preço de dez contos, logo aumentados para vinte. Uma "patifaria", conforme admite, mas aceita por Magalhães, ameaçado de ver o especulador pôr-se a serviço da Baronesa.

Essas cenas e diálogos ilustram comportamentos e valores que os dramaturgos realistas não se cansaram de exorcizar. Pinheiro Guimarães nem precisou reforçar as críticas com tiradas do *raisonneur*, pois os pretendentes à mão de Amélia e seus respectivos protetores são tão ignóbeis que suas presenças em cena já dizem tudo. A participação do Dr. Roberto é importante para definir o caráter de Vieira, um homem honesto e honrado, mas "dos mais aferrados membros da aristocracia do dinheiro, a mais estúpida e brutal de todas as aristocracias, e a mais intolerante". Por causa disso é que o Dr. Roberto tenta, em vão, convencer Henrique a esquecer Amélia. Como *raisonneur*, ele conhece o caráter dos personagens e sabe que Vieira jamais consentirá que a filha se case com um rapaz pobre. Os dois jovens serão, portanto, as vítimas dessa sociedade regida pelo dinheiro e pelo culto às aparências. Nos atos seguintes, a peça explora exatamente as conseqüências funestas que resultarão das atitudes de Vieira, cujos erros, na ótica do autor, foram dois: colocar o dinheiro acima de valores mais nobres, como a honestidade e a inteligência, e impor um marido à filha. Quanto ao segundo ponto, lembremos que nas peças de Alencar e Quintino Bocaiúva encontramos a defesa da idéia implícita em *História de uma Moça Rica*, qual seja, a de que os jovens devem ter o direito de escolher os seus parceiros. E que não se veja nisso uma concessão ao Romantismo, mas o fato de que a escolha por amor impede, pelo menos em teoria, a infelicidade conjugal, o adultério e, por conseguinte, o esfacelamento da família.

Se o primeiro ato é, pois, um quadro da vida social brasileira regida pelo dinheiro, o segundo apresenta-nos um quadro da vida familiar transformada num inferno, em virtude exatamente da falta de amor entre os cônjuges. Num diálogo com o Dr. Roberto, Amélia conta os fatos que se sucederam nos últimos quatro anos: Henrique fora recrutado a pedido de seu pai e morrera na batalha de Monte Caseros; Antunes e Magalhães interceptaram uma carta da Baronesa ao filho, referindo-se a ela como uma "mina de ouro" e a mostraram a Vieira; este, antes de morrer, conseguiu arrancar-lhe a promessa de que se casaria com Magalhães. Amélia, profundamente infeliz, queixa-se ao Dr. Roberto. E nas cenas em que o marido aparece, são evidenciados os seus sofrimentos, pois ele a trata mal e a humilha constantemente.

Ainda no segundo ato, dois personagens ganham destaque: Alberto e Bráulia. Ambos são aliados num plano que visa tirar partido da infelicidade de Amélia. Alberto, desejando seduzi-la, escreve-lhe cartas apaixonadas e consegue mesmo ser recebido por ela. Mas a firmeza da esposa honesta o surpreende e ele vê-se repelido. Bráulia é a escrava alcoviteira, que odeia Amélia e que acaba acelerando sua "queda". Ardilosa e má, ela quer afastar a ama do marido, com quem vive amancebada, pensando em conquistar a liberdade. Nas últimas cenas do segundo ato, Bráulia dá mostras de seu poder de persuasão junto a Magalhães e o faz agredir fisicamente Amélia. É a gota-d'água. A esposa honesta, não suportando as humilhações e os sofrimentos, cede ao sedutor Alberto e foge com ele, consciente de que dá um passo condenado pela sociedade.

O segundo ato ilustra, portanto, dois problemas. O primeiro diz respeito às conseqüências do tipo de casamento imposto a Amélia, uma moça educada dentro de princípios morais rígidos, mas incapaz de suportar as agressões de um marido que deseja apenas o seu dinheiro. A questão moral que se coloca é a seguinte: tinha ela o direito de fugir? A peça não defende a fuga como solução, uma atitude condenada pela moral burguesa, mas a mostra como uma fatalidade que resultou do erro anterior de Vieira e que terá desdobramentos ainda mais graves. O que o autor condena, pois, é o velho costume patriarcal de negar aos jovens o direito de escolher, por amor, os seus parceiros. O segundo problema relaciona-se com os malefícios da escravidão doméstica. Alencar já havia demonstrado, apelando para a leveza e a comicidade, o quanto era nociva a presença do escravo no interior da família brasileira. Pinheiro Guimarães aborda o problema de modo mais contundente, por meio da criação de uma personagem má, porém aproveitando o mesmo ponto de partida, ou seja, a idéia de que os patrões são os que mais sofrem com esse tipo de escravidão. No segundo ato, a peça não chega a ser abertamente antiescravista, embora essa seja uma leitura possível, já que o ódio de Bráulia é fruto de sua condição de escrava. Além disso, há um diálogo entre Antunes e o Dr. Roberto, no primeiro ato, em que o *raisonneur*, geralmente porta-voz do autor, admite ser um "negrófilo", isto é, um homem favorável à libertação dos escravos. Pinheiro Guimarães, espírito liberal, provocava assim os conservadores da época e, juntamente com Alencar e Silveira Lopes, antecipava no teatro um debate que logo tomaria conta das searas política e econômica.

O terceiro ato de *História de uma Moça Rica* é um quadro da prostituição elegante no Rio de Janeiro. Vários personagens secundários são postos em cena para retratarem os costumes dissolutos de homens e mulheres que vivem à margem da sociedade, entregues à vida fácil e aos prazeres condenados pela moral burguesa. Joaninha e Rosinha, por exemplo, são as cortesãs unicamente interessadas em dinheiro. Alfredo e Leopoldo são os estudantes de medicina que se divertem nesse universo degradado, colaborando com sua linguagem chistosa para dar vivacidade aos diálogos. Eis como um deles define o coração das cortesãs: "... uma seringa de borracha com dois bicos: quando por um entra – ouro, por outro esguicha – amor, e sempre na razão direta da massa que entra". Já iam longe os tempos da idealização romântica das *femmes déchues*, como se dizia na época.

A cena se passa toda na sala de um restaurante próximo do Teatro São Pedro de Alcântara e os personagens apresentam-se mascarados, porque é carnaval. Pinheiro Guimarães movimenta com destreza um grande número de personagens para criar o clima de festa necessário ao desenvolvimento da ação dramática. Há um entra-e-sai constante de personagens secundários, cada qual definido por um único traço, como o especulador João da Silva, que enriqueceu à custa de acionistas ludibriados por ele. Ou Frederico, outro estudante de medicina que gasta seu dinheiro com bebidas e mulheres, mas que surge em cena apaixonado pela mais sedutora cortesã do Rio de Janeiro, a que melhor "depena" os amantes: Revolta, nome adotado por Amélia.

Eis onde vamos encontrar a fugitiva do segundo ato. Quer dizer, sua queda completou-se nos seis anos que separaram a fuga com Alberto das cenas do terceiro ato. De amante abandonada a prostituta foi um passo natural, numa trajetória marcada pelo desprezo da sociedade, humilhações, miséria e até mendicância. A história de Amélia, contada por ela mesma numa ceia que oferece a vários convidados, revela uma curiosidade da peça: o recurso folhetinesco no nível das narrações, que existem no segundo, terceiro e quarto atos, destinadas a amarrar a linha principal do enredo. Em termos de "jogo de cena" ou ação dramática, *História de uma Moça Rica* possui a naturalidade própria da comédia realista. Mas os enxertos narrativos que contam a trajetória de Amélia não evitam o conteúdo típico do dramalhão. Essa combinação é curiosa, pois acomoda características românticas e realistas no interior da peça, sem nenhuma contradição aparente. Ao contrário, ela possibilita que a exposição do problema da prostituição se faça de modo crítico e emocional ao mesmo tempo. Veja-se, a propósito, a principal cena do terceiro ato, quando Amélia conta sua vida aos convidados da ceia. Ela envolve o espectador/leitor com a sucessão de sofrimentos pelos quais passou e o desperta para as causas que provocaram sua queda. O detalhe, nessa passagem, é que entre os ouvintes está o próprio Magalhães. Sem saber que Revolta, mascarada, é Amélia, ele aceita o convite para a ceia, interessado que estava na famosa cortesã, e é forçado a ouvir toda a história, sendo humilhado e acusado publicamente de ser o responsável pela desgraça da ex-esposa.

Comparada a cortesãs como Marco e Suzanne d'Ange ou à Baronesa Lucília, Amélia possui atenuantes que a tornam, nas palavras de Frederico, mais uma "vítima" do que uma "mulher criminosa". Quer dizer, em *Les Filles de Marbre*, *Le Demi-monde* e *Onfália* não há explicações ou justificativas para a prostituição. Mas Pinheiro Guimarães, à semelhança de Alencar e Macedo – em *As Asas de um Anjo* e *Lusbela* – faz de sua heroína uma cortesã a contragosto, vítima de terríveis circunstâncias. Se isso não impede que ela adquira as características de uma "mulher de mármore", já que arruína os amantes e vive afrontando a moral da sociedade, abre-lhe, por outro lado, a possibilidade da regeneração ou pelo menos do arrependimento. E é justamente o que ocorre no quarto ato. Passados sete anos dos fatos do terceiro ato, Amélia é uma mulher regenerada, que vive longe da corte, trabalhando como costureira e ajudando os pobres. Mais uma vez o autor introduz um diálogo para explicar ao espectador/leitor os acontecimentos que antecederam a situação presente da personagem. É Frederico, também regenerado, formado médico, quem conta ao Dr. Roberto que uma febre cerebral quase matou Amélia. E mais:

FREDERICO – Felizmente a moléstia foi vencida, a Amélia em breve entrou em convalescença, porém durante a sua perigosa enfermidade o seu modo de pensar tinha completamente mudado. Saía do túmulo purificada. As idéias de desespero e de vingança, que a colocaram em luta aberta com a sociedade, haviam sido substituídas por uma resignação dolorida, sim, mas profunda. Já não era mais a – *Revolta*, era a – *Arrependida*! Desgraçadamente, a nossa organização social é tal que a uma mulher é muito mais fácil perder-se do que regenerar-se.

Há sete anos Amélia vive ao lado da mãe de Frederico, a quem serve como criada. O rapaz ainda a ama, agora sem a lascívia dos outros tempos, mas a cortesã arrependida não aceita esse amor, porque sabe que "o mundo nunca esquece nem perdoa". Frederico retruca, diz que também cometeu erros, que envergonhou a mãe, os parentes, os amigos, e que mesmo assim a sociedade o recebeu de volta com os braços abertos. Amélia, refletindo o ponto de vista burguês e moralista da peça, lhe diz: "O senhor é homem; e um homem se regenera e purifica: a mulher nunca! A nódoa que uma vez a poluiu é eterna; nem todas as suas lágrimas, nem todo o seu sangue a podem lavar".

Em outras palavras, a regeneração pelo amor é negada a Amélia, como foi negada à Carolina de *As Asas de um Anjo*. Alencar e Pinheiro Guimarães, no entanto, procuraram um meio de não ser tão impiedosos para com suas personagens, vítimas de um sedutor barato e de um marido truculento. Buscando um meio termo entre a solução romântica e a dureza realista, encontraram na maternidade e numa espécie de ostracismo – a vida longe da sociedade – um caminho para a regeneração, que não afrontava a moral burguesa. Como Carolina, Amélia viverá para a filha, a quem recebe de volta no desfecho da peça, já que a menina estava sendo criada pelo Dr. Roberto, desde o final do terceiro ato. Desse modo, o autor satisfaz as exigências morais de seu tempo escapando dos extremos, isto é, não transformando Amélia nem em criminosa nem em personagem idealizada.

Com tantas idéias apresentadas em cena, enredo estruturado com coerência interna, personagens bem-delineados e diálogos desprovidos de exagero retórico, *História de uma Moça Rica* – sem ser uma obra-prima, mas uma peça vigorosa e corajosa – conquistou a simpatia de quase toda a imprensa fluminense. Em apenas dois jornais lhe foram feitas restrições mais duras. No *Jornal do Comércio*, Luís de Castro considerou o assunto indigno de subir à cena, filiando o autor a "essa escola que, à força de querer ser realista, ofende os olhos e fere os ouvidos com a pintura quase torpe do vício nu e descarnado"[40]. Em *A Atualidade*, o conselheiro Lafaiete Rodrigues Pereira fez alguns elogios à peça, mas a considerou imoral. A seu ver, Amélia deveria acabar seus

---

40. *Idem*, pp. 100-101.

dias na desgraça e na miséria, para que sua história não seduzisse as "imaginações ardentes, ávidas de emoções e do imprevisto"[41].

A fuga de Amélia pareceu-lhe legitimar a imoralidade ou pelo menos oferecer-se como solução de situações que não eram incomuns na vida doméstica.

A maior parte dos folhetinistas não concordou com essas opiniões. Machado de Assis, por exemplo, foi ousado em sua crônica semanal do *Diário do Rio de Janeiro*, criticando os beatos e defendendo as cenas fortes e "verdadeiras" da peça. Aos que condenaram a fuga de Amélia, observou: "... o poeta quando escreveu o seu 2º ato não quis dizer às Amélias da nossa sociedade: suportai a resignai-vos; mas sim mostrar à sociedade a conseqüência das torpezas de Magalhães". Por isso, acrescentou: "eu a condenaria... se tivesse a certeza de que ela naquele momento supremo estava tão tranqüila como eu ao escrever estas linhas"[42].

Vários textos favoráveis à peça apareceram em periódicos como *A Semana Ilustrada*, *Revista Popular* e *A Marmota*. Nos jornais diários, a solidariedade ao autor apareceu em artigos de Francisco Otaviano, Sousa Ferreira, Joaquim Manuel de Macedo e Henrique César Muzzio. Deste último selecionamos alguns trechos da melhor análise de *História de uma Moça Rica*. O articulista defendeu o teatro como instituição moralizadora, filiou a peça ao "teatro moderno", realçou seu realismo, suas críticas aos costumes, a qualidade dos diálogos e a aproximou de outras produções brasileiras do período:

> Desde que se repeliu a falsa teoria – da arte pela arte – e que a lira deixou de ser o passatempo dos Anacreontes senis e devassos, a missão do poeta subiu de novo ao que ela fora nos tempos primitivos [...].
> Nenhuma composição dramática viverá além de um curto período, qualquer que seja o seu mérito de forma, se o autor não tiver atingido o alvo único do teatro moderno, a pintura verdadeira do vício e dos defeitos sociais, a sua correção e o seu castigo [...].
> O drama – *A História de uma Moça Rica* – pertence pelo fundo e pela forma ao melhor do teatro moderno.
> É um quadro de nossos costumes, a reprodução quase fotográfica de cenas íntimas, que por aí se representam a portas fechadas, e que a sociedade contempla com olhar cruel e barbaramente egoísta [...].
> O diálogo, fácil, natural, apaixonado e por vezes eloqüente, santifica a cada momento os princípios da moral a mais pura e severa, glorifica a virtude e estigmatiza, com a energia da consciência, a depravação e o erro [...].

---

41. *Idem*, p. 589.
42. Jean-Michel Massa, *Dispersos de Machado de Assis*, Rio de Janeiro, MEC/INL, 1965, p. 160.

Luxo e Vaidade de Macedo, *Onfália* e *Mineiros da Desgraça* de Quintino Bocaiúva, *A História de uma Moça Rica* de Pinheiro Guimarães são dramas da mesma escola, inspirados pelo mesmo pensamento moral e generoso; são protestos eloqüentes contra a corrupção de uma sociedade que se supunha forte, porque ninguém a condenava[43].

Henrique César Muzzio, embora se colocasse acima das escolas literárias, sempre escreveu textos simpáticos às peças realistas francesas ou brasileiras. Amigo de Machado de Assis e Quintino Bocaiúva — os três trabalharam juntos no *Diário do Rio de Janeiro* —, ele foi também o prefaciador da edição de *História de uma Moça Rica*, feita no mesmo ano de 1861. Quanto a Pinheiro Guimarães, que recebeu com humildade e silêncio a consagração do público e da crítica, só em dezembro de 1864 e janeiro de 1865 é que se manifestou sobre sua peça, forçado pelas circunstâncias. Nas publicações "a pedidos" do *Jornal do Comércio*, um articulista oculto pelo pseudônimo de Ateniense acusou-o ter imitado *Manon Lescaut*, do Abade Prévost; o drama *Redenção*, de Octave Feuillet; e *A Dama das Camélias*. Pinheiros Guimarães defendeu-se nas páginas do *Correio Mercantil*, deixando-nos depoimentos valiosos para a compreensão de seus propósitos. Algumas passagens de seus cinco textos de defesa merecem transcrição, pois demonstram que, se havia uma estreita ligação dos dramaturgos brasileiros com o teatro francês, havia também o desejo da originalidade, a busca de soluções dramáticas próprias. Assim, depois de resumir os enredos de *Manon Lescaut*, *A Dama das Camélias* e *Redenção*, pondo em primeiro plano as protagonistas, ele demonstrou o quanto era infundada a acusação do Ateniense, continuando nestes termos:

> A Amélia, da *Moça Rica*, é uma menina cândida. Obrigada por seu pai a sufocar o seu primeiro amor e a desposar um homem brutal a quem aborrece, sofre com estóica resignação todos os martírios de um casamento dessa espécie, até o dia em que o marido, por causa de uma escrava com quem se amancebara, a esbofeteia.
> Meio louca, Amélia foge de casa com um sedutor, que debalde tentara antes fazê-la cair. Este, ao cabo de algum tempo, abandona-a em terra estranha, sem um pedaço de pão para matar a fome. Ela bate a todas as portas, todas as portas se lhe fecham. Aquela alma lacerada revolta-se contra a sociedade, atira-se à prostituição e procura vingar-se nos seus adoradores dos sofrimentos que os homens lhe causam.
> Essa febre dura pouco. Ela tem uma filha, e o amor maternal a regenera. Acha um homem que lhe estende a mão, e vai ser criada em casa da mãe desse

---

43. Pinheiro Guimarães, *Na Esfera do Pensamento Brasileiro*, pp. 574-580.

homem. Durante sete anos procura expiar as faltas cometidas, com a mais completa abnegação; quer ter o direito de abraçar sua filha. Quando o homem que a salvou oferece-lhe a sua mão, rejeita-a, não pode mais ser esposa; os sete anos de expiação só lhe dão o direito de ser mãe.

Ora, em que é que este tipo se parece, a ponto de se poder dizer que é imitado, com um tipo de MANON LESCAUT, de MARGARIDA GAUTIER e de MADALENA? Deixando de parte o romance do padre PRÉVOST, que o nosso público não conhece, qual é a cena, a situação comum entre a *Redenção*, a *Dama das Camélias* e a *Moça Rica*? Nenhuma. É verdade que MARGARIDA é uma lorete, MADALENA uma artista de costumes desregrados, e que AMÉLIA teve uma fase na sua vida em que se transviou. Mas, porventura, basta este insignificante ponto de contato, para que se diga que esta é cópia daquelas?

No terceiro ato, no único em que AMÉLIA aparece como cortesã, que imensa diferença entre ela e as duas heroínas com que se quer confundi-la. As primeiras, no princípio de sua vida tresloucada, reputam-se felizes; são alegres e descuidosas; depois, vergam-se humildes, chorosas e arrependidas; a outra, não. Metida no charco, ergue-se altiva, insolente na sua degradação e apanha a lama podre que a cerca, para lançá-la sobre a sociedade. Mesmo, pois, desse ponto de vista, ela não só não se parece com as outras, como até é-lhes perfeito contraste. O caráter, os sentimentos, as idéias, enfim, a organização moral de AMÉLIA, as situações em que ela se acha, o modo por que nelas é atirada, os lances da sua vida, a roda que a cerca, seu ponto de partida, seu ponto de chegada, nada têm que possa justificar a assimilação forçada que se quer fazer entre ela e as protagonistas da *Redenção* e da *Dama das Camélias*[44].

As diferenças em relação às peças francesas são evidentes. Em outro artigo, tratando especificamente das "teses" que defende em *História de uma Moça Rica*, Pinheiro Guimarães liquida por completo a acusação de plágio:

Escrevendo a *Moça Rica*, tomei como tese principal – demonstrar que casamentos de certa espécie, isto é, impostos à mulher e celebrados entre indivíduos que por suas índoles, educação, idéias e sentimentos se repelem, casamentos em que de um lado há uma mártir, do outro um especulador, podem levar a mísera sacrificada à mais completa degradação, por bem formada que seja sua alma.

É essa a idéia que domina todo o drama. Há, entretanto, outras teses secundárias, que são: 1ª A escravidão não é só um mal para os escravos, é também para os senhores. Quanto mais bem formado é o indivíduo encarado em absoluto, isto é, quanto mais inteligente, mais tende a libertar-se, mais perigoso se torna; resultado natural, porém mau, de uma instituição absurda e revoltante. 2ª O esquecimento dos santos princípios do pudor e do recato, por mais motivado que pareça ser, arroja aquelas que dele são vítimas a uma vida de vergonha e sofrimentos. 3ª Aquela que desceu até o abismo da perdição, ainda que se arrependa, que expie as semanas de tresvario por anos de sofrimentos e humilhações, nunca mais pode entrar na sociedade; como diz AMÉLIA: – *Os homens se regeneram, a*

---

44. *Idem*, pp. 185-187.

mulher nunca; a mancha que uma vez a polui é eterna; nem todo o seu sangue, nem todas as suas lágrimas a podem lavar. Ora, nenhuma dessas teses é sustentada pelo padre PRÉVOST, por ALEXANDRE DUMAS, pai e filho, nem por OCTAVE FEUILLET. Ainda, pois, nesse ponto não houve a menor imitação[45].

Depois de *História de uma Moça Rica*, Pinheiro Gimarães escreveu somente mais uma peça, *Punição*, encenada também no Ginásio, a 7 de maio de 1864. Trata-se de um autêntico drama romântico, distante em tudo do realismo teatral. A ação dramática situa-se na roça e gira em torno das paixões violentas de um pai e um filho por uma mesma mulher. Não há qualquer preocupação com a descriação de costumes ou com a moralidade. Tudo isso surpreende o leitor que esperava algo na mesma linha da primeira peça. *Punição*, porém, demonstra que apesar da hegemonia do realismo teatral no palco do Ginásio, o Romantismo jamais deixou de ser uma opção estética para os dramaturgos brasileiros do período.

3.8. FRANCISCO MANUEL ÁLVARES DE ARAÚJO

Autor de duas peças teatrais, Álvares de Araújo (1829-1879) teve apenas uma encenada pelo Ginásio: *De Ladrão a Barão*, a 17 de janeiro de 1862. O título já define, se não o enredo, ao menos a trajetória da personagem principal, o vilão Pereira, um homem obcecado pela idéia de enriquecer e que para isso não dispensa a hipocrisia, o roubo, a chantagem e a falsificação de um testamento. Extremamente hábil, Pereira dá-se ao luxo de praticar pequenas boas ações para encobrir as grandes jogadas desonestas. Com esse expediente, conquista a fidelidade de um velho criado, André, e passa por filantropo junto a certos segmentos da sociedade. Não é por outro motivo que consegue o título de barão, depois de espoliar a fortuna de outras duas personagens.

Numa peça com propósitos moralizadores, é claro que o vilão será punido no desfecho. Mas, antes disso, o autor tratará de criar várias situações dramáticas que dêem corpo ao enredo, para que outras personagens e idéias sejam destacadas. Assim, além da questão do dinheiro ganho ilicitamente, a peça condena outro vício da vida social: o jogo. Do primeiro ao quarto ato, à trajetória de Pereira estará colada a de Veiga, jovem estudande da Facul-

---

45. *Idem*, pp. 189-190.

dade de Direito de São Paulo e protótipo do viciado. Já nas cenas iniciais essa característica da personagem é acentuada de várias maneiras. Em primeiro lugar, um de seus companheiros de jogo nos informa que ele vendeu a última jóia que lhe restava da mãe para poder jogar. Depois, a personagem aceita dinheiro emprestado de Pereira sem mesmo conhecê-lo. Em seguida, recusa-se a dançar com Elvira, que lhe prometera uma quadrilha, porque se dirigia à mesa de jogo. Por fim, Amélia o descreve à amiga Elvira com estas palavras: "Vem, chega-te a esta porta. Não o vês ali com os cabelos desgrenhados, as faces reluzentes de suor, as feições descompostas? Sabes o que é aquilo? São os prazeres, as comoções do jogo"[46].

Veiga é uma figura deplorável, com seus vinte anos de idade e um futuro comprometido pelo vício. Até o final do quarto ato, ele encarna a fraqueza moral, a aversão aos bons sentimentos, o distanciamento da família, tudo aquilo, enfim, que Álvares de Araújo critica de um ponto de vista obviamente utilitário. Para melhor evidenciar a derrocada do rapaz, uma herança providencial de um tio o deixa repentinamente rico, com quinhentos contos nos bolsos. E essa fortuna será dissipada, ao longo de mais ou menos um ano, nas mesas de jogo. Durante todo esse tempo, Veiga será visto em companhia de outras personagens com defeitos morais idênticos aos seus e de mulheres que não poderiam freqüentar as famílias honestas. Além disso, ele perde a estima de Almeida, pai de Elvira, a moça que o ama e de quem acaba se afastando. O caráter demonstrativo da seqüência de cenas que o faz surgir arruinado, empobrecido e arrependido é evidente no desfecho do quarto ato, quando pede ajuda a Pereira:

VEIGA – Quando me vi quase sem meios de subsistência, quando reconheci o fundo do abismo em que me haviam arrojado a força das paixões, o verdor dos anos e a inexperiência dos homens, vendi algumas jóias que me restavam e segui para Minas, onde tencionava viver ignorado. Fui, porém, roubado na estrada, pelo que tive de voltar. Estou pobre, pobríssimo, meu amigo: já tenho sentido os efeitos da fome e nesses momentos de desespero e desânimo acodem-me à memória as palavras de Almeida: "Quando tiver necessidade de recorrer à caridade pública, disse-me ele, lembre-se que minha filha, às quartas e sábados, manda distribuir esmolas aos pobres" e então verto lágrimas de dor e de vergonha! Cheguei ontem, Pereira; (com

---

46. Francisco Manuel Álvares de Araújo, *De Ladrão a Barão*, Rio de Janeiro, Tip. do Diário do Rio de Janeiro, 1863, p. 12.

mais amargura) procurei os amigos de outrora, os amigos de quando eu era rico... receberam-me mal! verificou-se ponto por ponto o que tantas vezes me predisseste. Lembrei-me de ti, o único dos meus amigos que o não foi por interesse, e conto que me coadjuvarás. Tenho fome, Pereira.

Veiga chegou ao fundo do poço. E esse é o destino dos jovens que se deixam levar pelo vício do jogo, demonstra o enredo da peça. Ressalte-se, em sua fala, que até esse momento ele não havia percebido a hipocrisia de Pereira, falso amigo e arquiteto de sua ruína, o homem que roubou todo o seu dinheiro por meio de um plano diabólico, ameaçando e chantageando outras duas personagens: Couto e Leopoldina. Pereira, porém, agora se revela. Recebe Veiga com frieza e oferece-lhe cinco mil réis, quantia irrisória que o rapaz repele, porque não quer esmola, mas trabalho. Arrependido e disposto a regenerar-se, ele diz ter conservado a honestidade como princípio, a despeito da desgraça que o impelia para o crime. Nessa cena, Veiga defende os valores éticos da burguesia e mostra-se mudado pelo sofrimento. Como Pereira não o ajuda, o autor utiliza o velho recurso do *deus ex-machina*. Um devedor do finado tio do rapaz manda-lhe uma carta e o pagamento de quatro contos, dinheiro suficiente para que volte a São Paulo e termine o curso de direito, reabilitando-se perante a sociedade e tornando-se digno de Elvira, como se vê no quinto e último ato da peça.

Quanto a Pereira, suas más ações alimentam o enredo de ponta a ponta. Já nas primeiras cenas conhecemos seu plano para espoliar a fortuna de Veiga. Em primeiro lugar, incita-o a jogar, emprestando-lhe dinheiro e colaborando para o recrudescimento de sua paixão pelo jogo; depois, obriga Couto, hábil manejador de cartas, a tornar-se seu cúmplice e, mais à frente, serve-se também dos préstimos de Leopoldina. No relacionamento de Pereira com essas duas personagens há algumas incongruências. Nada explica a submissão de Couto, que lhe entrega todo o dinheiro ganho de Veiga no jogo, contentando-se com uma pequena comissão. O próprio Couto diz não saber por que tem medo de Pereira e por que se sujeita a realizar uma tarefa tão suja. Caráter fraco, só a paixão por Leopoldina o transforma. Nos dois últimos atos, passará de cúmplice a antagonista, participando ativamente das articulações que culminam na prisão do usurário. Quanto a Leopoldina, sua ligação com Pereira é mais antiga. Seduzida e abandonada por ele, teve um filho que morreu logo depois do parto. E o vilão, aproveitando-se de seus padecimentos físicos e morais, como ela ressalva, deu-lhe um papel para assinar no qual havia a confissão de que assassinara o próprio filho recém-nascido. Com esse papel, ele a chantageia para que se aproxime de Veiga e o faça perder mais rapidamente o dinheiro nas mesas de jogo.

O núcleo do enredo da peça, como se vê, é pouco consistente no que diz respeito ao seu modo de construção. Tudo indica que o objetivo maior do autor foi o de enfatizar o caráter desonesto de Pereira e sua ânsia de enriquecer. Todas as situações dramáticas que o envolvem têm a função de torná-lo odioso para que sua punição, no desfecho, seja exemplar. Desse modo, enquanto a trajetória de Veiga no interior da sociedade fluminense é descendente até o final do quarto ato e ascendente no último, a de Pereira é proporcionalmente inversa. O ladrão que chega a barão é desmascarado e preso, como convém aos enredos moralizantes.

De um modo geral, há outras falhas de construção na peça. No segundo ato, por exemplo, Pereira recebe a visita de Elvira e ela demonstra conhecer, com detalhes, todo o plano que o vilão armou para ganhar o dinheiro de Veiga. Como isso foi possível? O enredo não explica. O próprio papel de Elvira não é bem delineado. Já no início da peça ela diz a Amélia que vai lutar para livrar Veiga do vício, mas nada faz de concreto quanto a isso, pois quando ele reaparece, regenerado, no quinto ato, é por força de seu próprio arrependimento.

De Ladrão a Barão não oferece muita matéria ao analista. Se não a vincularmos ao conjunto de peças representadas no Ginásio, suas intenções e características principais podem até passar despercebidas. De qualquer modo, Álvares de Araújo conseguiu criar duas personagens marcantes para demonstrar a degradação moral a que chegam os homens escravos do dinheiro e do jogo. Além disso, ele faz uma crítica contundente a um costume típico das famílias ricas da corte, que ofereciam bailes e reservavam uma sala para o jogo de cartas, local onde muitos jovens, inexperientes, como Veiga, iniciavam uma trajetória que podia acabar mal. Nesse sentido, é bastante evidente a moralidade da peça, explicitada também nas falas de personagens secundárias, como Aguiar Albuquerque e o criado André, que se rebela contra Pereira, porque não abdica de sua honra e probidade. Registre-se ainda que Álvares de Araújo evitou qualquer tipo de exagero e deixou de lado as soluções românticas. A naturalidade da peça é uma característica constante tanto nos diálogos quanto nas situações dramáticas. Os únicos inconvenientes são os apartes e os monólogos, recursos que evidenciam a dificuldade enfrentada pelo autor para atingir um grau maior de realismo teatral.

No palco do Ginásio, *De Ladrão a Barão* teve uma receptividade discreta por parte do público, que a aplaudiu sem entusiasmo, porém com sinceridade, para usar as palavras de um folhetinista, nas seis representações que alcançou. Os críticos não foram unânimes e a peça mereceu elogios e restrições. Henrique César Muzzio, no *Diário do Rio de Janeiro* de 19 de janeiro de 1862, foi um dos que se manifestaram favoravelmente. A seu ver, Álvares de Araújo escreveu um "excelente drama", no qual há "uma bela lição de moral dada em linguagem tão fluente quanto natural". Além disso, observou: "Os personagens com que urdiu a sua trama achou-os o jovem dramaturgo na vida real, grupou-os com arte e fê-los mover com felicidade".

No mesmo jornal, Machado de Assis, menos condescendente, porém muito polido, observou que o autor saiu-se bem no plano geral, mas não nos detalhes: "...as suas figuras, exceto a do protagonista, que acho vigorosa, todas as mais revelam frouxidão e incerteza". Apesar dessa restrição, o crítico achou que o autor fez bem em abordar o tema da origem criminosa da fidalguia. Ainda que a tese não seja nova, afirma, "a insistência dos poetas em tratarem do assunto é tanto mais necessária quanto a sociedade precisa mais e mais dessas correções vivas e constantes"[47]. Machado, favorável à função moralizadora do teatro, terminou a crítica com palavras de estímulo ao dramaturgo estreante.

Na *Revista Popular*, os elogios também se dirigiram à "verdade" da peça e às suas lições morais. Já no *Jornal do Comércio*, também a 19 de janeiro, o redator da "Gazetilha" considerou algumas cenas inverossímeis, entre elas a do desfecho, que lhe pareceu improvável, "pois que no Rio de Janeiro não vai um agente policial de seu pleno poder e ciência certa prender de noite em sua própria casa um cidadão, e um cidadão barão e milionário". O autor dessas palavras queria também que a peça fosse menos "fria" e que apresentasse situações mais dramáticas e comoventes. Quer dizer, uma exigência realista e outra romântica, na apreciação do *Jornal do Comércio*. Por fim, registremos uma importante observação de Antônio Vitorino de Barros, censor do Conservatório Dramático Brasileiro. Em seu parecer, ele estabeleceu um pertinente paralelo entre *De Ladrão a Barão* e *Les Faux*

---

47. J. M. Machado de Assis, *Crônicas*, v. 20, pp. 138-139.

Bonshommes, de Théodore Barrière, comprovando a filiação estética de Álvares de Araújo:

> A fábula que o Sr. Álvares de Araújo empregou para engenhar o seu drama – *De Ladrão a Barão* – é de forma elegante e de fundo moralizador.
> Lavrou um hipócrita com algumas feições do *Tartufo* e dos *Les Faux Bonshommes*. Deu-lhe o característico principal da atualidade – a fome do ouro e a perseverança em amontoá-lo, quaisquer que sejam os meios, não excetuando os mais torpes, que são os mais rápidos e por conseqüência os preferíveis[48].

3. 9. FRANÇA JÚNIOR

Não seria correto classificar França Júnior (1838-1890) como dramaturgo realista. Verdadeiro continuador da tradição cômica iniciada por Martins Pena, autor consagrado de comédias como *Caiu o Ministério* e *As Doutoras*, o que pouca gente sabe é que o início de sua carreira artística está ligado à renovação da dramaturgia brasileira dos anos de 1860, 1861 e 1862 e, particularmente, a Quintino Bocaiúva. França Júnior confessou isso numa belíssima crônica publicada no jornal *O Globo*, a 29 de maio de 1882, e escrita em forma de carta, a propósito da reencenação de *Onfália*, feita por Furtado Coelho no Teatro S. Luís. A nova montagem o fez recordar aqueles "bons tempos" de vida teatral intensa e o estímulo que recebeu para iniciar-se como dramaturgo. A citação é longa, porém valiosa para a caracterização da época de que nos ocupamos e do que ela representou para França Júnior:

> Meu caro Quintino
> [...]
> Enquanto se representava no S. Luís a tua *Onfália*, o meu espírito estava todo voltado para aquelas eras saudosas; e a imagem da minha mocidade desenhava-se risonha na grande tela do passado.
>
> Eu via o Remígio a teu lado; o Remígio de Sena Pereira, que formava contigo verdadeiro contraste.
>
> A tua linha sempre aprumada e severa como a das estátuas que povoavam a cidadela branca dos Gregos.
>
> Ele, gracioso e requebrado como um *bolero*, dizendo nas conversações e na imprensa umas cousas bonitas; metido em um *croisé* que desenhava-lhe o explêndido tórax; coberto por um chapeuzinho de feltro à espanhola; com as suíças e os bigodes sempre perfumados, olhos chamejantes, tez bronzeada, e amando o teatro até ao fanatismo.
>
> O Remígio era o ideal dos empresários.

---

48. *Correio Mercantil*, 26 jan. 1862, p. 3.

Ele fazia parte do falecido S. Januário, como no romance do grande poeta do século o sacristão da *Notre Dame de Paris* era uma peça ligada ao gótico edifício.

Ali almoçava, jantava e dormia; ali vivia!

Era um gosto vê-lo dissertar sobre a arte.

– Escreva-me, dizia ele a um, uma cousa assim no gênero das *Mulheres de Mármore*.

A outro: – Faça-me qualquer cousa de belo e edificante, como a *Redenção* de *Octave Feuillet*.

A este: – Porque [sic] não ensaia um drama como o *Demi-Monde*?

A aquele: – Siga-me sempre o Feuillet. Venha daí uma *Dalila*.

E todos trabalhavam.

E todos apresentavam originais.

E todos traduziam.

E o *Muzzio*, cujos restos repousam no *Père Lachaise* ao lado de *Musset*, de *Bernardin de Saint-Pierre*, de *Bellini* e de tantos outros, empunhava o cetro do folhetim nas colunas do *Diário do Rio*, onde Machado de Assis principiava a aparecer.

Não julguem, porém, que era o Machado de Assis de hoje.

Era um Machado quase imberbe, que não sonhava ainda as glórias de chefe de família e de seção de uma secretaria.

Era o Machadinho dos *Desencantos* e dos *Deuses de Casaca*; era a crisálida desses belos alexandrinos que a literatura hodierna tanto admira.

Furtado Coelho chegava da Europa trazendo na pasta o primeiro recitativo de Bulhão Pato – Era no outono.

Que revolução! As mulheres sentavam-se ao piano, olhos erguidos para o céu, e desfiavam os versos do poeta português ao som de uma *mazurka*.

A casaca azul do Furtado e a sua calça cor de flor de alecrim fizeram mais sucesso naquele tempo que a *estudiantina* do Club de Regatas.

Furtado Coelho idolatrava a arte e... as botas.

Não havia papel de drama daquele tempo em que ele não se exibisse.

O S. Januário, enfim, e o Ginásio marcam uma das épocas mais gloriosa das nossas letras.

A eles ligam-se os nomes de Alencar, Macedo, Pinheiro Guimarães, Varejão, Zaluar e tantos outros que conquistaram palmas virentes em seus tablados, já como autores, já como tradutores.

A audição, pois, do teu drama, meu caro Quintino, depois de vinte anos que lá já se vão, despertou-me essas gratas e ao mesmo tempo tristes impressões.

Quando ouvi-o pela primeira vez, não te conhecia pessoalmente.

Tive ímpetos de abraçar-te.

Voltei para casa a sonhar umas cousas que até então não me haviam ainda passado pela cabeça.

No dia seguinte disse com os meus botões:

– Vou escrever um drama.

– Rabisquei algumas folhas de papel... e nada.

– Vou escrever um folhetim.

Ainda papel rabiscado... e nada.

– Se escrevesse uma comédia... murmurei baixinho ao meu eu. Está dito. Vou escrever.

Cursava o meu terceiro ano de direito na Faculdade de S. Paulo e *cometi* o meu primeiro trabalho para o teatro: *Meia Hora de Cinismo*.

Devo, portanto, a ti e aos teus bons companheiros de lutas a carreira que humildemente trilho.

As duas primeiras tentativas dramáticas de França Júnior – *Meia Hora de Cinismo* e *República Modelo* – são comédias curtas que tratam da vida estudantil dos acadêmicos de São Paulo, em ritmo de farsa despretensiosa. Mas a peça escrita em seguida, a comédia em três atos intitulada *Os Tipos da Atualidade*, revela um dramaturgo que deseja divertir o espectador/leitor, mas sem perder de vista a força moralizadora do teatro. Encenada no Ginásio a 19 de fevereiro de 1862, com razoável receptividade por parte do público nas sete representações que alcançou, essa peça possui algumas características que a aproximam da comédia realista, embora seu traço mais marcante seja a comicidade centrada no exagero caricato de uma das personagens, o Barão da Cutia.

O tema principal de *Os Tipos da Atualidade* é o casamento por dinheiro. A discussão desse assunto atravessa a peça de ponta a ponta e oferece ao autor várias oportunidades para deixar claro o seu ponto de vista, idêntico ao de Alencar, Quintino Bocaiúva ou Pinheiro Guimarães. Seu porta-voz é Carlos, médico recém-formado, orgulhoso do diploma conquistado com esforço e da disposição para o trabalho. Sem fortuna, porém, não tem a simpatia de D. Ana de Lemos, mãe de Mariquinhas, a moça a quem ama. A situação dramática, bastante simples, é exposta já na cena de abertura, que fixa o caráter de D. Ana em oposição ao do Mariquinhas. Enquanto esta elogia Carlos, porque é inteligente e estudioso, aquela o vê apenas como um doutorzinho pobre e sem futuro. Quer dizer, a visão que D. Ana tem do casamento é, em princípio, o obstáculo que os jovens deverão superar para alcançarem a felicidade. Ainda no primeiro ato, um diálogo entre ela e o afrancesado Gasparino, que pensa do mesmo modo, ilustra bem a idéia combatida pelo autor:

GASPARINO – Um casamento rico, minha senhora, é na minha opinião um emprego mais vantajoso do que outros tantos que por aí há. Devemos acompanhar as idéias do século; longe vão esses tempos em que o cavaleiro de espada em punho combatia pela sua dama. Já não há Romeu nem Julieta, e se ainda existe o amor platônico, como o concebeu o filósofo da Antiguidade, é tão-somente na cabeça desses loucos que se intitulam poetas. Hoje as teorias são mais positivas.

D. ANA (*suspirando*) – Desgraçadamente nem todos pensam assim, Senhor Gasparino[49].

---

49. J. J. de França Júnior, *Teatro de França Júnior*, Rio de Janeiro, SNT/MEC, 1980, v. 2, p. 22. Ressalte-se que nessa edição estão reunidas quator-

Esclareça-se que esse diálogo não é cômico nem paródico, mas unicamente cínico. Gasparino e D. Ana são alguns tipos da atualidade que França Júnior apreende de modo crítico, como convém a uma peça que deseja retratar certos costumes que lhe são contemporâneos. Só mais à frente, ou seja, no segundo e terceiro atos, é que Gasparino passa de personagem ridícula a cômica. Sua mania de rechear as falas de expressões francesas é acentuada e o contato estreito com o Barão da Cutia o faz viver várias situações cômicas. Além disso, fiel ao pensamento expresso acima, ele se casa com uma velha viúva de setenta anos, por dinheiro, e acaba logrado. Não deixa de ser cômica essa situação e seu trágico desfecho. Jovem e bem-disposto, nos seus vinte e cinco anos, Gasparino submete a esposa a uma maratona de bailes e passeios, expondo-a a friagens, oferecendo-lhe sorvetes e exigindo-lhe sempre o uso de vestidos apertados. Em dois ou três meses, Porfíria, esse era o seu nome, falece, deixando ao jovem viúvo uma ninharia de trinta contos, metade deles utilizada no pagamento de dívidas.

A crítica à sociedade apegada ao dinheiro e às aparências é feita, como já dissemos, por Carlos. Ele defende ardorosamente os valores éticos da burguesia e acaba entrando em conflito aberto com D. Ana. Num diálogo entre ambos, ainda no primeiro ato, o rapaz não aceita as críticas que ela faz à sua profissão e responde-lhe com firmeza, exprimindo o ponto de vista moralizante da peça:

CARLOS – Fui levado pela vocação, minha senhora, mas infelizmente o mundo não compreende as vocações. Vale mais aos olhos da sociedade atual aquele que amontoa riquezas, embora tenha o coração corrompido e o espírito coberto de miséria, do que aquele que, pelo suor de seu trabalho e à custa de tantos sacrifícios, conquista um título que o eleva. A glória é um sonho de loucos: o mundo só olha para os fins e não atende aos meios. Voltamos aos primitivos tempos do paganismo; levante-se um altar ao deus Mercúrio e seja tudo o que o homem pode ter de mais caro e de mais sublime sacrificado nesse altar.

Carlos e Mariquinhas não são tipos cômicos. Sem nenhuma espécie de "rigidez" – para usar o conhecido conceito de Henri Bergson –, poderiam ser personagens de qualquer comédia realista que o Ginásio representou. O mesmo não se pode dizer de

---

ze comédias do autor, que é, ao lado de Martins Pena e Artur Azevedo, um dos grandes comediógrafos brasileiros do século XIX.

Gasparino e, principalmente, do Barão da Cutia. Este, desde a entrada, no primeiro ato, até o final, é o caipira bronco e desajeitado, construído à base do exagero caricato. Posto no centro da ação dramática, na medida em que D. Ana quer casá-lo com Mariquinhas, porque é um rico fazendeiro paulista, ele dá o tom da peça, com gafes deliciosas e completa inadaptação à vida da corte. Nesse sentido, França Júnior explora o mesmo filão de onde nasceu a comédia *Um Sertanejo na Corte*, de Martins Pena, da qual se conhecem apenas as primeiras cenas, suficientes no entanto para se estabelecer o paralelo.

Os Tipos da Atualidade apresenta, pois, dois grupos de personagens, construídas de modos diversos. Carlos, Mariquinhas e D. Ana são reproduções da vida real, daguerreótipos, como se dizia na época, ao passo que Gasparino, o Barão da Cutia e Porfíria são apreendidos pelo ângulo da deformação caricatural. Essa diferença, como não poderia deixar de ser, estende-se à própria ação dramática. Quando o Barão da Cutia está em cena, a comicidade ganha o primeiro plano. São muito engraçadas, aliás, a passagem em que aprende com Gasparino a fazer declarações de amor – o que resulta numa paródia a certos exageros românticos – e a confusão que estabelece ao pedir a mão de Mariquinhas a D. Ana. Por outro lado, quando Carlos e Mariquinhas estão em cena, ou quando o rapaz discute com D. Ana, a peça adquire a naturalidade da comédia realista e incorpora inclusive as costumeiras tiradas moralizantes. O hibridismo que a caracteriza, pois, é diferente daquele que já encontramos em várias peças representadas no Ginásio. Outros dramaturgos preferiram o tempero romântico, e não o cômico, em suas receitas. França Júnior, porém, já antecipa aqui o caminho que seguirá nas décadas seguintes, como autor de comédias satíricas de costumes.

As qualidades de *Os Tipos da Atualidade* restringem-se à caracterização das personagens e à criação de situações cômicas. No plano do enredo, a peça deixa transparecer a fragilidade do dramaturgo inexperiente, incapaz ainda de encontrar as melhores soluções para o conflito, instaurado no primeiro ato, entre a intransigência de D. Ana, que deseja casar a filha com o Barão da Cutia, e seu antagonista Carlos. Diante do impasse, França Júnior apelou para um recurso fácil, exterior à própria ação dramática: na passagem do segundo para o terceiro ato, Carlos recebe uma herança de um tio e fica mais rico que o Barão da Cutia. Logicamente D. Ana o aceita como genro e, para coroar seu apego ao dinheiro, casa-se com Gasparino, supondo que ele herdou uma boa fortuna de Porfíria. O final feliz, para ela, é na verdade um logro, pois o afetado rapaz só tinha em mente o dinheiro de Carlos, que afinal ficaria em família. O cinismo do desfecho poderia tirar da peça qualquer alcance moralizador, se nos diálogos finais não ficasse claro que o casamento com Gasparino é na verdade o castigo de D. Ana. Além disso, o autor incumbiu Carlos de dar a sua palavra final sobre o principal assunto da peça:

CARLOS (*para D. Ana*) – Minha senhora, solicitando a mão de sua filha, permita-me que faça-lhe uma pequena observação. Não é o interesse, nem uma esperança de lucros que me liga a este protótipo de virtudes, mas sim um sentimento que Vossa Excelência desconhece e que na época atual desafia o epigrama. Como simples doutor em medicina sei que a mão de sua filha me seria negada: Vossa Excelência queria um título ainda mais nobre; esse título a fortuna mo deparou. Não é o Doutor Carlos de Brito que hoje vem fazer parte da sua família: é um milionário, um capitalista que vem realizar as ambições de Vossa Excelência.

A crítica teatral da época não se entusiasmou com *Os Tipos da Atualidade*. Jornais como o *Diário do Rio de Janeiro* e o *Correio Mercantil* ou mesmo a *Revista Popular* limitaram-se a observações superficiais sobre o talento do autor para o gênero cômico e a facilidade com que ele criou as personagens, os diálogos vivos e espirituosos, ressaltando que os senões não deveriam ser objeto de grande reparo, dada a inexperiência do jovem acadêmico.

Já no *Jornal do Comércio*, a 21 de fevereiro de 1862, o redator da "Gazetilha" falou do "incontestável merecimento" da peça, mas criticou desde o título, que achou "presunçoso", até a linguagem, que lhe pareceu por vezes incorreta. Além disso, apontou como principais defeitos "a forma narrativa dos múltiplos monólogos e alguma falta de firmeza no desenho dos caracteres que se inculcam tipos". Vale ressaltar, aqui, a crítica ao uso dos monólogos e acrescentar, por nossa conta, que também o abuso de apartes, sobretudo nas cenas mais cômicas, distancia a peça da naturalidade realista. Nesse sentido, o estímulo que França Júnior recebeu de Quintino Bocaiúva não foi suficiente para torná-lo um dramaturgo inteiramente alinhado com o realismo teatral. *Os Tipos da Atualidade*, já pelo título, revela uma adesão ao repertório do Ginásio, mas se caracteriza como uma tentativa não plenamente realizada, por força da irresistível vocação do escritor para o gênero cômico.

3.10. CONSTANTINO DO AMARAL TAVARES

Dramaturgo baiano ligado ao Romantismo, Amaral Tavares (1828-1889) escreveu pelo menos uma peça com características do realismo teatral: *Um Casamento da Época*, drama em cinco atos representado no Ginásio a 9 de maio de 1862. O título deixa entrever a intenção crítica do autor, que se debruçou sobre um dos temas prediletos do período, o casamento por dinheiro, para demonstrar – estamos diante de uma peça de tese – o que pode acontecer a uma moça, quando forçada a casar-se com um homem rico a quem não ama. A heroína dessa história é Elvira, que aos vinte anos, por imposição do pai, casa-se com Moncorvo, homem de maus hábitos e vida dissoluta, porém muito rico. O ponto de partida é idêntico ao de *História de uma Moça Rica*, embora as conseqüências e o encaminhamento da ação dramática sejam diferentes. Enquanto Pinheiro Guimarães vai mais longe em sua ousadia, transformando a esposa sofrida em prostituta, Amaral Tavares contenta-se em fazer Elvira bater à porta do adultério, sem todavia consumá-lo. Esclareça-se, também, que *Um Casamento da Época* foi escrita antes, provavelmente entre 1856 e 1858. No manuscrito que consultamos – a peça não foi publicada –, a primeira data está colocada na folha de rosto. Mas colhemos nos jornais da época a informação de que o Conservatório Dramático da Bahia aprovou-a em novembro de 1858.

As intenções realistas e moralizadoras de Amaral Tavares são evidentes ao longo de toda a peça. A trajetória de Elvira tem como pano de fundo um retrato da alta sociedade fluminense, apreendida por um ângulo nada condescendente. O desregramento moral é a marca do comportamento das principais personagens envolvidas na trama: Moncorvo, Carlos e Clotilde. O primeiro, marido truculento e grosseiro de Elvira, não cultiva a felicidade doméstica e só encontra prazeres na prostituição e no jogo. Além disso, seu projeto é conquistar Clotilde, mulher falsa, adúltera, amante de Carlos. Este, por sua vez, finge ser amigo de Moncorvo para seduzir Elvira. No horizonte dessas três personagens só há, portanto, lugar para a mentira, a inveja e a corrupção.

Em contrapartida, há obviamente as personagens que cultivam os bons sentimentos e os valores morais. A Baronesa de S. João, a quem Elvira pede ajuda ao ver-se condenada a um casamento infeliz, faz por vezes o papel de *raisonneur*. Diante da intransigência do Brigadeiro Sepúlveda, que quer casar a filha com Moncorvo, comenta: "Pobre vítima, a quem vão sacrificar sobre alguns montes de dinheiro. Inconcebível cegueira de certos pais que pensam cumprir os deveres impostos pela natureza recamando suas filhas de ouro". Ao lado da Baronesa, Eduardo é outra personagem honesta da peça. Ele e Elvira se amam, mas, impotentes diante das circunstâncias, sufocam o sentimento, já que a única saída para ambos seria a fuga, descartada por ela.

Como *Um Casamento da Época* não foi publicada, vejamos alguns detalhes da construção de seu enredo. Para mostrar a infelicidade de Elvira na vida conjugal e como ela é arrastada para o adultério, Amaral Tavares distendeu a ação no tempo, deixando largos intervalos entre os atos. Três anos separam o primeiro do segundo. Se aquele nos revela as apreensões e a aflição de Elvira, este se detém em sua vida infeliz, sem amor, distrações ou passeios. Quer dizer, tudo isso é referido nos diálogos da protagonista com Clotilde e com a Baronesa. Entre os cônjuges não há nenhuma discussão ou agressão em cena, fato que levou Machado de Assis, no parecer emitido para o Conservatório Dramático, a afirmar que Elvira transforma-se sem motivo imediato. Diz o crítico: "Eu quisera, além das queixas repetidas por ela no 2º ato a respeito de seu marido, alguns atos deste que dessem razão à súbita mudança que faz Elvira de virtuosa para leviana e culpada"[50].

De fato, se no segundo ato Elvira se mostra sofrida mas virtuosa, repelindo inclusive a primeira investida de Carlos, no terceiro, um ano depois, surge sem o ar abatido de antes, repentinamente mudada, afável e menos ríspida para com o rapaz. Num diálogo entre ambos, ele beija-lhe a mão e a conserva entre as suas por um instante, iniciando uma sedução que no ato seguinte quase se consuma. A própria Elvira não sabe explicar por que mudou tanto. Em confidência a Clotilde, diz: "Mas como se operou essa transição em minha vida? Eu mesma o ignoro; deixei-me fascinar, deixei-me arrastar, levada talvez de um exagerado despeito. Conheço, calculo de antemão o que me espera, mas não tenho forças para recuar". Elvira mostra um bilhete que recebeu de Carlos a Clotilde. Já o leu dez vezes e tudo indica que vai ceder à sedução. A cena se passa em sua casa, durante um baile. Mas antes que Carlos a conquiste definitivamente, Clotilde entrega o bilhete a Moncorvo, denunciando Elvira como adúltera. Foi a sua vingança em relação à amiga que estava roubando o seu amante, ao próprio amante que nunca soube ser discreto e a Moncorvo, que no passado não quis casar-se com ela.

50. J. M. Machado de Assis, "Pareceres Emitidos por Machado de Assis", em *Revista do Livro*, Rio de Janeiro, INL/MEC, *1/2*: 180, jun. 1956.

Até o final do quarto ato, *Um Casamento da Época* preenche as condições das peças realistas. Há naturalidade nos diálogos, bem como discretas intervenções moralizadoras por parte da Baronesa. Mas o que chama verdadeiramente a atenção é o modo de construção de várias cenas nas quais intervêm muitas personagens. Amaral Tavares as faz conversar sobre coisas triviais e as divide em grupos, reproduzindo no palco o que seria uma festa ou uma reunião. Além disso, há diálogos simultâneos e entrecruzados, num visível esforço para trazer à cena a naturalidade dos salões. No primeiro ato, por exemplo, três grupos conversam ao mesmo tempo, enquanto as personagens entram e saem, configurando assim a movimentação natural de uma reunião social. Em outro momento, no terceiro ato, o recurso dos diálogos simultâneos e entrecruzados é usado para dar uma idéia do clima de precariedade moral que se estabeleceu entre Moncorvo, Clotilde, Carlos e Elvira:

MONCORCO – Mulher sem alma e sem coração, que é que pode comovê-la?
CLOTILDE – As lágrimas.
ELVIRA – Rogo-lhe que não me fale mais a semelhante respeito.
CARLOS – E como poderei obedecer-lhe? Como esconder-lhe o que, há tanto tempo, faz o tormento de minha vida?
MONCORVO – Juro-lhe que hei de conseguir (*Clotilde ri*). Não ria.
CARLOS – Para que renovar juras e protestos, quando tantas vezes o tenho feito? Cheguei à triste convicção de que nada é capaz de excitar-lhe um sorriso para mim.

É preciso observar que nesse diálogo Moncorvo apela para algumas tiradas românticas e Clotilde ironiza sua retórica de conquistador. Quer dizer, até o final do quarto ato, sem dúvida alguma, Amaral Tavares aproveitou as lições do realismo teatral. No quinto e último ato, porém, uma recaída romântica o fez imaginar um desfecho para comover o espectador. Elvira, abandonada pelo marido, desprezada pelo pai e desacreditada na sociedade, vive com a Baronesa, a única que a acolheu e que sabe ser ela vítima, não culpada. Ao vê-la alquebrada e doente, Eduardo, que esteve no exterior durante os dois anos que separam os acontecimentos do quarto ato e do último, comenta: "Eis as conseqüências funestas dos casamentos de dinheiro. Calcam-se as considerações, desprezam-se os sentimentos e num século de luzes todas as cabeças curvam-se ao ouro".

A pior conseqüência vem em seguida com a morte de Elvira, que não suporta algumas fortes emoções. É nesse momento que ela recebe uma carta de Clotilde, também moribunda, pedindo-lhe perdão e revelando-lhe que a denunciara a Moncorvo. Além disso, o Brigadeiro, convencido por Eduardo, vem reconciliar-se com ela e pedir-lhe para que viva, pois Moncorvo também já morreu. Elvira, porém, só tem o tempo de dar um beijo na filha e de pedir a Eduardo que a eduque.

É desse modo que Amaral Tavares demonstra a tese de que o casamento por dinheiro só pode trazer a infelicidade, o afastamento dos valores morais e a desgraça maior e irreparável que é a morte. Não sem razão, um crítico anônimo da época escreveu que a peça poderia ter outro título: *Uma Lição aos Pais*. Tudo indica que a morte da protagonista acentua o caráter utilitário de *Um Casamento da Época*. Mas que não se veja no desfecho um castigo para a mulher que, num momento de fraqueza, quase cedeu à tentação do adultério. O autor preocupou-se em atacar as causas, não os efeitos. Elvira é vítima o tempo todo. Se sobrevivesse, casando-se com Eduardo em segundas núpcias, talvez o teor da tese não se alterasse muito. Mas certamente a peça teria um impacto emotivo menor. Não estaríamos diante de um drama – o último ato é construído à base da emoção, para comover o espectador –, e sim de uma comédia realista. Ao deixar aflorar sua formação romântica, Amaral Tavares reproduziu o comportamento de outros dramaturgos brasileiros do período, concebendo uma peça híbrida, na qual a descrição dos costumes e a preocupação moral convivem com a emoção de certos lances dramáticos.

No palco do Ginásio, *Um Casamento da Época* alcançou sete representações e mereceu elogios da crítica especializada. Somente Machado de Assis foi mais rigoroso, no parecer emitido para o Conservatório Dramático. A seu ver, o dramaturgo não aproveitou satisfatoriamente as possibilidades oferecidas pelo assunto e não desenhou as personagens com "precisão e verdade". Mas o que mais o incomodou foi o diálogo travado entre a Baronesa e Elvira no segundo ato. Moralista ferrenho, Machado lamentou que a Baronesa pudesse falar em desquite como solução para a infelicidade conjugal. Leiamos suas palavras:

> A baronesa responde a Elvira lembrando-lhe o divórcio. Nenhum exame, nenhuma esperança, nenhuma tentativa de trazer o marido transviado a bom caminho, nenhuma palavra de resignação, nada disso que aquela matrona que ali representava a sociedade devia fazer ou dizer antes de aconselhar esse triste e último recurso.
>
> A meu ver, de outro modo devia proceder a baronesa.
>
> E foi o próprio poeta quem se encarregou de tirar todo o cabimento à lembrança da baronesa pondo na boca de Elvira essas belas palavras com que ela

responde à madrinha, e em que mostra com vivas cores a posição da mulher desquitada.

Dir-se-á que a baronesa não dá o divórcio como um partido definitivo, e que ouvindo Elvira acaba por concordar com ela aconselhando-lhe toda a prudência. Para mim isso é secundário. A simples enunciação da palavra basta para tirar à baronesa esse caráter de retidão e nobreza que lhe dá a idade e a pureza de costumes[51].

As palavras de Machado dão uma idéia da importância do casamento e do significado de sua indissolubilidade na época. A mulher desquitada transformava-se automaticamente em personagem do *demi-monde*. Os outros críticos, menos exigentes que Machado, não atentaram para o detalhe do diálogo entre Elvira e a Baronesa e viram na peça muitas lições morais aproveitáveis. O redator do *Diário do Rio de Janeiro*, por exemplo, afirmou, em crônica de 11 de março de 1862, que o autor atingiu o "fim moral nobre e generoso" a que se propôs, trazendo para o palco "a vida íntima da nossa sociedade pintada com as cores da verdade". A naturalidade e a moralidade foram também elogiadas pelo *Correio Mercantil* e pela *Revista Popular*:

Graça, naturalidade, sentimento, cenas cheias de interesse, que não fatigam por demasiado longas, nem deixam a desejar por demasiado rápidas, enredo que não se emaranha a ponto de atormentar a atenção do espectador, nem é tão exageradamente simples que chegue a tocar a frivolidade, elegância, beleza ou propriedade na forma, lição moral e muito aproveitável no fundo, eis o que deixa ver o Sr. Constantino do Amaral em seu drama[52].

3.11. MARIA ANGÉLICA RIBEIRO

Casada com João Caetano Ribeiro, um dos mais conceituados cenógrafos do período, Maria Ribeiro (1829-1880) escreveu cerca de doze peças teatrais, duas delas encenadas no Ginásio: *Gabriela* e *Cancros Sociais*. A primeira estreou a 11 de março de 1863 e foi bem recebida pelo público e pela crítica. Inédita e, ao que tudo indica, perdida, essa peça é uma espécie de elogio à esposa honesta. O enredo pelo menos é construído para que a personagem principal se afirme como um exemplo de virtudes, a despeito das dificuldades que enfrenta. Em linha gerais, segundo o que depreendemos da leitura dos comentários publicados na

---

51. *Idem*, p. 181.
52. *Revista Popular*, Rio de Janeiro, abr.-jun. 1862, tomo XIV, p. 320.

imprensa, no centro da ação dramática está Gabriela, mulher casada com um oficial da marinha que se ausenta do Rio de Janeiro por muito tempo, sem deixar para a esposa e a filha os meios necessários à sobrevivência. Próxima da miséria, Gabriela aceita a amizade de Teresa, uma alcoviteira que queria empurrá-la para os braços do comendador Tobias. Passando a freqüentar a casa dessa mulher, a esposa honesta passa a ser vista como "decaída", apesar de se manter virtuosa. O marido, ao voltar da viagem, dá ouvidos a comentários e separa-se dela. Por fim, o comendador Tobias, preso por suas falcatruas, suicida-se na prisão, mas antes escreve uma carta inocentando Gabriela. O marido a procura e no desfecho há a reconciliação.

Numa pequena nota escrita para o *Jornal do Comércio*, quatro dias depois da estréia, Machado de Assis elogiou a naturalidade dos diálogos, a moralidade da peça, e assim se exprimiu sobre o tema e a protagonista:

> Propõe-se V. Exa. no seu drama a pleitear a causa das mulheres sobre quem a calúnia e a fatalidade das circunstâncias faz [sic] cair o estigma... da sociedade, e a traçar a luta dolorosa da virtude com os juízos temerários da opinião pública.
> Gabriela é um tipo de severidade e pureza de costumes... Caráter inteiriço, que se não desmente, que se não falseia, passa ela das lutas com o vício às decepções do repúdio, à resignação do desamparo, à vergonha do desprezo, até ao perdão generoso do iludido marido.
> É uma alma generosa e santa, que acha a força para o combate no fogo da própria virtude.

Entre outras críticas favoráveis a *Gabriela*, vale destacar a de Visconti Coaraci – também publicada no *Jornal do Comércio*, a 17 de abril de 1863 –, que filiou a peça ao realismo teatral, observando que sua vantagem em relação ao modelo francês era prescindir das intervenções de um "Desgenais". E acrescentava: "Quero a moral a transparecer na cena, mas quero-a colher dos fatos, a transudar do correr da ação, do desenvolvimento do drama, desprendendo-se de si própria, como *Gabriela* a apresenta".

Maria Ribeiro não dispensou o *raisonneur* em sua outra peça, *Cancros Sociais*, representada pela primeira vez a 13 de maio de 1865 e publicada no ano seguinte. A discussão de idéias, presente sobretudo no primeiro ato, antes mesmo da definição do conteúdo que alimentará o enredo, deixa transparecer que pelo menos duas personagens se alternam como porta-vozes da autora, fazendo a defesa das virtudes burguesas e a crítica à escravidão: o Barão de Maragugipe e Matilde. O primeiro, num diálogo com um dos vilões, o Visconde de Medeiros, exprime com firmeza sua posição contrária aos casamentos por conveniência, refutando estas palavras de seu interlocutor: "Entre nós outros fidalgos, de nada valem essas puerilidades a que chamam interesses do coração"[53]. Matilde, por sua vez, apresenta-se como vítima de um desses casamentos. Obrigada pelo pai a unir-se a um homem a quem não amava, e que se revelou desonesto e ladrão, sofre agora as discriminações dos moralistas severos, por ser uma mulher desquitada. No diálogo que trava com Paulina, esposa do protagonista, o comendador Eugênio S. Salvador, ela lamenta seu triste destino, falando à amiga: "É muito mau sujeitar-se o coração de uma menina a cálculos pecuniários. O ouro não dá ao coração a ventura íntima de um afeto compreendido e partilhado".

No primeiro ato, o objetivo da autora não é outro senão abordar alguns assuntos de interesse social e discuti-los em cena. Matilde, além de secundar o Barão nas críticas aos casamentos por dinheiro ou conveniência, condena os homens que levam as mulheres a cometerem erros irreparáveis, tornando-se depois os seus mais implacáveis juízes. Feminista na defesa da idéia de que a mulher desquitada pode manter-se virtuosa, mostra, no entanto, ser tão moralista quanto os homens nas considerações que tece sobre a mulher decaída. A seu ver, a regeneração só é possível no ostracismo, pois a pecadora verdadeiramente arrependida não se expõe aos comentários da sociedade. No mesmo diálogo com Paulina, diz:

MATILDE – A mulher que uma vez se vendeu ao demônio do vício, ou da vaidade, não pode mais erguer-se à altura donde caiu. As nódoas dos beijos mercenários não se apagam das faces que os receberam... nem se resgata por alguns dias de continência, uma vida de excessos e ebriedade! A virtude, minha cara amiga, tem a sua coroa: desfolhadas e dispersas as folhas de que ela se compõe, nunca mais torna a ser o mesmo emblema!

Eis como Maria Ribeiro dialoga com os dramaturgos realistas que não aceitavam a tese romântica da regeneração da prostituta. É curioso que os diálogos iniciais não antecipem o tema da peça. As personagens simplesmente conversam, como se estivessem numa sala qualquer, sobre assuntos que vão surgindo aparentemente de modo aleatório. Na verdade, porém, a escolha dos assuntos tem uma dupla função: atingir o espectador/leitor com lições morais e delinear o caráter das personagens em função das

---

53. Maria Angélica Ribeiro, *Cancros Sociais*, Rio de Janeiro, Eduardo e Henrique Laemmert, 1866, p. 5.

idéias que defendem. Assim, além do Barão e Matilde, também Paulina, Eugênio e sua filha Olímpia são personagens que cultuam os valores éticos da burguesia, ao contrário do Visconde de Medeiros e de Forbes. Não faltam críticas ao luxo e à ostentação ou elogios à felicidade doméstica nas cenas que preparam a introdução do assunto que praticamente ocupará toda a peça: a escravidão.

No final do primeiro ato, Eugênio revela a Matilde a intenção de comemorar o aniversário de Olímpia, que faz quinze anos, com a libertação de uma escrava da Bahia, sua terra natal. Orgulhoso pelo fato de não ter escravos em casa – todos os seus empregados são trabalhadores livres –, quer dar à filha um exemplo de consideração e bondade para com "essa mísera classe, deserdada de todos os gozos sociais e lançada, como uma vil excrescência, fora dos círculos civilizados". Matilde, por questões pessoais, não tem a mesma simpatia pelos escravos, mas defende a abolição do cativeiro em termos mais explícitos:

MATILDE – À idéia grandiosa do herói da nossa independência, tão magnanimamente por ele realizada nos campos do Ipiranga, devia ter-se seguido a completa abolição de uma lei que nos apresenta ao estrangeiro como um povo bárbaro e ainda por civilizar.

A escravidão é marca de atraso e atrapalha a construção de uma sociedade moderna, assentada no trabalho livre e no pensamento liberal. Além disso, a escravidão é fonte de preconceitos e gera aberrações sociais, como veremos a partir da última cena do primeiro ato. Eugênio recebe Forbes, o negociante que lhe vai vender a mulata Marta, e esta, ao entrar no gabinete de trabalho de seu benfeitor, reconhece-o como o filho de quem fora separada vinte e nove anos antes. Eugênio também a reconhece, mas, envergonhado e dividido, reprime a emoção de reencontrar a mãe escrava, um segredo que obviamente não havia revelado à esposa e que apenas o Barão de Maragugipe, seu protetor, conhecia.

A partir do segundo ato, o enredo de *Cancros Sociais* cresce em complexidade, isto é, ganha muitos "nós", deixando num segundo plano as descrições de costumes, a discussão de idéias e as tiradas moralizantes. Maria Ribeiro lança mão de recursos do velho teatro – como fizeram muitos dramaturgos da sua geração, vale lembrar – para montar uma trama em que predominam as revelações surpreendentes do passado e algumas coincidências realmente forçadas. No centro da ação dramática, Eugênio, o filho branco, quer manter oculta a sua origem e ao mesmo tempo proteger Marta. As complicações que nascem dessa situação desconfortável são inevitáveis: Forbes o chantageia e a esposa acaba desconfiando de que Marta é sua amante. Enquanto se desenrola o drama particular de Eugênio, envergonhado por ter sido escravo e temeroso de que Paulina o despreze, vários fatos passados há trinta anos na Bahia vão sendo revelados. As coincidências e as surpresas avolumam-se em ritmo acelerado e explicam o presente em função do passado. Assim, já no final do primeiro ato, Marta reconhece o seu antigo proprietário num retrato que está no gabinete do filho. Quer dizer, Eugênio casou-se com a filha do homem a quem pertencera quando menino. O pai de Paulina, por sua vez, fora arruinado por dois vigaristas que são justamente Forbes e o Visconde de Medeiros. É Matilde quem vai fazendo as principais revelações, porque o marido que o pai lhe impusera – mas de quem está separada – não é outro senão Forbes. E o homem a quem amava, na ocasião, é o Barão de Maragugipe. A identidade do sedutor de Marta e pai de Eugênio também é desvendada: trata-se do Visconde de Medeiros, que no início da peça queria casar-se com Olímpia, sem saber obviamente que ela era sua neta.

Todos esses fatos vêm à tona para modificar a situação presente do protagonista. Matilde, afinal, tem velhos documentos que provam que Marta havia sido libertada pelo pai de Paulina antes do nascimento de Eugênio. Forbes, o vilão, havia roubado tais documentos e vendido o menino para o Barão de Maragugipe, separando-o da mãe. Em outras palavras, Eugênio nunca fora escravo. Sua alegria, ao saber disso, é imensa, porque na perspectiva da peça o preconceito contra o escravo é maior que o preconceito racial. Sua nova posição o deixa à vontade para não mais temer a reação da esposa, que, de fato, supera rapidamente o choque inicial da revelação e pede a bênção a Marta.

Uma possibilidade de leitura da trama de *Cancros Sociais*, a despeito de suas fraquezas, é atribuir à escravidão a causa de todas as dificuldades e sofrimentos enfrentados por Marta e Eugênio. Embora a autora não explicite isso nos diálogos – apenas no primeiro ato, como já apontamos, há uma condenação clara do cativeiro –, as próprias situações dramáticas retratam as aberrações que são geradas numa sociedade escravocrata. Nesse sentido, a peça pode ser vista como "um protesto contra a escravidão", como quer Machado de Assis, que a aproxima do drama *Mãe*, de José de Alencar, uma vez que em ambos os textos há "uma escrava, cujo filho ocupa uma posição social, sem conhecer de quem procede"[54]. Machado faz restrições ao último ato de *Cancros Sociais*, mas elogia Maria Ribeiro pela posição tomada em relação à escravidão.

Para o estudioso atento ao repertório da época, não pode passar despercebido um diálogo travado entre Marta e o Barão, no desfecho. À ex-escrava é oferecido um casamento formal com o Visconde de Medeiros, para que Eugênio ganhe um nome e tenha sua situação social regularizada. Vejamos:

BARÃO – O que devo responder à carta do Visconde?
MARTA – O mesmo que meu filho responderia: Eugênio é órfão.
BARÃO – Aprecio a nobreza da sua resposta. Mas pondere que com um nome ilustrado por um título, que faria calar qualquer murmuração, oferece o Visconde a Eugênio considerável aumento de capitais.
MARTA – Vale mais a mediania, a pobreza mesmo, honrada, do que a opulência adquirida por meios reprovados pelas leis e pela moral! A origem da riqueza desse homem não me é desconhecida.
BARÃO – Não seria conveniente consultarmos Eugênio, antes de mandar a sua resposta?
MARTA – Meu filho não há de querer trocar um nome nobilitado pelos seus atos, por outro que só opróbrio lhe trará.

Em primeiro lugar, esclareça-se que Marta recebera educação esmerada, juntamente com a mãe de Paulina. Isso explica o seu modo de falar e de agir. Mas o mais importante, no diálogo transcrito, é perceber os ecos de *Le Fils Naturel*, de Dumas Filho. No desfecho dessa peça há uma discussão semelhante e a defesa do ponto de vista da burguesia, segundo o qual o homem *faz* o seu nome, quando não recebe o do pai no berço. Eugênio S. Salvador escolheu para si o nome da cidade natal e deve mantê-lo, porque o nobilitou através do trabalho. Educado pelo Barão, o protagonista dedicou-se ao comércio, construiu uma reputação de homem honesto, empreendedor, e conquistou uma posição na sociedade. No plano das idéias, a peça sugere que a recusa do nome do Visconde significa a recusa dos valores da sociedade escravocrata e a afirmação de uma visão de mundo assentada no trabalho e no pensamento liberal.

No palco do Ginásio, *Cancros Sociais* não decepcionou, alcançando oito récitas seguidas no mês de maio de 1865 e algumas outras nos meses seguintes. Além dos elogios e restrições de Machado de Assis, estampados no *Diário do Rio de Janeiro*, críticas favoráveis à peça apareceram no *Correio Mercantil* e no *Jornal do*

---

54. Machado de Assis, *Crônicas*, v. 21, p. 418.

Comércio, que ressaltaram também a interpretação primorosa de Furtado Coelho, encarregado do papel principal.

Teatro e Sociedade no Brasil

Uma das principais características da produção cultural brasileira do século XIX é a sua dependência em relação aos modelos europeus, sobretudo franceses. Não há novidade nessa afirmação. Qualquer estudioso da literatura brasileira sabe que os nossos movimentos literários do passado nasceram e cresceram sob o influxo estrangeiro, um fenômeno típico de países pobres e colonizados.

No caso específico do período teatral estudado neste trabalho, procuramos caracterizar a dimensão dessa dependência e ampliar as informações existentes em nossa historiografia literária. Se esses objetivos foram atingidos, damo-nos por satisfeitos. Há, porém, uma difícil questão que ainda não foi enfrentada: como explicar o sucesso e a repercussão das comédias realistas francesas, com sua visão de mundo burguesa e valores liberais, numa sociedade escravocrata?

Não acreditamos que tudo se resuma no esforço de atualização estética dos nossos escritores, aliás bastante louvável. Por trás do rompimento com o anacronismo dos modos dramáticos românticos – que não chegou a ser total, como vimos – e da adesão ao modelo do "daguerreótipo moral" há algo mais. Talvez aquilo que se poderia chamar de "desejo de civilização". As peças francesas traziam para os nossos palcos o retrato de uma sociedade moderna, civilizada, moralizada, regida pela ética burguesa e alicerçada na solidez de valores como o casamento, o trabalho, família, a honestidade, a honra e a inteligência. Nossos jovens intelectuais, vivendo num país novo, ainda em formação, encontraram nessas peças não só o modelo de sociedade que desejavam para o Brasil mas também as sugestões para retratarem os costumes dos segmentos sociais brasileiros naquela altura já abertos ao liberalismo e à ideologia burguesa. Perceba o leitor que na maior parte das peças analisadas há pouco as personagens principais são médicos, advogados, engenheiros, negociantes, jornalistas, ou seja, profissionais liberais e intelectuais que constituíam a classe média emergente no Rio de Janeiro daqueles tempos marcados pelo primeiro surto de progresso em moldes capitalistas, ainda que incipientes. Como se sabe, a interrupção do tráfico de escravos, em 1850, trouxera dinamismo à vida urbana, em função dos investimentos financeiros no comércio e na indústria.

O que se deve ressaltar, portanto, é o seguinte: se os nossos dramaturgos se deixaram influenciar pelas formas e temas da comédia realista francesa, nem por isso se distanciaram de certos aspectos da realidade brasileira. Pensemos na questão do dinheiro. Nas peças francesas, o ponto de vista dos autores é predominantemente ético. A usura e a agiotagem são execradas e ninguém deve ser escravo do dinheiro, nem ganhá-lo por meios desonestos. As lições morais eram obviamente dirigidas à burguesia vitoriosa de 1848, apreendida por um prisma maniqueísta. Dramaturgos como Dumas Filho ou Augier não viam os especuladores, agiotas e caça-dotes como produtos do capitalismo, mas como manifestações individualizadas de má formação de caráter. Daí o embate constante entre bons e maus burgueses, com a vitória dos primeiros e a exclusão dos demais da chamada boa sociedade, em peças de um realismo muito particular, que combinava descrição de costumes com prescrição de valores éticos.

Todas essas características encontram-se também nas produções brasileiras que discutiam o papel do dinheiro na organização da vida social. E é evidente que o modo de tratar o assunto denota a influência sofrida por nossos autores. Em contrapartida, há que se considerar também os estímulos recebidos da própria realidade econômica brasileira. Guardadas as diferenças em relação à França, o aparelhamento da vida financeira no Rio de Janeiro, a partir de 1850, permitiu o surgimento dos tipos retratados em peças como *O Crédito, Os Mineiros da Desgraça* ou *De Ladrão a Barão*. Quer dizer, homens empreendedores e agiotas ou especuladores não eram seres estranhos à nossa paisagem urbana de meados do século passado. Historiadores como Caio Prado Júnior, Emília Viotti da Costa e Sérgio Buarque de Holanda registraram com exatidão as transformações pelas quais passou o país, principalmente as grandes cidades, depois da extinção do tráfico de escravos. Eis, do último, palavras esclarecedoras sobre o assunto:

> Mesmo depois de inaugurado o regime republicano, nunca, talvez, fomos envolvidos, em tão breve período, por uma febre tão intensa de reformas como a que se registrou precisamente nos meados do século passado e especialmente nos anos de 51 a 55. Assim é que em 1851 tinha início o movimento regular de constituição das sociedades anônimas; na mesma data funda-se o segundo Banco do Brasil, que se reorganiza três anos depois em novos moldes, com unidades e monopólio das emissões: em 1852, inaugura-se a primeira linha telegráfica na cidade do Rio de Janeiro. Em 1853 funda-se o Banco Rural e Hipotecário, que, sem desfrutar dos privilégios do Banco do Brasil, pagará dividendos muito mais avultados. Em 1854 abre-se ao tráfego a primeira linha de estradas de ferro do país – os 14 quilômetros e meio entre o porto de Mauá e a estação do Fragoso. A segunda, que irá ligar à Corte a capital da província de São Paulo, começa a construir-se em 1855.
>
> A organização e expansão do crédito bancário, literalmente inexistente desde a liquidação do primeiro Banco do Brasil, em 1829, e o conseqüente estímulo à iniciativa particular; a abreviação e o incremento dos negócios, favorecidos pela rapidez maior na circulação das notícias; o estabelecimento, enfim, de meios de transporte modernos entre os centros de produção agrária e as grandes praças comerciais do Império, são algumas das conseqüências mais decisivas de tais sucessos. Seria inútil acrescentar que a riqueza oriunda dos novos tipos de especulação provocados por esses meios tendia a ampliar-se, não só à margem mas também e sobretudo à custa das tradicionais atividades agrícolas. Pode-se mesmo dizer que o caminho aberto por semelhantes transformações só poderia levar logicamente a uma liquidação mais ou menos rápida de nossa velha herança rural e colonial, ou seja, da riqueza que se funda no emprego do braço escravo e na exploração extensiva e perdulária das terras de lavoura.
>
> Não é por simples coincidência cronológica que um período de excepcional vitalidade nos negócios e que se desenvolve sob a direção e em proveito de especuladores geralmente sem raízes rurais tenha ocorrido nos anos que se seguem imediatamente ao primeiro passo dado para a abolição da escravidão, ou seja, a supressão do tráfico negreiro[1].

Os efeitos da "vitalidade dos negócios" no Rio de Janeiro foram bem delineados por Alencar, nos folhetins *Ao Correr da Pena*, publicados no *Correio Mercantil* e no *Diário do Rio de Janeiro*, em 1854 e 1855. Nesses textos despretensiosos está refletida a fisionomia de uma cidade vivendo o seu primeiro grande momento

---

1. Sérgio Buarque de Holanda, *Raízes do Brasil*, 6ª ed., Rio de Janeiro, José Olympio/INL, 1971, p. 42.

de progresso e modernização. Alencar maravilha-se com as máquinas de costura importadas dos Estados Unidos, louva a iluminação a gás do Passeio público, deslumbra-se com a viagem de trem a Petrópolis, orgulha-se dos luxos da rua do Ouvidor e não se cansa de elogiar os melhoramentos da vida urbana. Entusiasmado com o ritmo das transformações, interroga num dos folhetins:

> Como não dar largas à imaginação, quando a realidade vai tomando proporções quase fantásticas, quando a civilização faz prodígios, quando no nosso próprio país a inteligência, o talento, as artes, o comércio, as grandes idéias, tudo pulula, tudo cresce e se desenvolve?[2]

Havia, porém, o outro lado da moeda. O progresso trouxe consigo a especulação desenfreada, a agiotagem e o jogo bolsista. O Rio de Janeiro tornou-se uma cidade aberta aos investimentos e às falcatruas. Alencar, em seus folhetins, não deixou de criticar os abusos dos financistas, reivindicando para o mundo dos negócios uma rígida moral. Com esse mesmo espírito é que escreveu *O Crédito*, uma comédia, nas palavras de Alfredo Bosi, "que pode ser interpretada como a metáfora do nosso capitalismo acanhado"[3].

A verdade, no entanto, é que outras peças brasileiras do período refletem igualmente alguns efeitos do progresso material nos costumes e na vida urbana. Os especuladores e agiotas de Alencar aparecem também em *Os Mineiros da Desgraça, De Ladrão a Barão, História de uma Moça Rica* e *O Cínico*. O luxo corruptor, que quase leva Olímpia, de *O Crédito*, à perdição, é castigado em *Luxo e Vaidade*. E o casamento por dinheiro é repudiado em *A Época, Os Tipos da Atualidade, Um Casamento da Época, História de uma Moça Rica* e *Luxo e Vaidade*.

Quer dizer, ainda que "acanhado", o capitalismo no Brasil já deixava transparecer o poder de sedução e corrupção do dinheiro na esfera social. A ganância, o lucro ilícito, a imoralidade nos negócios eram, afinal, problemas das sociedades avançadas. Se começavam a aparecer por estas plagas, isso era sinal de progresso. Não cabia, pois, criticar o capitalismo ou o dinheiro, mas os indivíduos que se afastavam dos procedimentos honestos. Nossos dramaturgos, à semelhança de seus mestres franceses, abordaram

---

2. José de Alencar, *Obra Completa*, Rio de Janeiro, Aguilar, 1960, v. 4, p. 702.

3. Alfredo Bosi, "A Escravidão entre Dois Liberalismos", em *Estudos Avançados (3)*, São Paulo, USP, set.-dez. 1988: 22.

a questão do dinheiro pelo prisma do maniqueísmo e defenderam as soluções moralizadoras.

Outro problema típico das sociedades mais ricas era a alta prostituição. Mulheres bonitas e elegantes, porém sem os princípios morais burgueses, eram uma ameaça constante aos jovens das boas famílias e aos maridos incautos. Vimos como Barrière e Augier vociferaram contra essas mulheres, caracterizando-as negativamente, e como Dumas Filho, depois de escrever *A Dama das Camélias*, tomou a mesma posição. O tema da regeneração da cortesã, tão caro aos escritores românticos, foi repudiado nas comédias realistas francesas, que condenaram as paixões desvairadas, desprovidas de equilíbrio e bom senso.

Quatro dramaturgos brasileiros puseram em cena alguns problemas relativos à prostituição: Alencar, Quintino Bocaiúva, Macedo e Pinheiro Guimarães. Assim como fizeram com a questão do dinheiro, inspiraram-se nas peças francesas representadas no Ginásio, porém sem perder de vista a própria realidade social do Rio de Janeiro, onde a prostituição era um dado palpável, pelo menos desde o decênio de 1840. Já em 1845, o Dr. Herculano Augusto Lassance Cunha apresentou à Faculdade de Medicina do Rio de Janeiro uma *Dissertação sobre a Prostituição em Particular na Cidade do Rio de Janeiro*[4]. E Alencar, quando a polícia proibiu a continuidade das representações de *As Asas de um Anjo*, observou que os espectadores ficaram chocados porque viram no palco aquilo que viam "todos os dias à luz do sol, no meio da rua, nos passeios e espetáculos"[5].

Mas dos quatro dramaturgos mencionados acima, apenas Quintino Bocaiúva seguiu rigorosamente as lições do realismo teatral na caracterização da cortesã. A Baronesa Lucília, de *Onfália*, é uma autêntica "mulher de mármore", uma libertina que provoca a morte de um jovem inexperiente e a quem é negada a oportunidade da regeneração. Quer dizer, Quintino Bocaiúva preocupou-se em demonstrar, como diz uma de suas personagens, que nós também tínhamos o nosso "mundo equívoco" e que suas refinadas cortesãs eram uma ameaça às famílias honestas. Excluí-las do convívio social, em nome da moralização dos costumes, foi a solução apontada em *Onfália*.

4. Valéria De Marco, em *O Império da Cortesã. Lucíola: um Perfil de Alencar*, cita essa "Dissertação" e outras obras para defender a idéia, com a qual concordamos, de que *Lucíola* não deve ser lido como uma mera imitação de *A Dama das Camélias*, mas como romance preocupado com a denúncia e a análise da prostituição no Rio de Janeiro.

5. José de Alencar, *Obra Completa*, v. 4, p. 925.

A diferença em relação às outras peças brasileiras é muito clara. Em *As Asas de um Anjo* a prostituição é conseqüência de um problema anterior: a falta de educação moral dos filhos. Pelo menos é assim que Alencar quer que seja compreendida a queda de Carolina. Tivesse ela firmeza de caráter e o sedutor Ribeiro não seria bem-sucedido. Em *Lusbela*, o ponto de partida de Macedo é semelhante: Damiana, moça pobre, é seduzida e abandonada por um moço rico. A diferença de classe é enfatizada para se criticar a impunidade do sedutor. O que se percebe, pois, é que as personagens de Alencar e Macedo têm atenuantes e justificativas, ao contrário da Baronesa Lucília, caracterizada pura e simplesmente como cortesã. Por fim, também em *História de uma Moça Rica* a prostituição é conseqüência de outro problema: Amélia não suporta as agressões e humilhações de um marido truculento – que se casara com ela por dinheiro –, foge de casa com um homem de quem se torna amante e mais tarde aparece como a cortesã Revolta.

Com exceção de Quintino Bocaiúva, como se vê, os autores brasileiros, ao contrário dos franceses, não se contentaram em expor e atacar os males da prostituição. Para eles, era importante, do ponto de vista didático e moralizador, compreender as suas possíveis causas para combatê-las no nascedouro. Assim, nas peças de Alencar e Macedo, as lições morais são dirigidas aos pais de família, para que não se descuidem da educação das filhas, e às mocinhas, para que se mantenham castas e casem virgens. Já em *História de uma Moça Rica* predomina a idéia de que os pais não devem impor maridos às filhas, nem encarar o casamento como um negócio.

O aprimoramento moral da sociedade foi a grande divisa do realismo teatral. Na França, a crença na possibilidade de uma educação pelo teatro seduziu os dramaturgos identificados com a burguesia, que se dedicaram a demonstrar a superioridade dos valores e instituições de sua classe. Nesse sentido, pode-se dizer que a defesa da família está no centro das preocupações dessa dramaturgia utilitária, que fez sucesso, segundo Arnold Hauser, porque seus autores "tinham lido os pensamentos mais recônditos do público"[6]. Para esse estudioso da literatura, a idéia de família como baluarte da sociedade burguesa está na base das obras de Dumas Filho e Augier.

---

6. Arnold Hauser, *História Social da Literatura e da Arte*, 2ª ed., São Paulo, Mestre Jou, 1972, v. 2, p. 973.

Os dramaturgos brasileiros compreenderam sem nenhuma dificuldade a importância dada à família no universo social burguês. Em peças como *O que é o Casamento?*, *A Família* e *A Vida Íntima*, os argumentos foram construídos no sentido de convencer o espectador acerca das virtudes dessa instituição considerada moderna e civilizadora. Alencar não hesitou em desromantizar o amor e redefini-lo em função do casamento e da vida conjugal, pondo ainda em relevo o fato de os protagonistas de sua peça serem pai e mãe de família. Quintino Bocaiúva, por sua vez, criou vários diálogos para dar a seu *raisonneur* a oportunidade de falar sobre as vantagens do casamento e da vida em família. E Aquiles Varejão, abordando a questão por outro ângulo, exaltou o amor filial e a felicidade doméstica.

De certo modo, o elogio da família está no horizonte de todas as peças brasileiras analisadas neste estudo. Nossos dramaturgos também procuraram enaltecer e defender essa instituição burguesa por excelência, advertindo a classe média emergente dos meados do século XIX para os perigos que a ameaçavam, como a monetização dos sentimentos, a prostituição e a infidelidade conjugal.

Mas no caso específico da família brasileira, um outro perigo, inexistente na sociedade francesa, foi detectado por Alencar e Pinheiro Guimarães: a escravidão doméstica. *O Demônio Familiar* é uma peça escrita para demonstrar os inconvenientes desse velho costume da sociedade patriarcal brasileira. Por isso, a liberdade dada ao moleque Pedro, no desfecho, significa também libertar a família de uma herança colonial e inseri-la na modernidade burguesa. Já em *História de uma Moça Rica* o problema é ainda mais grave, embora tratado de modo superficial. A peça dá a entender que não há família que resista à presença de uma mulata escrava amancebada com o seu senhor. Daí as conseqüências advindas dessa situação serem as piores possíveis para a esposa desprezada.

É preciso esclarecer que a escravidão, por volta de 1860, já era vista como sinônimo de atraso pelos setores liberais mais avançados. A partir de 1861, por exemplo, Tavares Bastos – "o primeiro ideólogo de nossa modernização capitalista"[7] – publicou as suas *Cartas do Solitário*, no *Correio Mercantil*, defendendo a superioridade e necessidade do trabalho livre. Começa nessa época, segundo Alfredo Bosi, a gestação de um novo liberalismo, "em tudo oposto ao pesado escravismo dos anos 40", e para o

---

7. Alfredo Bosi, "A Escravidão entre Dois Liberalismos", p. 26.

qual havia apenas dois caminhos para o Brasil: *"ou progresso ou escravidão"*[8].

Os dramaturgos brasileiros que se agruparam em torno do Ginásio não chegaram a formular um pensamento antiescravista com argumentos políticos ou econômicos. São preocupações morais que predominam em *O Demônio Familiar* ou em *História de uma Moça Rica*. Mesmo no drama *Mãe*, de Alencar, representado em 1860, ou em *Cancros Sociais*, de Maria Ribeiro, são razões humanitárias que determinam o antiescravismo de seus enredos. Nesse período, apenas *Sete de Setembro*, de Valentim José da Silveira Lopes, infelizmente uma peça muito fraca e que não fez sucesso, pode ser considerada propaganda explícita contra a escravidão.

O que nos parece importante salientar, de qualquer modo, é a existência de um clima propício no Rio de Janeiro ao surgimento de um repertório de peças comprometidas com uma visão de mundo liberal e burguesa. A isso se deve boa parte do sucesso das peças francesas e brasileiras representadas a partir de 1855. Os espectadores podiam reconhecer-se no palco e aplaudir os valores em que acreditavam. Assim, a despeito do predomínio do sistema escravista, foi possível aos dramaturgos brasileiros registrar o surgimento de uma camada social aberta ao liberalismo e às chamadas virtudes burguesas, nos anos que se seguiram à supressão do tráfico de escravos. Não pode passar despercebido aos olhos do analista o fato de a classe média emergente ser a protagonista das peças teatrais escritas no período. Nesse sentido, a conclusão não pode ser outra: os dramaturgos brasileiros, sintonizados com as transformações sociais, realizaram em suas obras o primeiro esforço conjunto para a formação de uma consciência burguesa no Brasil, antecipando-se aos próprios ideólogos do "novo liberalismo", que apareceram logo em seguida. Por trás disso tudo, aquilo que há pouco chamamos de "desejo de civilização". Era preciso que o teatro, instrumento moralizador e civi-

---

8. *Ibid.*, pp. 26 e 32. A matéria central desse belo ensaio de Alfredo Bosi está sugerida em seu próprio título. Trata-se de caracterizar o pensamento liberal no Brasil e suas relações com a escravidão, em dois tempos. Num primeiro momento, entre 1831 e 1860, aproximadamente, o liberalismo não se opõe ao trabalho escravo: "Até meados do século, o discurso, ou o silêncio, de todos foi cúmplice do tráfico e da escravidão" (p. 21). O "novo liberalismo" se constitui a partir do decênio de 1860, como resultado das transformações sociais e econômicas provocadas pela supressão do tráfico de escravos. Seus primeiros ideólogos, Tavares Bastos e Perdigão Malheiro, são defensores do trabalho livre e da modernização do país, "em um sentido já francamente liberal-capitalista" (p. 32).

lizador, como diria um Machado de Assis — fervoroso defensor das idéias liberais, na juventude —, ajudasse o Brasil a elevar-se ao plano das sociedades mais adiantadas.

Bibliografia

1. Além dos livros e artigos citados ao longo do trabalho, também foram consultados os seguintes:

ACADEMIA BRASILEIRA DE LETRAS. *Curso de Teatro*. Rio de Janeiro, Companhia Brasileira de Artes Gráficas, 1954.

AGUIAR, Flávio. *A Comédia Nacional no Teatro de José de Alencar*. São Paulo, Ática, 1984.

APPEL, Myrna. *Idéias Encenadas: o Teatro de Alencar*. Porto Alegre, Movimento, 1986.

AUERBACH, Erich. *Mimesis*. Trad. George B. Sperber. São Paulo, Perspectiva, 1971.

BENTLEY, Eric. *A Experiência Viva do Teatro*. Trad. Álvaro Cabral. Rio de Janeiro, Zahar, 1967.

BECKER, George (ed.). *Documents of modern literary realism*. New Jersey, Princeton University Press, 1963.

BERGSON, Henri. *O Riso*. Trad. Nathanael C. Caixeiro. Rio de Janeiro, Zahar, 1980.

BESOUCHET, Lídia. *Mauá e seu Tempo*. Rio de Janeiro, Nova Fronteira, 1978.

BLAKE, Sacramento. *Diccionario bibliographico brazileiro*. Rio de Janeiro, Tip. Nacional, 1883, 7 v.

BROCA, Brito. *Românticos, Pré-Românticos, Ultra-Românticos*. São Paulo, Polis, 1979.

CANDIDO, Antonio. *Literatura e Sociedade*. 5ª ed., São Paulo, Nacional, 1976.

CLERC, Charles. *Les moins de cent ans*. Paris, Mercure Universel, 1932.

COSTA, Emília Viotti da. *Da Monarquia à República: Momentos Decisivos*. 3ª ed. São Paulo, Brasiliense, 1985.

DAUDET, Alphonse. *Pages inédites de critique dramatique*. Paris, Flammarion, 1922.

DIDEROT, Denis. *Discurso sobre a Poesia Dramática*. Trad. L. F. Franklin de Matos. São Paulo, Brasiliense, 1986.

DÓRIA, Escragnolle. *Cousas do Passado*. Rio de Janeiro, Imprensa Nacional, 1909.

DOUMIC, René. *De Scribe à Ibsen*. Paris, Depaplane, 1893.

DUBECH, Lucien. *Histoire générale illustrée du théâtre*. Paris, Librairie de France, 1934, t. 5.

DUMESNIL, René, *Le réalisme et le naturalisme*. Paris, del Duca, 1968.

FILON, Augustin. *De Dumas à Rostand*. Paris, Armand Colin, 1911.

FURTADO, Celso. *Formação Econômica do Brasil*. Brasília, Unb, 1963.

GERSON, Brasil. *História das Ruas do Rio de Janeiro*. Rio de Janeiro, Brasiliana, 1965.

GOUHIER, Henri. *L'oeuvre théâtrale*. Paris, Éditions d'aujourd'hui, 1978.

HAYMAN, Ronald. *How to read a play*. 4ª ed. Londres, Methuen, 1984.

HESSEL, Lotar & RAEDERS, Georges. *O Teatro sob D. Pedro II*. Porto Alegre, UFRGS, 1979.

HUGO, Victor. *Do Grotesco e do Sublime – Tradução do Prefácio de "Cromwell"*. Trad. Célia Berrettini. São Paulo, Perspectiva, sd.

KHÉDE, Sônia Salomão. *Censores de Pincenê e Gravata*. Rio de Janeiro, Codecri, 1981.

LEGOUVÉ, Ernest. *Soixante ans de souvenirs*. Paris, J. Hatzel, 1887.

MAGALDI, Sábato. *Panorama do Teatro Brasileiro*. São Paulo, Difel, 1962.

MAJOR, Manuel Antônio. *Uma Fisionomia do Artista Furtado Coelho*. Rio de Janeiro, Tip. de Domingos Luís dos Santos, 1866.

MARINHO, Henrique. *O Teatro Brasileiro*. Rio de Janeiro, Garnier, 1904.

MARTINS, Wilson. *História da Inteligência Brasileira*. São Paulo, Cultrix/EDUSP, 1977, v. 3.

MENDES, Míriam Garcia. *A Personagem Negra no Teatro Brasileiro*. São Paulo, Ática, 1982.

OLIVEIRA, Waldemar de. *Eça, Machado, Castro Alves, Nabuco e o Teatro*. Recife, Universidade Federal de Pernambuco, 1967.

PAIXÃO, Múcio da. *O Teatro no Brasil*. Rio de Janeiro, Brasília editora, 1936.

─────. *Espírito Alheio*. São Paulo, Teixeira, 1936.

PALLOTTINI, Renata. *Introdução à Dramaturgia*. São Paulo, Brasiliense, 1983.

PAVIS, Patrice. *Dictionnaire du théâtre*. Paris, Éditions Sociales, 1980.

PENA, Martins. *Comédias*. Rio de Janeiro, INL/MEC, 1956.

PONTES, Joel. *Machado de Assis e o Teatro*. Rio de Janeiro, SNT/MEC, 1960.

PRADO, Décio de Almeida. "A Evolução da Literatura Dramática". In COUTINHO, Afrânio (org.). *A Literatura no Brasil*, 2ª ed. Rio de Janeiro, Sul Americana, 1971, v. 6, pp. 7-37.

PRADO JR., Caio. *História Econômica do Brasil*. 22ª ed. São Paulo, Brasiliense, 1979.

SAYERS, Raymond. *O Negro na Literatura Brasileira*. Trad. Antonio Houaiss. Rio de Janeiro, O Cruzeiro, 1958.

SCHWARZ, Roberto. *Ao Vencedor as Batatas*. São Paulo, Duas Cidades, 1977.

SILVA, Lafaiete. *História do Teatro Brasileiro*. Rio de Janeiro, Min. Educação e Saúde, 1938.

SOUBIES, A. *La comédie française depuis l'époque romantique: 1825-1894*. Paris, Fishbacher, 1895.

SOURIAU, Étienne. *Le deux cent milles situations dramatiques*. Nouvelle édition. Paris, Flammarion, 1970.

Sousa, J. Galante de. *O Teatro no Brasil*. Rio de Janeiro, INL, 1960, 2 v.
——. *Bibliografia de Machado de Assis*. Rio de Janeiro, INL, 1965.
——. "Machado de Assis, Censor Dramático", em: *Revista do Livro* (3-4). Rio de Janeiro, INL/MEC, dez. 1956, pp. 83-92.
Sussekind, Flora. *O Negro como Arlequim*. Rio de Janeiro, Achiamé/socii, 1982.
Voltz, Pierre. *La comédie*. Paris, Armand Colin, 1967.
Weiss, J-J. *Le théâtre et les moeurs*. Paris, Calmann-Lévy, 1889.
Wicks, Charles Beaumont & Schweitzer, Jerome W. *The parisian stage: part III (1831-1850)*. Alabama, University of Alabama Press, 1961.
Wicks, Charles Beaumont. *The parisian stage: part IV (1851-1875)*. Alabama, University of Alabama Press, 1967.
Zola, Émile. *Le naturalisme au théâtre*. Paris, François Bernouard, 1928.

2. Principais periódicos consultados:

Correio Mercantil
Correio da Tarde
Diário do Rio de Janeiro
Entreato
Jornal do Comércio
A Marmota
Revista Popular
A Semana Ilustrada

COLEÇÃO ESTUDOS

1. *Introdução à Cibernética*, W. Ross Ashby.
2. *Mimesis*, Erich Auerbach.
3. *A Criação Científica*, Abraham Moles.
4. *Homo Ludens*, Johan Huizinga.
5. *A Lingüística Estrutural*, Giulio C. Lepschy.
6. *A Estrutura Ausente*, Umberto Eco.
7. *Comportamento*, Donald Broadbent.
8. *Nordeste 1817*, Carlos Guilherme Mota.
9. *Cristãos-Novos na Bahia*, Anita Novinsky.
10. *A Inteligência Humana*, H. J. Butcher.
11. *João Caetano*, Décio de Almeida Prado.
12. *As Grandes Correntes da Mística Judaica*, Gershom G. Scholem.
13. *Vida e Valores do Povo Judeu*, Cecil Roth e outros.
14. *A Lógica da Criação Literária*, Käte Hamburger.
15. *Sociodinâmica da Cultura*, Abraham Moles.
16. *Gramatologia*, Jacques Derrida.
17. *Estampagem e Aprendizagem Inicial*, W. Sluckin.
18. *Estudos Afro-Brasileiros*, Roger Bastide.
19. *Morfologia do Macunaíma*, Haroldo de Campos.
20. *A Economia das Trocas Simbólicas*, Pierre Bourdieu.
21. *A Realidade Figurativa*, Pierre Francastel.
22. *Humberto Mauro, Cataguases, Cinearte*, Paulo Emílio Salles Gomes.
23. *História e Historiografia do Povo Judeu*, Salo W. Baron.
24. *Fernando Pessoa ou o Poetodrama*, José Augusto Seabra.
25. *As Formas do Conteúdo*, Umberto Eco.

26. *Filosofia da Nova Música*, Theodor Adorno.
27. *Por uma Arquitetura*, Le Corbusier.
28. *Percepção e Experiência*, M. D. Vernon.
29. *Filosofia do Estilo*, G. G. Granger.
30. *A Tradição do Novo*, Harold Rosenberg.
31. *Introdução à Gramática Gerativa*, Nicolas Ruwet.
32. *Sociologia da Cultura*, Karl Mannheim.
33. *Tarsila – sua Obra e seu Tempo (2 vols.)*, Aracy Amaral.
34. *O Mito Ariano*, Léon Poliakov.
35. *Lógica do Sentido*, Gilles Delleuze.
36. *Mestres do Teatro I*, John Gassner.
37. *O Regionalismo Gaúcho*, Joseph L. Love.
38. *Sociedade, Mudança e Política*, Hélio Jaguaribe.
39. *Desenvolvimento Político*, Hélio Jaguaribe.
40. *Crises e Alternativas da América Latina*, Hélio Jaguaribe.
41. *De Geração a Geração*, S. N. Eisenstadt.
42. *Política Econômica e Desenvolvimento do Brasil*, Nathanael H. Leff.
43. *Prolegômenos a uma Teoria da Linguagem*, Louis Hjelmslev.
44. *Sentimento e Forma*, Susanne K. Langer.
45. *A Política e o Conhecimento Sociológico*, F. G. Castles.
46. *Semiótica*, Charles S. Peirce.
47. *Ensaios de Sociologia*, Marcel Mauss.
48. *Mestres do Teatro II*, John Gassner.
49. *Uma Poética para Antonio Machado*, Ricardo Gullón.
50. *Burocracia e Sociedade no Brasil Colonial*, Stuart B. Schwartz.
51. *A Visão Existenciadora*, Evaldo Coutinho.
52. *América Latina em sua Literatura*, Unesco.
53. *Os Nuer*, E. E. Evans-Pritchard.
54. *Introdução à Textologia*, Roger Laufer.
55. *O Lugar de Todos os Lugares*, Evaldo Coutinho.
56. *Sociedade Israelense*, S. N. Eisenstadt.
57. *Das Arcadas do Bacharelismo*, Alberto Venancio Filho.
58. *Artaud e o Teatro*, Alain Virmaux.
59. *O Espaço da Arquitetura*, Evaldo Coutinho.
60. *Antropologia Aplicada*, Roger Bastide.
61. *História da Loucura*, Michel Foucault.
62. *Improvisação para o Teatro*, Viola Spolin.
63. *De Cristo aos Judeus da Corte*, Léon Poliakov.
64. *De Maomé aos Marranos*, Léon Poliakov.
65. *De Voltaire a Wagner*, Léon Poliakov.
66. *A Europa Suicida*, Léon Poliakov.
67. *O Urbanismo*, Françoise Choay.
68. *Pedagogia Institucional*, A. Vasquez e F. Oury.
69. *Pessoa e Personagem*, Michel Zeraffa.
70. *O Convívio Alegórico*, Evaldo Coutinho.
71. *O Convênio do Café*, Celso Lafer.
72. *A Linguagem*, Edward Sapir.
73. *Tratado Geral de Semiótica*, Umberto Eco.
74. *Ser e Estar em Nós*, Evaldo Coutinho.
75. *Estrutura da Teoria Psicanalítica*, David Rapaport.
76. *Jogo, Teatro & Pensamento*, Richard Courtney.

77. *Teoria Crítica I*, Max Horkheimer.
78. *A Subordinação ao Nosso Existir*, Evaldo Coutinho.
79. *A Estratégia dos Signos*, Lucrécia D'Aléssio Ferrara.
80. *Teatro: Leste & Oeste*, Leonard C. Pronko.
81. *Freud: a Trama dos Conceitos*, Renato Mezan.
82. *Vanguarda e Cosmopolitismo*, Jorge Schwartz.
83. *O Livro dIsso*, Georg Groddeck.
84. *A Testemunha Participante*, Evaldo Coutinho.
85. *Como se faz uma Tese*, Umberto Eco.
86. *Uma Atriz: Cacilda Becker*, Nanci Fernandes e Maria Thereza Vargas (org.).
87. *Jesus e Israel*, Jules Isaac.
88. *A Regra e o Modelo*, Françoise Choay.
89. *Lector in Fabula*, Umberto Eco.
90. *TBC: Crônica de um Sonho*, Alberto Guzik.
91. *Os Processos Criativos de Robert Wilson*, Luiz Roberto Galizia.
92. *Poética em Ação*, Roman Jakobson.
93. *Tradução Intersemiótica*, Julio Plaza.
94. *Futurismo: uma Poética da Modernidade*, Annateresa Fabris.
95. *Melanie Klein I*, Jean-Michel Petot.
96. *Melanie Klein II*, Jean-Michel Petot.
97. *A Artisticidade do Ser*, Evaldo Coutinho.
98. *Nelson Rodrigues: Drama e Encenações*, Sábato Magaldi.
99. *O Homem e seu Isso*, Georg Groddeck.
100. *José de Alencar e o Teatro*, João Roberto Faria.
101. *Fernando de Azevedo: Educação e Transformação*, Maria Luiza Penna.
102. *Dilthey: um Conceito de Vida e uma Pedagogia*, Mª Nazaré de Camargo Pacheco Amaral.
103. *Sobre o Trabalho do Ator*, Mauro Meiches e Silvia Fernandes.
104. *Zumbi, Tiradentes*, Cláudia de Arruda Campos.
105. *Um Outro Mundo: a Infância*, Marie-José Chombart de Lauwe.
106. *Tempo e Religião*, Walter I. Rehfeld.
107. *Arthur Azevedo: a Palavra e o Riso*, Antonio Martins.
108. *Arte, Privilégio e Distinção*, José Carlos Durand.
109. *A Imagem Inconsciente do Corpo*, Françoise Dolto.
110. *Acoplagem no Espaço*, Oswaldino Marques.
111. *O Texto no Teatro*, Sábato Magaldi.
112. *Portinari, Pintor Social*, Annateresa Fabris.
113. *Teatro da Militância*, Silvana Garcia.
114. *A Religião de Israel*, Yehezkel Kaufmann.
115. *Que é Literatura Comparada?*, Brunel, Pichois, Rousseau.
116. *A Revolução Psicanalítica*, Marthe Robert.
117. *Brecht: um Jogo de Aprendizagem*, Ingrid Dormien Koudela.
118. *Arquitetura Pós-Industrial*, Raffaele Raja.
119. *O Ator no Século XX*, Odette Aslan.
120. *Estudos Psicanalíticos sobre Psicossomática*, Georg Groddeck.
121. *O Signo de Três*, Umberto Eco e Thomas A. Sebeok.
122. *Zeami: Cena e Pensamento Nô*, Sakae M. Giroux.
123. *Cidades do Amanhã*, Peter Hall.
124. *A Causalidade Diabólica I*, Léon Poliakov.

125. *A Causalidade Diabólica II*, Léon Poliakov.
126. *A Imagem no Ensino da Arte*, Ana Mae Barbosa.
127. *Um Teatro da Mulher*, Elza Cunha de Vincenzo.
128. *Fala Gestual*, Ana Cláudia de Oliveira.
129. *O Livro de São Cipriano: uma Legenda de Massas*, Jerusa Pires Ferreira.
130. *Kósmos Noetós*, Ivo Assad Ibri.
131. *Concerto Barroco às Óperas do Judeu*, Francisco Maciel Silveira.
132. *Sérgio Milliet, Crítico de Arte*, Lisbeth Rebollo Gonçalves.
133. *Os Teatros Bunraku e Kabuki: Uma Visada Barroca*, Darci Kusano.
134. *O Ídiche e seu Significado*, Benjamin Harshav.
135. *O Limite da Interpretação*, Umberto Eco.
136. *O Teatro Realista no Brasil: 1855-1865*, João Roberto Faria.
137. *A República de Hemingway*, Gissele Beiguelman-Messina.

IMPRESSÃO
 **IMPRENSA OFICIAL
DO ESTADO S.A. IMESP**
Rua da Mooca, 1921 — Fone: 291-3344
Vendas, ramais: 257 e 325
Telex: 011-34557 — DOSP
Caixa Postal: 8231 — São Paulo
C.G.C. (M.F.) N.º 48.066.047/0001-84